Enseñar lenguas extranjeras después de la COVID-19

FOREIGN LANGUAGE TEACHING IN EUROPE

Edited by
Manuel Jiménez Raya, Terry Lamb and Flávia Vieira

VOL. 20

Zu Qualitätssicherung und Peer Review der vorliegenden Publikation

Die Qualität der in dieser Reihe erscheinenden Arbeiten wird vor der Publikation durch Herausgeber der Reihe im Blind-Verfahren geprüft. Dabei ist der Autor der Arbeit den Gutachtern während der Prüfung namentlich nicht bekannt.

Notes on the quality assurance and peer review of this publication

Prior to publication, the quality of the work published in this series is blind reviewed by editors of the series. The referees are not aware of the author's name when performing their review.

Adrián José Acosta Jiménez / Avelino Corral Esteban /
Yolanda García Hernández (eds.)

Enseñar lenguas extranjeras después de la COVID-19

Análisis y propuestas metodológicas

PETER LANG

Información bibliográfica publicada por la Deutsche Nationalbibliothek
La Deutsche Nationalbibliothek recoge esta publicación en la Deutsche Nationalbibliografie; los datos bibliográficos detallados están disponibles en Internet en http://dnb.d-nb.de.

Catalogación en publicación de la Biblioteca del Congreso
Para este libro ha sido solicitado un registro en el catálogo CIP de la Biblioteca del Congreso.

Ilustración de la portada:
pixabay.com (uso comercial gratuito)

ISSN 1437-3157
ISBN 978-3-631-81522-9 (Print)
E-ISBN 978-3-631-87946-7 (E-PDF)
E-ISBN 978-3-631-88118-7 (EPUB)
DOI 10.3726/b19815

Peter Lang – Berlin · Bruxelles · Lausanne · New York · Oxford

Esta publicación ha sido revisada por pares.

www.peterlang.com

A D. Fermín
In memoriam

Porque en la memoria de cada docente
se esconde un recuerdo imborrable
de cada historia, de cada rostro
que ha pasado por sus manos.
Él permanecerá siempre imperecedero
en la vida de cada estudiante
que continúe luchando por un mundo mejor.

ÍNDICE

SECCIÓN II
Hacia un nuevo paradigma en la enseñanza de lenguas extranjeras en la Educación Superior: del modelo presencial hacia un modelo digital o híbrido

Presentación del volumen

Hasta no hace mucho, siempre habíamos concebido la enseñanza en la Educación Superior pública española como un ente más o menos estable, basada en la relación directa y presencial entre docentes y estudiantes. Pero la irrupción repentina e inesperada de la pandemia causada por la COVID-19 trastocó toda nuestra sensación de seguridad a la vez que causó un profundo impacto en toda la sociedad y, por extensión, también en la docencia universitaria.

Esta pandemia y la respuesta que se le dio por parte de las instituciones nacionales e internacionales ha puesto de manifiesto las fortalezas y debilidades de todo el sistema educativo, incluido el de la Educación Superior. Por un lado, se constata el esfuerzo de las instituciones universitarias por gestionar una pandemia y, más en concreto, un confinamiento utilizado como recurso para frenar los contagios y la propagación de la enfermedad. Asimismo, ha quedado patente el gran potencial del profesorado, que fue capaz de dar respuesta a la situación en un tiempo muy corto y, en algunas ocasiones, con escasa formación en el uso didáctico de las distintas herramientas tecnológicas. Por otro lado, la respuesta no pudo ser de la calidad esperada por muchos motivos, como la carencia de tiempo de reflexión y formación, las dificultades físicas o psicológicas sobrevenidas o la escasez de recursos. Los estudios que se van publicando, a pesar de la todavía escasa perspectiva histórica, ya resaltan los límites de la evaluación realizada, de las carencias acumuladas por los estudiantes, los trastornos desarrollados tanto por docentes como por estudiantes, la falta de atención al alumnado con necesidades educativas especiales e, incluso, de un aumento en el abandono de los estudios.

Ante estas evidencias, podemos afirmar que las debilidades del sistema han quedado al descubierto. Ahora bien, esta situación ha servido como acicate para repensar la Educación Superior desde todos los prismas, desde los organismos educativos supranacionales hasta cada docente que pretende mejorar cada día en su desempeño, pasando por las instituciones nacionales, autonómicas y las propias universidades. Ahora más que nunca es necesaria una profunda reflexión en la que tomen partido todos los agentes implicados con el fin de avanzar hacia una Educación Superior más inclusiva y sostenible sustentada en los valores de la igualdad, la excelencia, la responsabilidad y la libertad, para estar siempre al servicio de la sociedad.

La enseñanza de lenguas extranjeras en la universidad como parte integrante de las distintas titulaciones también debe entrar en este proceso de reflexión para que pueda llegar a ser cada día más eficaz y facilitar la adecuada adquisición de las competencias comunicativas e interculturales que posibiliten que nuestro alumnado se integre con éxito en la sociedad y la transformen en un lugar de encuentro, desarrollo, solidaridad y paz.

Por todo lo dicho anteriormente, este volumen se propone el objetivo de aportar datos y analizar cómo influyó el confinamiento causado por la COVID-19 en la enseñanza de lenguas extranjeras en la Educación Superior. Solo si partimos desde los datos concretos, podremos detectar los errores del sistema, corregir las carencias acumuladas tras el confinamiento y potenciar y mejorar todos aquellos aspectos positivos que comenzaron como una respuesta precipitada ante la pandemia, pero han resultado ser germen de innovación docente.

Con este objetivo en mente, podemos afirmar que el presente libro se dirige a un público muy amplio, en el que tienen cabida investigadores, autoridades políticas, responsables de distintos organismos universitarios pero, sobre todo, se dirige a docentes entusiasmados que buscan mejorar su práctica docente cada día.

Esta obra se encuentra dividida en dos secciones. En la primera se presenta un estudio realizado en 12 universidades españolas en el que se analiza el impacto del confinamiento en la enseñanza de lenguas extranjeras desde la perspectiva de los estudiantes, agentes fundamentales en este proceso de reflexión. A través de la recogida de datos cuantitativos y cualitativos en 12 centros de Enseñanza Superior podremos obtener una imagen global del fenómeno que nos ofrezca una semblanza de la realidad del efecto que tuvo el confinamiento en España. Este estudio no solo persiguió este fin, sino que se convirtió en un foro de intercambio de experiencias, donde se propició la discusión, la colaboración y el acompañamiento.

Este análisis nos lleva de la mano necesariamente a la segunda sección de la obra, en la que nos acercamos a propuestas didácticas y estudios realizados durante la pandemia y que pueden enriquecer la práctica docente tras la pandemia. Si consideramos las distintas competencias que requiere el dominio de una lengua extranjera, la competencia intercultural presenta retos concretos a la hora de abordarla en contextos digitales o híbridos que se reflejan en el primer estudio de la sección. En medio de esta modalidad *online* que se impuso, el segundo estudio realiza una propuesta para abordar la interacción oral *online*. Como se ha venido comentando, la atención a la diversidad y a las necesidades educativas especiales han sufrido un gran varapalo durante la pandemia. Así, el tercer estudio nos presenta un análisis de esta situación, más en concreto de las personas con deficiencia auditiva, y nos ofrece propuestas para prestar un servicio de calidad a este colectivo. Los docentes han desempeñado un papel fundamental en la transformación de la docencia de un modelo presencial a un modelo basado en clases *online*. Por ello, es esencial conocer las habilidades de los profesores, como se presenta en el cuarto estudio, con el fin de adecuar su formación y poner a su disposición los recursos necesarios. Los estudios que concluyen la obra nos presentan un conjunto de buenas prácticas y estrategias para poner en práctica en medio de un aula de lenguas extranjeras en la universidad en docencia *online* o híbrida. Se nos muestra, en primer lugar, la digitalización de rutinas y actividades que se realizaban frecuentemente antes del confinamiento y, para concluir, el último estudio nos propone el uso de *escape rooms* digitales por el importante factor motivador que las caracteriza. Toda esta sección ofrece, por tanto, una respuesta a las principales necesidades observadas en la sección primera, como son el tratamiento desigual de las destrezas lingüísticas, la formación docente, la atención a la diversidad y la necesidad de seguir replanteándonos la docencia para continuar innovando y siendo cada día más eficaces en la tarea de ofertar una enseñanza de calidad.

Estamos convencidos de que tanto el análisis del impacto del confinamiento por la COVID-19 en la enseñanza de lenguas extranjeras en las universidades españolas como los distintos estudios que se presentan en la obra servirán como punto de partida para reflexionar sobre la docencia universitaria y su necesaria transformación constante para ofrecer a toda la sociedad una enseñanza de calidad y accesible para todas las personas.

SECCIÓN I

La enseñanza de lenguas extranjeras en la Educación Superior en España durante el confinamiento

Adrián José Acosta Jiménez
Universidad Autónoma de Madrid

Capítulo I: El confinamiento por la COVID-19 y su impacto en la Educación Superior. Un estudio documental

1. INTRODUCCIÓN

Desde el comienzo de la pandemia causada por el virus SARS-CoV-2, se han multiplicado los estudios desde distinta perspectiva, de una manera especial desde el ámbito de la medicina o la economía. Asimismo, la educación en todos sus niveles ha sido analizada con profundidad con el fin de dar directrices de actuación en la docencia o evaluación, ver de qué manera se ha visto afectada y buscar recursos con el fin de paliar los posibles efectos adversos que el cierre de todos los centros educativos y, por lo general, el cambio brusco a la docencia de modalidad *online* trajeron consigo. Pero no solo debemos generar una planificación reparadora, sino que se insta a todos los organismos y personas implicadas en la educación a repensar y evaluar el ejercicio docente durante el confinamiento para aprovechar todos los esfuerzos realizados y actualizar la docencia tras la pandemia. Esta situación crítica que se ha vivido a nivel mundial no solo ha puesto de manifiesto las carencias y brechas de los distintos sistemas educativos, sino que ha supuesto un impulso de cambio e innovación en la mayoría de los docentes.

En el presente capítulo nos acercaremos al complejo fenómeno del impacto causado por el confinamiento por la COVID-19 en la Educación Superior desde tres perspectivas. En primer lugar nos acercaremos a las principales directrices y análisis aportados por los organismos supranacionales encargados de velar por la educación a distintos niveles, tales como la Organización de las Naciones Unidas para la Educación, la Ciencia y la Cultura o la Unión Europea. A continuación, se expondrán las distintas instrucciones ofrecidas por las autoridades españolas en materia de política educativa para gestionar la educación durante el confinamiento y durante la vuelta a la normalidad, fase conocida también como la "desescalada". En tercer lugar, se expondrán las principales aportaciones de una selección de estudios sobre la repercusión del confinamiento en la Enseñanza Superior. Finalmente, cerraremos este capítulo con la mención de las principales consecuencias físicas y psicológicas que el confinamiento ha acarreado para los estudiantes.

Todo este recorrido nos permitirá obtener algunas conclusiones sobre qué influencia ha tenido el confinamiento en la Educación Superior, cómo se ha gestionado por las distintas instituciones y cómo es el panorama de la educación tras la pandemia.

2. APORTACIONES DE ORGANISMOS SUPRANACIONALES

2.1. Análisis y propuestas de organismos supranacionales

La Organización de las Naciones Unidas para la Educación, la Ciencia y la Cultura realiza un análisis profundo de esta situación que denomina como "la mayor interrupción de la historia en los sistemas educativos, que ha afectado a casi 1600 millones de alumnos" (UNESCO, 2020, p. 2). Esta crisis educativa mundial ha puesto una vez más de manifiesto la brecha entre los países y ha tenido una repercusión más acusada en aquella población especialmente vulnerable. Son muchas las comunidades que, sin centros educativos abiertos, se han quedado sin lugares seguros para la población más joven y han puesto en peligro su formación básica o superior. La tesitura histórica que vivimos puede traer consigo un aumento en el abandono de los estudios, ya que la tensión económica a la que los países se ven abocados puede jugar en contra de los apoyos institucionales para garantizar el acceso a la educación.

La educación *online*, que se ha convertido en una de las principales herramientas docentes en la mayoría de los estados a la hora de intentar paliar el forzado cierre de los centros educativos, incide en esta desventaja de los alumnos con más dificultades, incluso, dentro del aula. No solo suponen una brecha entre los distintos sistemas educativos, sino que también se ha constatado que los alumnos aventajados han mantenido o aumentado sus calificaciones, mientras que aquellos alumnos que suelen tener una mayor dificultad han obtenidos peores resultados (Kofoed, Gebhart, Gilmore y Moschitto, 2021). Esta situación solo puede apoyar el gran riesgo de que los estudiantes decidan abandonar sus estudios, lo cual erosiona el ya desgastado sistema económico de muchos países y llega incluso a provocar importantes movimientos migratorios.

Se calcula que en torno a un 40 % de los países pobres no ha podido apoyar a sus estudiantes durante esta época de confinamiento, se han creado desajustes en los programas de estudio y se ha agudizado, incluso, una desigualdad de oportunidades entre los estudiantes. A este grupo de especialmente afectados debemos sumar los estudiantes que presentan algún tipo de diversidad funcional, ya que la atención a la diversidad prácticamente desapareció en las enseñanzas regladas. Asimismo, a nivel global, debemos tener en cuenta en este lugar la brecha de género, ya que en muchos países las estudiantes son responsables de tareas domésticas, cuidados de familiares o de otros tipos de trabajos. Los estudiantes vulnerables suelen coincidir, además, con aquellos que disponen de menos recursos electrónicos para poder seguir esta modalidad de la enseñanza *online*.

Toda esta crisis educativa, apunta la UNESCO (2020), desbordará los límites de lo estrictamente educativo para tener una profunda repercusión en las economías de los distintos países y en el nivel de desarrollo, lo que ha supuesto una caída sin precedentes desde 1990, año en el que se empezó a medir este concepto, ni siquiera comparable a la crisis financiera mundial de 2008.

No podemos dejar de mencionar el ingente esfuerzo de los docentes para afrontar esta situación para la que, en la mayoría de los casos, no estaban preparados según la UNESCO (2020, pp. 16–17):

> Desde el inicio de la pandemia se pidió inmediatamente a los docentes que pusieran en práctica modalidades de educación a distancia, a menudo sin suficiente orientación, capacitación o recursos. (…) Los docentes de todo el mundo carecían en gran medida de preparación para apoyar la continuidad del aprendizaje y adaptarse a nuevas metodologías de enseñanza. (…) Incluso en entornos equipados con infraestructura y conectividad adecuadas, muchos docentes carecen de las aptitudes más básicas en materia de TIC, lo que significa que es probable que tengan dificultades en su propio desarrollo profesional continuo y mucho más para impartir una educación a distancia de calidad.

La crisis educativa que se ha vivido por la pandemia también ha estimulado la innovación en el sector educativo, y se han buscado nuevos caminos, recursos y enfoques. Así todo, hay muchas voces críticas a este respecto, ya que más que hablar de una innovación educativa, quizá deba hablarse de la evidencia de que el sistema educativo y las políticas educativas no han sabido estar a la altura y se han visto entre la espada y la pared a la hora de afrontar la pandemia, ante la cual solo se pudo dar respuestas de emergencia y poco reflexivas quedando de manifiesto la necesidad de un profundo cambio metodológico adaptado realmente a los postulados del Espacio Europeo de Educación Superior y que aborde con seriedad la formación de los docentes, especialmente en la competencia digital (García-Peñalvo y Corell, 2020).

La Organización para la Cooperación y el Desarrollo Económicos (OCDE) analiza el impacto de la pandemia en la Educación Superior, la cual se vio profundamente afectada a nivel mundial ya que tuvieron que cerrarse las universidades y las fronteras entre los países. Este último aspecto es muy relevante para la movilidad internacional del profesorado y estudiantes. Según la OCDE, las instituciones universitarias suplieron con rapidez la carencia de docencia presencial a través de la dotación de profesores y alumnado de las herramientas necesarias para continuar con un proceso de enseñanza *online*. Se constata la falta de experiencia y tiempo para reflexionar sobre las características propias de la docencia a distancia con la finalidad de rediseñar o adecuar los contenidos, actividades de aprendizaje o sistemas de evaluación. Esto supuso una gran brecha en la concepción de la universidad que poseen nuestros estudiantes, los cuales acuden a la universidad movidos por la relación interpersonal con los docentes y el resto de la comunidad educativa. Las universidades deberán pensar cómo continuar ahora con entornos de aprendizaje digital de tal manera que no sustituya la relación estudiante-profesor o estudiante-estudiante (Schleicher, 2020).

La OCDE también pone el foco de atención en las inversiones y presupuestos destinados a la Educación Superior. Aunque es verdad que muchos países han puesto en marcha paquetes de apoyo a la digitalización de la universidad, se trata de un apoyo concreto que no se mantendrá en el tiempo. Asimismo, el gasto público y privado puede que se focalice en sostener otros aspectos del estado de bienestar, como el gasto sanitario, o se destine a la reactivación económica de aquellos más castigados por la pandemia. Las crisis económicas siempre han puesto en jaque a los sistemas educativos de los distintos países. Esto pone en riesgo la inversión en educación.

La formación del profesorado se vuelve a poner en valor para que, a través de la formación, la colaboración y la reflexión, sean capaces de generar nuevos espacios de aprendizaje híbridos en los que el papel del docente siga teniendo el valor fundamental que le corresponde.

La Unión Europea no encaró de una forma determinante el aspecto educativo, aunque sí dirigió el intercambio entre los ministros de Educación de los distintos estados miembros con el fin de buscar respuestas y valorar prácticas que pudieran ser extrapolables a otros países. La política europea se centró en intentar proteger la sanidad a través del cierre de centros educativos, a la vez que se esperaba poder reabrir dichos centros cuanto antes para continuar con el modelo educativo que se había mantenido hasta antes del confinamiento (Trujillo Sáez, 2020). Si bien la política educativa es competencia de las distintas naciones, el presidente de la Unión Europea celebró al comienzo de la pandemia, el día 12 de marzo de 2020, un encuentro con todos los ministros de Educación en el que trataron las medidas que se estaban llevando a cabo para abordar la cuestión educativa en el contexto pandémico. Todos coincidían en el objetivo principal de garantizar la seguridad de todos los estudiantes, a la par que pretendían asegurar una continuidad en el aprendizaje con la menor disrupción posible. Por ello, examinaron las posibilidades que ofrecían las clases *online* y los retos que esto traía consigo. Asimismo, abordaron las consecuencias de la crisis de movilidad en el seno de la Unión Europea y recomendaron centrarse en los beneficios asociados con la movilidad virtual (Consejo de la Unión Europea, 2020a). El 14 de abril se volvieron a reunir los ministros de Educación para tratar los retos y oportunidades del aprendizaje *online* y las peculiaridades que implicaría para la evaluación (Consejo de la Unión Europea, 2020b).

2.2. Directrices tras el confinamiento

Poco a poco se fueron publicando algunas directrices para la docencia tras la pandemia por parte de estos organismos. La Comisión Internacional para el futuro de la Educación (International Commission on the Futures of Education, 2020) propuso nueve ideas para la acción pública en la enseñanza en el mundo tras la pandemia causada por la COVID-19. Se trata de perseguir la revalorización de la educación como un bien común y a la que todas las personas tienen derecho; el papel del profesorado es fundamental, por lo que debe promoverse una adecuada formación y colaboración para poder afrontar todas las situaciones posibles que puedan suceder, basándose siempre en la autonomía y flexibilidad; debe promoverse la participación de los estudiantes y hacerlos copartícipes del cambio en espacios seguros llamados a ser centros de transformación social, con acceso a los recursos electrónicos sin depender de las compañías privadas; debe reflexionarse profundamente sobre el currículo; por último, hay que proteger la financiación de la educación como bien público, generando lazos de solidaridad para garantizar entre todos los estados los necesarios niveles de calidad y de igualdad de oportunidades.

La OCDE también nos ofrece algunas guías para la vuelta a las aulas (Schleicher y Reimers, 2020) y, aunque haga un especial hincapié en las etapas de formación básica y obligatoria, muchas de ellas son extrapolables a la Educación Superior. Debemos aprender de la primera fase del confinamiento, analizarlo y apoyar la sostenibilidad de aquellas herramientas que se hayan implementado. El sistema docente apoyado en la tecnología debe reforzarse e integrarse en un sistema realmente híbrido en el que presencialidad y la modalidad a distancia se soporten mutuamente con el fin de extender el ecosistema de aprendizaje. Esto no se puede realizar sin la oportuna formación y apoyo a la capacitación y formación continua de los docentes, de la colaboración entre ellos y a través de la creación de redes en las que se puedan compartir buenas prácticas y otras informaciones. La innovación debe ser apoyada y liderada por parte de las instituciones educativas para continuar dando desde la autonomía una respuesta real a las necesidades históricas que se están viviendo con la mirada en el futuro, de tal manera que se dé una verdadera innovación sostenible y flexible. Pero, sobre todo, hay que reconocer las necesidades de los estudiantes: carencias en la formación, limitaciones a las tecnologías de la información y los desórdenes físicos o psicológicos causados por el confinamiento.

3. APORTACIONES DE ORGANISMOS NACIONALES

3.1. Análisis y propuestas en el ámbito educativo español

Los días previos a que se decretara el confinamiento, la Crue Universidades Españolas, en la que se asocian 76 universidades de España de ámbito público y privado, ya alertaba sobre la necesidad de cumplir las indicaciones de salud pública, que incluía medidas como lavarse las manos, evitar tocarse los ojos o la nariz, a la vez que ofrecía respaldo a las universidades que ya habían tenido que cerrar sus aulas debido a la gran incidencia del virus (Crue, 2020a).

En el Real Decreto 463/2020 del 14 de marzo de 2020 el Gobierno de España decretó el estado de alarma para todo el territorio español y, en el artículo 9.º dejaba claro que todos los centros educativos debían cerrarse y continuar su labor en formato a distancia y *online*:

> Artículo 9. Medidas de contención en el ámbito educativo y de la formación.
> 1. Se suspende la actividad educativa presencial en todos los centros y etapas, ciclos, grados, cursos y niveles de enseñanza contemplados en el artículo 3 de la Ley Orgánica 2/2006, de 3 de mayo, de Educación, incluida la enseñanza universitaria, así como cualesquiera otras actividades educativas o de formación impartidas en otros centros públicos o privados.
> 2. Durante el período de suspensión se mantendrán las actividades educativas a través de las modalidades a distancia y «*online*», siempre que resulte posible.

Ante esta situación cada uno de los centros hizo uso de los recursos a disposición con el fin de dar respuesta al alumnado en cada una de las etapas educativas. En la Educación Superior, la mayoría de los centros públicos o privados tenían a disposición plataformas para atender, con mayor o menor calidad, al alumnado desde los domicilios. Cada uno de los centros intentó dar respuestas a las necesidades y carencias tecnológicas de los estudiantes realizando una gran inversión económica o poniendo recursos propios en préstamo para los estudiantes. No conviene perder de vista que, de modo general, se intentó mantener un acceso a los recursos electrónicos que permitiera la igualdad de oportunidades entre los estudiantes a la vez que se salvaguardaba la mayor calidad educativa posible.

Cada una de las universidades tuvo que preparar con urgencia un plan de adaptación de docencia y evaluación para las distintas titulaciones que ofrecía a modo de adendas a las guías docentes, a la vez que se aprobaban por las autoridades y órganos universitarios competentes cada una de las medidas tomadas. Todas estas decisiones debían ser transmitidas por todos los medios institucionales posibles para garantizar la difusión a toda la comunidad educativa.

Tras esta adaptación inicial y acelerada, el Ministerio de Universidades (2020) presentó un informe sobre iniciativas y herramientas enfocadas a la evaluación *online* en el contexto de la Educación Superior. Después de analizar las prácticas que se estaban realizando en distintas universidades europeas, el informe propone una tipología variada de posibilidades de evaluación y sus *softwares* relacionados, como cuestionarios con preguntas cortas, exámenes orales, presentaciones, trabajos, proyectos o portafolios. En cada uno de ellos se estima importante utilizar todas las herramientas posibles que garanticen la autoría de las respuestas por parte del alumnado, así como la correcta aplicación de diversas herramientas antiplagio. Finalmente, el informe añade también que las universidades europeas se encuentran todas ellas en una situación muy similar y todas dan una respuesta parecida en este proceso de tránsito de los exámenes presenciales a los exámenes en formato digital. La tecnología posibilita con ciertas garantías este proceso de evaluación, pero hay que velar siempre por el acceso a internet por parte del alumnado y la atención a la diversidad. No podemos dejar de mencionar la reflexión metodológica que propone este documento (Ministerio de Universidades, 2020, p. 20):

> La evaluación *online* masiva supone un cambio de paradigma que no requiere simplemente la inclusión de una nueva tecnología con la que se desarrolla el examen, sino que implica también un cambio en la pedagogía y en el tipo de examen per se. No debemos partir de una transpolación simétrica del examen presencial a un examen *online*. Como se ha señalado en este informe, las preguntas que exigen una reflexión o la capacidad de relacionar conceptos teóricos y prácticos, y no la simple memorización de la respuesta, minimizan las posibilidades de fraude *online*. Así pues, la solución no pasará sólo por encontrar la tecnología "definitiva" sino que también será necesaria una reflexión por parte de los docentes a la hora de adaptar sus exámenes al nuevo entorno digital y a las funcionalidades que ofrecen las tecnologías disponibles.

Estas líneas hacen un especial hincapié en la reflexión que debe realizar el docente a la hora de pasar su evaluación, y por extensión toda su docencia, a la modalidad no presencial. Desafortunadamente, no se dan pautas metodológicas que ayuden a esta transición.

La Crue (2020b), al ver que el confinamiento se seguía prolongando en el tiempo sin verse una opción de regreso a las aulas, presentó el "Informe sobre Procedimientos de Evaluación no Presencial. Estudio del Impacto de su Implantación en las Universidades Españolas y Recomendaciones" en el que recuerda:

- Evaluar sin discriminar.
- Adaptar la evaluación a procedimiento de evaluación no presencial, con especial hincapié en los procedimientos de evaluación continua.
- Adecuar la evaluación de manera que se garantice la equidad y se evite la brecha digital.
- Contemplar la necesidad de alguna evaluación particular según las características del alumnado.
- Planificar con cuidado un calendario de evaluación adecuado a los recursos disponibles.
- Buscar evaluaciones alternativas para aquellos que acrediten debidamente la incapacidad de evaluarse por las nuevas formas convenidas.

Esta misma asociación advirtió de los posibles riesgos que podría acarrear el elevado uso de las tecnologías de la información, como la sobrecarga de sistemas de videoconferencia en tiempo real, la sobrecarga de las plataformas al realizar actividades síncronas o el masivo almacenamiento que desborde la capacidad de las diferentes instituciones.

El Ministerio de Universidades puso a disposición una página web con el fin de ayudar a los docentes en este cambio metodológico de la enseñanza y evaluación presencial a la modalidad *online*. En esta página web se recogen ideas para la enseñanza y aprendizaje *online*, así como directrices para adaptar los contenidos de la actividad docente. Asimismo, presenta guías y recursos para el adecuado y razonable uso de la tecnología para la docencia. Finalmente, la página web ofrece un apartado para aquellos docentes que soliciten ayuda psicológica durante el proceso.

3.2. Directrices tras el confinamiento

Las principales directrices que ofrecen los distintos organismos españoles para la vuelta a la docencia presencial en todos los centros educativos se dirigen a garantizar la seguridad ante la amenaza de contagio. El Ministerio de Universidades (2020b), sin menoscabar la autonomía de las autoridades autonómicas competentes en materia de política educativa y habiendo recibido las instrucciones por parte del Ministerio de Sanidad, propone mantener la distancia de seguridad en las aulas y entornos educativos cuando sea posible o poner a disposición formas de docencia híbridas u *online* de manera rotatoria para que todos los alumnos tengan el derecho de la asistencia al aula en algún momento. Debido a la escasez de recursos docentes, la autoridad competente no considera conveniente doblar las clases por grupos. Sí recomienda, sin embargo, que se tracen planes de formación del profesorado en enseñanza y evaluación *online*, se adapten los sistemas de evaluación y se establezcan horarios para tutorías con el fin de garantizar la correcta atención al estudiante.

El documento "Recomendaciones del Ministerio de universidades a la comunidad universitaria para adaptar el curso universitario 2020–2021 a una presencialidad adaptada y medidas de actuación de las universidades ante un caso sospechoso o uno positivo de COVID-19" (Ministerio de Universidades, 2020b) pone en valor la experiencia acumulada durante el confinamiento con el fin de que pueda integrarse en la docencia una vez se haya superado el encierro domiciliario como perspectiva de innovación y adecuación docente. Deben seguirse poniendo todos los medios para garantizar que ningún estudiante queda apartado del sistema universitario debido a la brecha digital.

El anexo de este documento ofrece un elenco de medidas de prevención e higiene, así como una guía de actuación ante casos de infección por la COVID-19. Estas medidas se engloban en 4 generales: limitación de contactos, medidas de prevención personal, gestión de casos y limpieza y ventilación.

Cada una de las Comunidades Autónomas ofreció un marco de actuación que disponía de una manera más específica las indicaciones del Ministerio de Universidades. En este caso presentamos brevemente, a modo de ejemplo, el Marco común de actuación de las universidades de la Comunidad de Madrid ante la COVID-19 en el curso 2020/2021 (Consejería de Ciencia, Universidades e Innovación, 2020). Este documento recuerda que todas las medidas que se tomen de cara a la docencia tras el confinamiento deberán responder necesariamente a la calidad y la equidad del sistema universitario, por lo que es fundamental la respuesta coordinada y común entre los centros.

Dicha Consejería recuerda que deben plantearse escenarios flexibles ante la incertidumbre de los tiempos a la par que se prioriza la protección de la salud. Deben, asimismo, adecuarse los escenarios de aprendizaje con ayuda de la tecnología de la que se dispone, lo que requiere una importante revisión metodológica de la actividad docente.

Las universidades madrileñas deben recordar que, en medio de esta reflexión metodológica, el estudiante se sitúa en el centro de la actividad universitaria, prestando una especial atención a los más vulnerables desde una vocación a la apertura. Esta reflexión es una oportunidad para reforzar la evaluación continua y formativa. La adquisición de competencias digitales y la renovación pedagógica del profesorado garantizarán el éxito de estas medidas, por lo que debe garantizarse su formación continua y facilitarse espacios de aprendizaje y colaboración para su mejora continua.

Se puede observar que los distintos organismos encargados de la gestión de la vuelta a la docencia presencial universitaria se afanan fundamentalmente en dos direcciones. Por un lado, en mantener las medidas de seguridad e higiene que salvaguarden la salud de toda la comunidad universitaria y, por otro lado, en la importancia de la reflexión y formación de los docentes para poder hacer frente a la situación posconfinamiento garantizando la calidad y equidad en la Educación Superior española.

4. ESTUDIOS SOBRE LA INFLUENCIA DE LA PANDEMIA Y EL CONFINAMIENTO EN LA ENSEÑANZA SUPERIOR

Canaza-Choque (2020) pone de manifiesto que la pandemia causada por la COVID-19 ha puesto en una especial tesitura a las universidades y las ha forzado en un breve margen de tiempo a una digitalización para poder seguir cumpliendo con su finalidad docente. Por un lado, puede ser que esta transformación forzada de emergencia acabe generando un modelo educativo en la Enseñanza Superior distinto al que se conocía. Por otro lado, ha puesto de manifiesto en muchas zonas la fragilidad del sistema global, que se revela en los diversos problemas estructurales como la brecha digital, la baja conectividad de la red y la limitada disponibilidad de recursos tecnológicos. Estas situaciones solo generan desequilibrio y no hacen sino agravar las diferencias generadas por la pobreza o desigualdad económica. Los estudiantes que no disponen de recursos económicos y aquellos que están en riesgo de pobreza solo encuentran más dificultades en su camino. Canaza-Choque afirma en su estudio que esto ha tenido un profundo impacto en el número de estudiantes que abandonan la Educación Superior. Solo cabe fortalecer las repuestas nacionales y coordinar esfuerzos para salvaguardar el derecho de los más vulnerables a una educación de calidad en igualdad de condiciones. Concluye, como también hacen otros estudios y los organismos responsables de la Educación Superior a distinto nivel, en la necesidad de una reflexión profunda en torno a los mecanismos digitales y modelos pedagógicos utilizados durante el confinamiento y la pandemia. En esta reflexión no puede faltar una clara intención de subsanar o reparar los daños producidos, tales como el incremento de la desigualdad educativa, la exclusión social, racial y de género, o las deficiencias en infraestructuras y en formación pedagógica. En cualquier caso, dicha intención debe conjugarse con la visión en una Educación Superior cada vez más sostenible.

En estas ideas incide Ruiz (2020) en su estudio sobre la vulnerabilidad del derecho a la educación durante la pandemia. En primer lugar, concluye que la digitalización de la enseñanza debe ser un proceso reflexivo que no se agote con la dotación tecnológica de los centros, sino que debe venir acompañado de una formación y actualización metodológica de los equipos docentes para evitar caer en el riesgo de seguir haciendo lo mismo en el espacio virtual que en el aula, lugares a los que les son inherentes características muy dispares. Es verdad que los docentes desempeñan un papel fundamental en esta transición, pero los estudiantes también deben adquirir nuevas competencias para la colaboración y desarrollo personal en otro contexto formativo de características muy distintas a las tradicionales. Y, en segundo lugar, ante este nuevo paisaje educativo, hay que garantizar el acceso y la igualdad de oportunidades sin favorecer relaciones dispares según factores tan diversos como el nivel económico, social, sexo y otros. El acceso a las nuevas herramientas y recursos digitales debe ser equitativo para que podamos hablar de una Educación Superior de calidad. Nos parece relevante añadir el reconocimiento a los docentes, que han realizado una labor encomiable; pero en la que también ellos han sentido la fragilidad al tener que dar respuesta a una situación crítica sin capacidad de planificación ni la formación adecuada. Sea como haya sido la respuesta institucional y docente a esta situación de emergencia, urge repensar el confinamiento desde una perspectiva reparadora y teniendo siempre en cuenta los principios de calidad y equidad.

Los esfuerzos destinados a minimizar esta brecha para mantener las características propias de la Educación Superior deben mantener la mirada en los estudiantes con mayores dificultades, como aquellos que tienen alguna discapacidad. Moreno Rodríguez (2020) realiza un acercamiento a las dificultades que se encontraron todos aquellos estudiantes que necesitaban una adaptación curricular, significativa o no. La inclusión de estudiantes sordos fue harto complicada, pues las clases sincrónicas a través de las distintas plataformas de docencia *online* no permitían la integración de interpretación en lengua de signos española de los contenidos de las distintas materias curriculares del alumnado. Otra dificultad que se encontró el alumnado con sordera fue la realización de los exámenes escritos. En muchas ocasiones, los docentes estaban más preocupados por ajustar al máximo la duración de las pruebas con el fin de evitar la copia fraudulenta que en el diseño eficiente de pruebas de evaluación para el alumnado con necesidades educativas especiales. Además, si consideramos que la respuesta lingüística en español escrito es de menor velocidad para las personas sordas, se constata que se vieron abocados a una evaluación en inferioridad de condiciones. Otro ejemplo de la inadaptación del uso de sistemas digitales de docencia y evaluación a todo tipo de colectivos podría ser la situación de los estudiantes con discapacidad visual que, aunque se ha desarrollado un gran número de herramientas digitales para apoyar el acceso a materiales impresos, los docentes no están concienciados ni familiarizados con su uso, y menos en un contexto de emergencia. Se puede, por tanto, afirmar que los estudiantes con alguna discapacidad se encontraron en una clara situación de exclusión. La respuesta a este colectivo no solo puede provenir de un listado de aplicaciones y plataformas a utilizar, sino de una reflexión concienzuda sobre la metodología y los contenidos de todas las asignaturas que se imparten en la Educación Superior.

Estos casos ponen de manifiesto una vez más la urgente necesidad de asegurar el derecho de todas las personas a la Educación Superior enmarcados en la igualdad de oportunidades y sin discriminación, con la firme certeza de que ningún estudiante es dejado de lado por el sistema. No son suficientes los cambios coyunturales, sino que son necesarias acciones estructurales y organizadas para paliar la desigualdad entre estudiantes. La preparación, reflexión, claridad y calidad son elementos básicos a la hora de afrontar la educación tras la pandemia. La vuelta a la presencialidad después del confinamiento debe entenderse, además, como una oportunidad para repensar y rediseñar los procesos de enseñanza y aprendizaje, sacando partido de lo aprendido durante el confinamiento, sobre todo en el uso inclusivo de las tecnologías al servicio de la educación. Es este un proceso en el que debe involucrarse toda la comunidad educativa, instituciones, docentes y, sobre todo, se debe escuchar la voz de los estudiantes (Ordorika, 2020).

En un estudio documental sobre la evaluación en la Educación Superior (Grande-de-Prado, García-Peñalvo, Corell Almuzara y Abella-García, 2021) se señala que las medidas tomadas en la Educación Superior, ya sean de carácter nacional o internacional, se dirigen a la flexibilización de las tareas docentes con el fin de sortear las dificultades por la imposibilidad de la docencia presencial y la búsqueda de alternativas docentes y de evaluación. Todas estas respuestas se dieron de manera precipitada y ponen de manifiesto la necesidad de una reflexión profunda. Es verdad que en esta ocasión no se disponía de este tiempo de reflexión, pero ahora es esencial poder valorar todas las prácticas relacionadas con el nuevo diseño educativo (p. 56):

> Ni las plataformas tecnológicas, ni el alumnado, ni el profesorado tenían previsto este cambio repentino. Se carece de una planificación cuidadosa, del conocimiento previo de los requisitos necesarios y, en muchos casos, de formación o incluso de recursos y dispositivos para afrontar el trabajo de los diferentes miembros de una familia. Principalmente se carece de la tranquilidad de una situación normal.

Según todos estos estudios que se vienen mencionando, se ha dado respuesta de la mejor manera posible a una situación realmente excepcional. Así bien, habrá que valorar e investigar qué factores o elementos son aprovechables para la docencia posconfinamiento (García Aretio, 2021). Las principales problemáticas con las que se encontró el docente durante el confinamiento hacen referencia a la conectividad a internet, la saturación de redes, desánimo de los estudiantes, escasez de sistemas de apoyo para los estudiantes, frialdad emocional, falta de una coordinación adecuada entre las sesiones sincrónicas y las tareas asincrónicas, desproporcionalidad, carencias en el proceso de evaluación continua y formativa, la fatiga digital, entre otras. Pero a pesar de esta primera impresión negativa de la docencia durante el confinamiento, "habrá muchos resultados positivos, gracias a la entrega y espíritu innovador de otros docentes" (p. 20). Este aspecto positivo no puede negar la evidencia de que la solución dada durante el confinamiento no puede mantenerse a largo plazo y las instituciones deben desarrollar planes educativos sostenibles que sean capaces de afrontar situaciones como las que se han vivido en los últimos años.

Un estudio realizado por Bao (2020) en la Universidad de Pekín sobre la enseñanza *online* en la Educación Superior nos ofrece algunas estrategias de acción a la hora de diseñar un plan de docencia digital que han demostrado tener un alto impacto en los resultados de aprendizaje:

- Debe adecuarse la cantidad, dificultad y la relevancia de los contenidos a impartir, adecuándose a las características de los estudiantes.
- Para que la enseñanza pueda ser efectiva debe responder a determinados criterios que posibiliten mantener la concentración durante la sesión *online*.
- Los estudiantes deben contar con apoyos suficientes para poder reforzar el proceso de enseñanza-aprendizaje virtual.
- Se deben poner en funcionamiento todos los mecanismos posibles para garantizar y aumentar el grado de participación de los estudiantes, ya que esto es garante del éxito de la sesión.
- El diseño de planes de contingencia ante posibles problemas en la red o en las distintas plataformas y, de esta manera, no contribuir al ya elevado nivel de ansiedad de los estudiantes.

También Zhao y Watterston (2021) inciden en la necesidad de replantearnos qué tenemos que enseñar, cómo debemos hacerlo, dónde y cuándo enseñarlo. Afirman que urge repensar todo el sistema docente.

Finalmente, nos parece relevante presentar sintéticamente los resultados de un estudio realizado en varias universidades de India con el fin de conocer la opinión de los estudiantes en la educación *online* durante la pandemia. Chakraborty, Mittal, Gupta, Yadav y Arora (2021) afirman que los estudiantes aprenden mejor en un contexto de presencialidad física en contraposición a la docencia impartida íntegramente *online*. Asimismo, constatan la percepción de los estudiantes de que los docentes han mejorado en la competencia digital desde el comienzo de la pandemia, lo que ha posibilitado que la calidad de la docencia impartida también sea superior. Los discentes afirman verse afectados en su salud y el ambiente docente ha resultado mucho más estresante y carente de interacción social.

5. EFECTOS DEL CONFINAMIENTO SOBRE LA SALUD

A la luz de una gran cantidad de estudios que se van realizando en distintos segmentos de población, podemos afirmar que el confinamiento ha impactado significativamente en todos los miembros de la población (Balluerka Lasa, 2020; Orgilés *et al.*, 2020; Wang *et al.*, 2020), y que buena parte de dicho impacto se ha producido sobre la propia salud. Tanto la pandemia en sí misma como el confinamiento con el que las administraciones se propusieron reducir el número de contagios fueron a su vez un motivo de enfermedad y dolencia en los estudiantes y docentes de las distintas etapas educativas. Aunque se puede constatar una mayor autonomía en la etapa de estudios superiores respecto a la etapa de educación obligatoria, no podemos desdeñar las consecuencias físicas y psicológicas que estos factores tuvieron sobre los estudiantes. Junto con el cómputo de estudiantes que padecieron la COVID-19 durante el confinamiento, debemos sumar los desórdenes alimenticios (no todos los estudiantes conviven con sus familiares o en contextos que velen por ellos) y los trastornos físicos derivados de la falta de ejercicio físico. El sedentarismo que provocó el confinamiento afectó profundamente a los jóvenes universitarios.

A estos problemas de un eminente carácter físico, se añaden los trastornos emocionales que están vinculados, en primer lugar, al proceso de duelo que pueden pasar los estudiantes ante el deceso de algún conocido, agravado cuando no se podían despedir de los difuntos. El miedo y la incertidumbre ante una nueva situación desconocida sin saber cómo manejar las emociones produjeron graves cuadros de ansiedad. A esta hay que sumar la generada por la falta de socialización. Algunos estudiantes, ante la decisión repentina del confinamiento, se vieron forzados a permanecer en sus domicilios, que no tenían que coincidir necesariamente con su ciudad de origen, o a afrontar el confinamiento en soledad. Si bien hay que recordar que según el Real Decreto 463/2020 del 14 de marzo de 2020 en su artículo 7.º sobre limitación de la libertad de circulación de las personas, en el apartado d) permite el retorno a su residencia habitual, no todos los estudiantes regresaron a sus domicilios familiares por miedo a contagio de familiares, ya que regresaban de entornos universitarios y en los que habían tenidos muchos contactos sociales.

Asimismo, la inestabilidad económica de estos tiempos también influyó directamente en el bienestar emocional de los estudiantes. Orgilés *et al.* (2020) señalan la inestabilidad económica como una fuente importante de estrés durante el confinamiento. No son pocos los estudiantes universitarios que compaginan sus estudios con algún tipo de labor económica con el fin de sufragarse su propia carrera. No poder tener acceso a su trabajo durante el periodo de confinamiento pudo suponer para algunos el impago de matrículas, alojamientos o sustento.

Estos desórdenes físicos y psicológicos se encuentran intrínsecamente ligados al bienestar del alumnado y a su capacidad de concentración. En una situación como la que estamos describiendo, mantener el adecuado seguimiento de un curso académico en la universidad y rendir de la misma manera que se venía haciendo hasta el comienzo de la pandemia son harto complicados. Los efectos de estos desórdenes se siguen observando en los estudiantes aún después del confinamiento y en una situación bastante parecida a la que se tenía antes del comienzo de la pandemia causada por la COVID-19.

6. CONCLUSIÓN

A lo largo de estas páginas se han puesto de manifiesto las principales investigaciones y directrices sobre la influencia del confinamiento causado por la COVID-19 en el ámbito educativo y, más en concreto, en la Educación Superior.

Han quedado de manifiesto la singularidad y emergencia de la respuesta con las que se abordó el confinamiento. Todavía son pocos los estudios que evalúan las consecuencias concretas de esta disrupción sin precedentes en el ámbito educativo, quizá por encontrarnos aún inmersos en un ambiente marcado por la pandemia.

La mayoría de los organismos supranacionales y las mismas autoridades españolas coinciden en que hay que poner en marcha todos los esfuerzos necesarios para salvaguardar la seguridad de los entornos educativos, describen las medidas tomadas en los distintos sistemas educativos y ofrecen principios generales de actuación. La mayoría de ellos acaba considerando la profunda reflexión metodológica y la formación docente como factores claves para mejorar la respuesta. Todas las instituciones hacen hincapié en la importancia de mantener los principios de calidad y equidad, salvaguardando siempre el derecho universal al acceso a la educación, ya que este se vio profundamente dañado debido a la desigualdad socioeconómica, la brecha digital o la discapacidad.

No cabe duda de que el principal motor de la respuesta a los estudiantes ha sido cada uno de los docentes que ha hecho el esfuerzo en transformar, con mayor o menor éxito, su docencia al entorno *online* de un día para otro. Si bien la respuesta presenta muchas carencias, supuso un ámbito de seguridad, rutina y socialización para la mayoría de los estudiantes durante el confinamiento. Los docentes realizaron un esfuerzo titánico cuando, en muchas ocasiones, ni poseían la formación necesaria ni estaban familiarizados con entornos digitales para la enseñanza. Pero ha quedado de manifiesto la importancia de la formación docente, no solo en los ámbitos de investigación o gestión, sino sobre todo en el ámbito didáctico y metodológico para que puedan liderar la reflexión sobre los cambios imprescindibles para adaptarse a distintos escenarios. La reflexión debe ir más allá de pensar en las herramientas digitales. Habrá también que cuestionar los contenidos, las competencias, la evaluación y todo el sistema de la Enseñanza Superior para ofrecer una docencia de calidad, flexible y sostenible en el tiempo.

Esta reflexión urge y no puede seguir esperando, a pesar de que muchos esperan volver sin ningún tipo de reflexión a la docencia prepandémica. Habrá pues que dar respuesta a las carencias que han acumulado los discentes en este tiempo, no solo académicas o competenciales, sino que también debemos dar respuesta a las carencias sociales o emocionales con las que muchos alumnos vuelven a las aulas tras el confinamiento. Por ello, la investigación basada en datos sobre cómo ha afectado el confinamiento desempeña un papel fundamental para poder tomar decisiones de cara a las situaciones actuales y sostenibles en el tiempo.

Esta reflexión para crear un nuevo sistema educativo resiliente solo podrá tener lugar si los docentes y las universidades son apoyados por las instituciones a través de inversiones continuadas en el tiempo, y no solo a través de inyecciones de capital coyunturales para responder a situaciones excepcionales.

Urge repensar cómo salvaguardar el componente humano en medio de una universidad digitalizada para que la integración de las tecnologías nunca suponga una sustitución de las bondades del intercambio entre cada uno de los miembros de la comunidad universitaria. Por ello, el papel de los estudiantes es fundamental en medio de este fenómeno; es esencial que también ellos se sientan profundamente involucrados en este proceso de reflexión y que su voz sea escuchada.

Pero con el trabajo aquí presentado no pretendemos quedarnos solo con estos aspectos de lo que ha supuesto la respuesta rápida a una situación histórica sobrevenida e inesperada, alejada de una transformación digital y orgánica de la Educación Superior (Hodges *et al.*, 2020; Núñez y de Obesso, 2021). Queremos además poner el énfasis en que esta tesitura ha servido y debe seguir utilizándose como acicate para la profunda reflexión sobre la práctica docente y la necesaria renovación, para plantearnos el futuro de la docencia universitaria (Acosta Jiménez, 2021; Trujillo Sáez, 2020). Debemos repensar la formación y competencias del profesorado en todas las etapas educativas, haciendo hincapié en la competencia digital docente y en la creación de redes entre docentes: "… el desarrollo profesional docente implica la adquisición de nuevas competencias, destrezas y estrategias a partir de procesos de reflexión sobre la práctica, formación o capacitación entre iguales o con mentores para poder resolver problemas vinculados con la educación" (Trujillo Sáez, 2020, p. 37). Un análisis profundo de la realidad como se presenta en las páginas siguientes es el primer paso para una verdadera transformación de la Educación Superior española en el ámbito de la enseñanza de lenguas extranjeras que garantice la calidad y la igualdad de oportunidades.

7. REFERENCIAS

Acosta Jiménez, A. J. (2021). Estudio empírico sobre la influencia del confinamiento por la COVID-19 en la enseñanza de lenguas extranjeras en la Educación Superior: herramientas y resultados de aprendizaje. En Guarro Pallás, A., Area Moreria, M., Marrero Acosta, J. y Sosa Alonso, J. (Eds.) *XI Congreso Iberoamericano de Docencia Universitaria – La transformación digital de la universidad* (pp. 1671–1680). http://doi.org/10.25145/c.docenciauniversitaria.2021.11

Balluerka Lasa, N. (Coord.) (2020). *Las consecuencias psicológicas de la COVID-19 y el confinamiento*: Servicio de Publicaciones de la Universidad del País Vasco.

Bao, W. (2020). COVID-19 and *online* teaching in higher education: A case study of Peking University. *Human Behavior and Emerging Technologies, 2*, 113–115. https://doi.org/10.1002/hbe2.191

Canaza-Choque, F. A. (2020). Educación superior en la cuarentena global: disrupciones y transiciones. *Revista Digital de Investigación en Docencia Universitaria, 14* (2), 1–10. https://doi.org/10.19083/10.19083/ridu.2020.1315

Chakraborty, P., Mittal, P., Gupta, M. S., Yadav, S. y Arora, A. (2021). Opinion of students on *online* education during the COVID-19 pandemic. *Human Behavior and Emerging Technologies, 3*, 357–365. https://doi.org/10.1002/hbe2.240

Consejería de Ciencia, Universidades e Innovación (2020). Marco común de actuación de las universidades de la Comunidad de Madrid ante la COVID-19 en el curso 2020–2021.

Consejo de la Unión Europea (12 de marzo de 2020a). EU education ministers discussed the implications of the COVID-19 outbreak on education and training. Recuperado el 15 de septiembre de 2021 de: https://eu2020.hr/Home/OneNews?id=211

Consejo de la Unión Europea (14 de abril de 2020b). Videoconferencia de los ministros de Educación. Recuperado el 15 de septiembre de 2021 de: https://www.consilium.europa.eu/es/*Meetings*/eycs/2020/04/14/

Crue Universidades Españolas (11 de marzo de 2020a). Crue recomienda a la comunidad universitaria seguir las indicaciones de las autoridades sanitarias frente al Coronavirus. Recuperado el 15 de septiembre de 2021 de: https://www.crue.org/2020/03/crue-recomienda-a-la-comunidad-universitaria-seguir-las-indicaciones-de-las-autoridades-sanitarias-frente-al-coronavirus/

Crue Universidades Españolas (16 de abril de 2020b). Informe sobre Procedimientos de Evaluación no Presencial. Estudio del Impacto de su Implantación en las Universidades Españolas y Recomendaciones. Recuperado el 15 de septiembre de 2021 de: https://tic.crue.org/wp-content/uploads/2020/05/Informe-procedimientos-evaluación-no-presencial-CRUE-16-04-2020.pdf

García Aretio, L. (2021). COVID-19 y educación a distancia digital: preconfinamiento, confinamiento y posconfinamiento. *RIED. Revista Iberoamericana de Educación a Distancia, 24* (1), 09–32. http://dx.doi.org/10.5944/ried.24.1.28080

García-Peñalvo, F. J.; Corell, A. (2020). La COVID-19: ¿enzima de la transformación digital de la docencia o reflejo de una crisis metodológica y competencial en la educación superior? *Campus Virtuales, 9* (2), 83–98.

Grande-de-Prado, M., García-Peñalvo, F. J., Corell Almuzara, A. y Abella-García, V. (2021). Evaluación en Educación Superior durante la pandemia de la COVID-19. *Campus Virtuales, 10* (1), 49–58.

Hodges, C., Moore, S., Lockee, B., Trust, T. y Bond, A. (2020). *The Difference Between Emergency Remote Teaching and Online Learning.* EDUCAUSE Review. Recuperado el 15 de septiembre de 2021 de: https://er.educause.edu/articles/2020/3/the-difference-between-emergency-remote-teaching-and-*online*-learning

International Commission on the Futures of Education. (2020). *Education in a post-COVID world: Nine ideas for public action.* UNESCO.

Kofoed, M.S., Gebhart, L., Gilmore, D., y Moschitto, R.A. (2021). Zooming to Class? Experimental Evidence on College Students' Online Learning During Covid-19. *SSRN Electronic Journal.* DOI:10.2139/ssrn.3846700

Ministerio de Universidades (8 de abril de 2020a). Informe de iniciativas y herramientas de evaluación online universitaria en el contexto del COVID-19.

Ministerio de Universidades (10 de junio 2020b). Recomendaciones del Ministerio de Universidades a la comunidad universitaria para adaptar el curso universitario 2020–2021 a una presencialidad adaptada y medidas de actuación de las universidades ante un caso sospechoso o uno positivo de COVID-19. Recuperado el 15 de septiembre de 2021 de: https://www.universidades.gob.es/stfls/universidades/ministerio/ficheros/COVID/Recomendaciones_del_Ministerio_de_Universidades_para_adaptar_curso.pdf

Moreno-Rodríguez, R. (2020). Reflexiones en torno al impacto del Covid-19 sobre la Educación Universitaria: aspectos a considerar acerca de los estudiantes con discapacidad. *Revista Internacional de Educación para la Justicia Social, 9* (3), 1–6.

Núñez Canal, M. y de Obesso, M.: (2021). *El modelo educativo híbrido: una respuesta necesaria de la enseñanza universitaria a partir de la COVID-19.* [Archivo PDF]. https://www.researchgate.net/publication/348755808_El_modelo_educativo_hibrido_una_respuesta_necesaria_de_la_ensenanza_universitaria_a_partir_de_la_Covid-19?channel=doi&linkId=600f52c792851c13fe39bcb6&showFulltext=true

Ordorika, Imanol. (2020). Pandemia y educación superior. *Revista de la educación superior, 49* (194), 1–8.

Orgilés, M., Morales, A., Delvecchio, E., Mazzeschi, C., y Espada, J. P. (2020). *Immediate psychological effects of the COVID-19 quarantine in youth from Italy and Spain.* [Archivo PDF]. https://www.researchgate.net/publication/340763347_Immediate_psychological_effects_of_the_COVID-19_quarantine_in_youth_from_Italy_and_Spain

Real Decreto 463/2020, de 14 de marzo, por el que se declara el estado de alarma para la gestión de la situación de crisis sanitaria ocasionada por el COVID-19. Boletín Oficial del Estado, n. 67, de 14 de marzo de 2020. Recuperado el 15 de septiembre de 2021 de: https://www.boe.es/eli/es/rd/2020/03/14/463/con

Ruiz, G. R. (2020). Marcas de la Pandemia: El Derecho a la Educación Afectado. *Revista Internacional de Educación : para la Justicia Social, 9* (3), 45–59. https://doi.org/10.15366/riejs2020.9.3.003

Schleicher, A. (2020). *The impact of COVID.19 on Education. Insights from Education at a Glance 2020.* OECD.

Schleicher, A. y Reimers, F. (2020). *Schooling Disrupted, Schooling Rethought: How the COVID-19 Pandemic is Changing Education.* OECD.

Trujillo Sáez, F. (ed.) (2020). *Aprender y enseñar en tiempos de confinamiento.* Catarata.

UNESCO (2020). Informe de políticas: La educación durante la COVID-19 y después de ella. Recuperado el 15 de septiembre de 2021 de: https://www.un.org/sites/un2.un.org/files/policy_brief_-_education_during_covid-19_and_beyond_spanish.pdf

Wang, C., Pan, R., Wan, X., Tan, Y., Xu, L., Ho, C. S. y Ho, R. C. (2020). Immediate psychological responses and associated factors during the initial stage of the 2019 Coronavirus disease (COVID-19) epidemic among the general population in China. *International Journal of Environmental Research and Public Health, 17* (5), 1729. DOI:10.3390/ijerph17051729

Zhao, Y. y Watterston, J. (2021). The changes we need: Education post COVID-19. *Journal of Educational Change, 22*, 3–12. https://doi.org/10.1007/s10833-021-09417-3

Adrián José Acosta Jiménez
Universidad Autónoma de Madrid

Capítulo II: Diseño de una investigación sobre la influencia del confinamiento causado por la COVID-19 en el aprendizaje de lenguas extranjeras en la Educación Superior

1. INTRODUCCIÓN

La pandemia causada por el virus SARS-CoV-2, reconocida como tal por la Organización Mundial de la Salud (OMS) el día 11 de marzo de 2020, causó el mayor impacto en la sociedad vivido en las últimas décadas. Con la declaración de la OMS, cada una de las naciones se puso en marcha con el fin de salvaguardar la salud de la población. En el caso de España, el día 14 de marzo se publicó del Real Decreto 463/2020 por el que se declaró el estado de alarma, confinando a la población, restringiendo la movilidad y cerrando los centros educativos de todas las etapas y, por tanto, también las universidades públicas y privadas.

Este repentino confinamiento, que acabó alargándose durante meses, forzó a las instituciones educativas a dar respuesta de continuidad con su docencia haciendo uso de los medios de los que disponían. Como informan los distintos organismos supranacionales que se ocupan de la materia educativa, la gran mayoría de las respuestas educativas se basaron en el cambio de la acostumbrada modalidad presencial a la modalidad de docencia *online*. En España se aunaron esfuerzos para poder continuar con la docencia desde casa. La mayoría de los estudios (Bao, 2020; Hodges *et al.*, 2020; Moreno-Rodríguez, 2020) coinciden en la falta de reflexión ante este proceso de digitalización como respuesta de emergencia de la enseñanza en la Educación Superior, la falta de recursos y formación adecuada de los docentes, o la acentuación de la brecha y discriminación entre los colectivos más vulnerables. La respuesta que se pide por todas las instituciones y estudios ante la pandemia es la reflexión sobre el sistema de enseñanza (Zhao y Watterston, 2021), con el fin de crear una Educación Superior de calidad, accesible, sostenible y resiliente.

Una auténtica reflexión debe partir de los datos reales de lo que ha supuesto el confinamiento en el proceso de enseñanza-aprendizaje en el ámbito universitario. Es necesario escuchar todas las voces que conforman la comunidad educativa para que la reflexión sea capaz de generar una toma de medidas adecuada.

Guiados por el convencimiento de la necesidad de repensar todo el sistema educativo, en el presente capítulo presentaremos la investigación realizada por 12 universidades públicas españolas para conocer desde la perspectiva de los estudiantes cómo fue el impacto del confinamiento causado por la COVID-19 en el aprendizaje de lenguas extranjeras en la Educación Superior.

2. JUSTIFICACIÓN

En este contexto se considera justificado elaborar una investigación que recoja la opinión de los estudiantes como punto de partida para una reflexión ulterior sobre qué aspectos han venido para quedarse como parte integrante de la actividad docente, cuáles tienen que modificarse y qué medidas deben implementarse para paliar los efectos negativos del confinamiento.

Es indudable que los efectos del confinamiento y del cierre de centros educativos desbordan el ámbito académico, llegando a tener una correlación directa con enfermedades físicas o psicológicas sufridas por toda la comunidad educativa. Las consecuencias también llegan al aspecto socioeconómico. Ya se pueden observar las primeras implicaciones: ante la falta de trabajo o crisis económica, los estudiantes con menos recursos se ven forzados a abandonar sus estudios. Y aunque las administraciones se han esforzado en realizar inyecciones de capital en las universidades para apoyar la digitalización y recortar los efectos de la brecha digital, en la mayor parte de las ocasiones se trata tan solo de inversiones puntuales que no se sostendrán en el tiempo. Las futuras inversiones en el ámbito educativo tanto por parte de capital público como privado tienden a disminuir tras la crisis de la COVID-19, ya que se dirigen a redoblar esfuerzos en el ámbito sanitario y en la recuperación de una economía afectada.

En el ámbito estrictamente educativo, urge conocer cómo han percibido los estudiantes su formación y cuál es la consideración subjetiva que tienen sobre la progresión de su aprendizaje. Las evaluaciones realizadas durante el confinamiento no fueron de la calidad esperada y, a la luz de los datos, no se da una correspondencia real entre la calificación obtenida y competencia lingüística en lengua extranjera adquirida por el alumnado. Esto mismo se evidencia en las evaluaciones iniciales de los semestres posteriores al confinamiento. Urge conocer el nivel real de los estudiantes con el fin de establecer las medidas adecuadas que puedan reparar las carencias acumuladas y, de esta manera, garantizar los contenidos y competencias propios de cada una de las titulaciones en las que se oferta la enseñanza de alguna lengua extranjera.

La formación docente supone uno de los aspectos en los que se ha fijado el foco de atención durante la pandemia. Por tanto, conocer las prácticas docentes durante el confinamiento, su efectividad y la percepción del alumnado son fundamentales para dirigir y adecuar dicha formación docente. No se pretende conocer los recursos puestos en práctica por los docentes motivados por un espíritu inquisitorio con fin punitivo. Se sigue el conocimiento para adecuar la formación y poner al servicio de los docentes las herramientas necesarias para mejorar la calidad de su práctica docente.

Por lo tanto, tras observar brevemente los motivos socioeconómicos y educativos, consideramos que un estudio sobre la enseñanza y aprendizaje de lenguas extranjeras en las universidades está justificado, atendiendo a los principales documentos de organismos supranacionales, nacionales y a los primeros estudios que van dando luz sobre esta situación que afectó de lleno al sistema educativo.

3. OBJETIVOS

Con los distintos informes que se recogen en la primera parte de esta obra, se persigue el objetivo de describir la respuesta docente y su eficacia en el marco de la enseñanza de lenguas extranjeras en la Educación Superior durante el periodo de confinamiento como respuesta a la pandemia causada por la COVID-19 según la percepción del estudiantado. Este estudio reflejará, en un primer momento, la realidad particular de 12 universidades públicas españolas para, posteriormente, presentar una imagen global de lo que ha sido la respuesta de la universidad española.

Para poder conseguir este objetivo general, el estudio se plantea los siguientes objetivos específicos:

- Recabar las características sociodemográficas de los estudiantes. En esta ocasión no solo nos parecen relevantes aspectos como el sexo o la edad de los informantes, sino que adquiere una significado especial conocer otros aspectos ligados a la situación familiar, al bienestar o al acceso a las herramientas tecnológicas. Es muy amplia la casuística que se puede encontrar en este último aspecto, desde estudiantes que tuvieron que solicitar equipos informáticos a las universidades respectivas, estudiantes que no tenían internet estable en sus domicilios o unidades familiares que tenían que compartir un solo dispositivo para el teletrabajo de los progenitores y las clases de los hijos, lo que prácticamente imposibilitaba la participación en actividades docentes sincrónicas. No podemos olvidar que siempre se debe garantizar la igualdad de oportunidades y la calidad de la enseñanza universitaria, por lo que una brecha digital supondría una gran dificultad para el sistema educativo español.

- Conocer el nivel de motivación de los estudiantes y las causas directas que han motivado el cambio. Es cierto que este dato hay que ponerlo en correlación con la motivación media que tienen los alumnos durante el estudio de su carrera en la enseñanza presencial prepandémica. Aunque se pudiera barajar la hipótesis de una desgana generalizada durante el periodo del confinamiento, muchos discentes valoraron las clases durante este mismo periodo como algo muy positivo, ya que suponían una ventana a una vida exterior y a algún tipo de socialización.
- Examinar qué herramientas digitales han sido utilizadas durante la docencia no presencial. En esta ocasión nos movemos entre el marco de las herramientas que tenía el docente a disposición y entre la capacidad de cada uno de los docentes de hacer un uso acelerado de ellas para dar respuesta al confinamiento repentino. Además de constatar las herramientas más usadas, debemos ponerlas en correlación con la percepción de los estudiantes para ver cuáles son las mejor valoradas, las más útiles, las más apropiadas y las que proporcionan una mayor eficacia en el ámbito de la enseñanza de lenguas extranjeras, ya que se estima que pueda observarse un desfase entre las herramientas utilizadas con mayor frecuencia y su valor docente real a la hora de adquirir las competencias propias de las distintas titulaciones implicadas y de las destrezas propias del aprendizaje de una lengua extranjera.
- Indagar cuál es la opinión de los discentes sobre el grado de competencia digital de sus docentes a la hora de impartir las clases de forma no presencial. Debemos recordar en esta ocasión que estamos ante un estudio de caso de distintas universidades públicas españolas con un sistema de docencia prepandémico eminentemente de carácter presencial, y que los docentes no tienen formación específica para poder impartir íntegramente sus materias en modalidad *online*.
- Establecer cuál es el grado de aprendizaje y consecución de los objetivos en aquellas asignaturas en las que se aprende una lengua extranjera según la visión del estudiantado. El trabajo autónomo, a distancia y en muchas ocasiones asíncrono supone un reto para el estudiante que está acostumbrado a realizar su estudio en el marco de la enseñanza presencial. Cada una de las destrezas que componen el dominio de una lengua extranjera debe trabajarse durante el proceso de enseñanza-aprendizaje y, en un ambiente inestable y sobrevenido como el que analizamos, no es fácil mantener un adecuado trabajo de todas esas destrezas. Si ya se considera complicado, por ejemplo, abordar la competencia en expresión oral en el entorno de aulas de universidad con un elevado número de alumnos, se corre el evidente riesgo de realizar un trabajo desproporcionado en medio de un ambiente digital que no se domina y para

el que los docentes no estaban preparados ni tuvieron tiempo para formarse o reflexionar sobre el tema. Este asunto sobre los resultados de aprendizaje es especialmente relevante en medio de una titulación universitaria, ya que en muchas ocasiones se suceden distintas asignaturas de lenguas extranjeras que presuponen el conocimiento adquirido en una asignatura anterior. No haber asimilado ciertos contenidos y no haber avanzado en determinadas destrezas puede implicar que el estudiante se encuentre con mayores dificultades a la hora de afrontar asignaturas en cursos superiores.

Por lo tanto, conocer los aspectos descritos en los objetivos específicos posibilitará obtener una imagen de la realidad de nuestros estudiantes para, tras una reflexión adecuada y una formación específica de los docentes, dar respuestas a las necesidades reales de los discentes tras el confinamiento.

4. METODOLOGÍA

Con el fin de alcanzar los objetivos propuestos, se ha implementado un estudio de caso de diseño mixto, esto es, aunando datos cuantitativos y cualitativos. Ya que se han recogido en diferentes fases de la investigación, podemos afirmar que se trata de un método mixto (Johnson y Onwuegbuzie, 2004). En esta ocasión no se ha utilizado el método mixto con el fin de la triangulación, sino que se pretende un conocimiento más profundo del fenómeno y una explicación más clara de los datos recogidos en el cuestionario. Hablamos aquí de una estrategia secuencial explicatoria con el esquema "CUAN - cual" (Pereira Pérez, 2011).

4.1. Primera fase: recogida de datos cuantitativos

En la primera fase de la investigación se recogieron los datos cuantitativos y la herramienta utilizada fue un cuestionario que se incluye como anexo a este capítulo adaptado para una universidad en concreto, ya que cada universidad participante en el estudio realizaba su adaptación según las características propias del centro. Este estaba conformado por 46 cuestiones de elección múltiple o de escala de Likert divididas en 5 secciones:

a. características sociodemográficas del estudiantado (sexo, edad, estudios, acceso a internet, dotación tecnológica, dónde ha pasado el confinamiento…);
b. sobre el nivel de motivación de los estudiantes (nivel de motivación antes y durante el confinamiento, factores implicados…);
c. sobre las herramientas para el aprendizaje (herramientas utilizadas, efectividad, contacto con los docentes, destrezas trabajadas…);

d. sobre el profesorado (nivel de motivación y de implicación, competencia digital docente…);
e. sobre los resultados de aprendizaje de lenguas extranjeras (competencias en las que más y menos han avanzado, principales dificultades y ventajas de la enseñanza a distancia…).

Por último, a este cuestionario se le agregó una pregunta abierta, la número 47, para que los discentes pudieran comentar cualquier aspecto relevante sobre la realización del cuestionario, sobre el tiempo de confinamiento o sobre la docencia semipresencial que estaba teniendo lugar tras dicho periodo, según las directrices de las autoridades sanitarias y académicas.

Con el fin de validar el cuestionario, se sometió a un proceso de juicio de expertos, los cuales redujeron el número de preguntas, reformularon algunas de ellas e incluyeron alguna cuestión relevante con el fin de poder realizar comparaciones con niveles anteriores a la pandemia. Asimismo, el cuestionario fue pilotado en un pequeño grupo de estudiantes con el fin de asegurar la correcta comprensión del mismo y reajustar las preguntas en caso de que se considerara necesario. Tras estos procesos se consideró que la herramienta para la recogida de datos cuantitativos servía al fin que se proponía (Lacave, Molina, Fernández y Redondo, 2016).

Cada una de las universidades participantes adaptó el cuestionario y lo difundió a través de los canales de los que se disponía. Por lo general, la difusión de este cuestionario elaborado con Google Forms se realizó a través de las listas de distribución entre los estudiantes que poseen los coordinadores de las distintas titulaciones implicadas. De este modo, solamente los alumnos que estudiaban lenguas extranjeras recibieron el enlace al cuestionario y la recogida de datos siempre fue anónima. Conviene además mencionar que la participación del estudiantado con respecto a la cumplimentación del cuestionario fue siempre voluntaria y no tuvo ningún peso ni incidencia en su trayectoria académica.

4.2. Segunda fase: recogida de datos cualitativos

En la segunda fase de la investigación se propuso la posibilidad de ahondar en los datos cuantitativos con ayuda de la pregunta abierta del cuestionario y con otros mecanismos cualitativos (Flick, 2015) de recogida de datos, como podían ser las entrevistas, discusiones o grupos focales (Barbour, 2013).

Por ejemplificar esta fase cualitativa, traemos a colación el caso de la Universidad Autónoma de Madrid, que recabó información cualitativa a través de entrevistas semiestructuradas (Troncoso-Pantoja y Amaya-Placencia, 2017). Aunque este tipo de entrevistas suelen presentarse a modo de guion, en esta ocasión se optó por la formulación típica de las estructuradas para evitar posibles sesgos de los entrevistadores, aunque siempre podían profundizar y abordar temas según fueran saliendo en el trascurrir de la conversación con los estudiantes. La entrevista estaba conformada por 14 ítems que hacían relación a cada uno de los apartados generales de los que estaba compuesta la encuesta de la fase cuantitativa de la investigación.

Las entrevistas se realizaron en parejas para garantizar un ambiente de mayor tranquilidad y comodidad para cada uno de los informantes, ya que acudían con algún compañero o conocido.

Una vez que se recopilaron todos los datos, se pusieron en correlación manualmente con el fin de explicar el fenómeno reflejado en las estadísticas de los datos cuantitativos con ayuda de las informaciones aportadas en la pregunta abierta del cuestionario y de los datos recogidos en las entrevistas.

4.3. Implementación en las diferentes universidades e informantes

Cada una de las universidades implicadas en el proyecto recibieron el modelo de cuestionario para que pudieran adaptarlo a la realidad de su centro antes de difundirlo entre el alumnado. Cada una observó las titulaciones, lenguas que se impartían, herramientas digitales de las que se disponían e incluso, según las necesidades particulares, se realizó una traducción al inglés de las preguntas del cuestionario.

Asimismo, cada centro universitario participante en el estudio conocía la mejor forma de acceder a sus alumnos, de tal manera que enviaron el enlace a través de listas de distribución de los coordinadores de las titulaciones o a través de los compañeros docentes responsables de impartir algunas de las materias de lenguas extranjeras. Alguna universidad optó por pasar el cuestionario durante una sesión de clase.

El número de informantes que voluntariamente y de manera anónima rellenaron el cuestionario fue de 1837. Consideramos que en la población de cada una de las universidades fue un número significativo y relevante. A la vista del número final de informantes, podemos afirmar que los datos recogidos revelan la opinión de los estudiantes españoles sobre la enseñanza de lenguas extranjeras en la universidad durante el confinamiento. El reparto de participantes se detalla en la Tabla 1.

Tabla 1: Número de informantes por universidad participante

Universidad Autónoma de Madrid	218	Universidad de Salamanca	77
Universidad Complutense de Madrid	368	Universidad de Sevilla	139
Universidad de Alcalá	159	Universidad de Valencia	86
Universidad de Castilla-La Mancha	206	Universidad de Valladolid	126
Universidad de Granada	172	Universidad de Vigo	124
Universidad de Málaga	110	Universidad Pública de Navarra	52

5. COMENTARIOS FINALES Y DISCUSIÓN

El hecho de que el confinamiento ya hubiera finalizado en el momento en el que se llevaron a cabo tanto la elaboración como el diseño del estudio hizo que este se llevara a cabo con una cierta celeridad para poder así dar cuenta de unos resultados más inmediatos en el tiempo.

Sobre el número de participantes en la fase cuantitativa de la investigación, hay que tener en cuenta que parte de la población objeto de estudio ya eran egresados de las distintas universidades, por lo que el acceso a ellos para incluirlos dentro del número de informantes resultó muy complicado. Al tratarse de una encuesta totalmente anónima, resultó también difícil realizar un seguimiento con el fin de obtener un mayor número de respuestas, aunque debemos decir en este momento que muchos alumnos se manifestaron agradecidos de que sus profesores estuvieran llevando a cabo este tipo de estudios para mejorar la calidad docente. El reconocimiento de los estudiantes ha quedado de manifiesto a lo largo de todo el proceso.

Los resultados parciales de las universidades o la interpretación final de la imagen global deben ponerse en correlación con otros estudios que se lleven a cabo. Parece relevante, por ejemplo, encuestar también a los docentes para que manifiesten su opinión sobre la respuesta del alumnado, la ayuda institucional recibida durante la pandemia o la formación docente antes, durante y después del confinamiento.

Sea como fuere, tanto cada uno de los estudios particulares que ocupan los siguientes capítulos como la visión global de todo el estudio ofrecerán unos datos valiosos que deben acompañar a la toma de decisiones en distintos ámbitos, desde las políticas educativas nacionales y supranacionales hasta la decisión de cada docente que pretende cada día ofrecer una docencia de lenguas extranjeras de calidad en su universidad.

6. ANEXO

1. Herramienta para la recolección de datos cuantitativos: cuestionario

A continuación se presenta un modelo de cuestionario adaptado para la Universidad Autónoma de Madrid para la recolección de datos cuantitativos y una pregunta abierta.

EL APRENDIZAJE DE LENGUAS EXTRANJERAS EN LA UAM DURANTE EL CONFINAMIENTO

¡Muchas gracias por tu interés y por haber accedido a este cuestionario!

Vamos a realizarte algunas preguntas para intentar valorar cómo ha sido el aprendizaje de lenguas extranjeras en los distintos grados de nuestra universidad durante la época de confinamiento (marzo-mayo de 2020).

Rellenar esta encuesta no te llevará más de diez minutos y será de gran ayuda para intentar mejorar la respuesta del profesorado. Después de conocer algunos datos sobre ti, te preguntaremos sobre la motivación para el aprendizaje, sobre las herramientas utilizadas, sobre la respuesta docente y sobre los resultados de aprendizaje.

Los datos son totalmente anónimos, por eso no te hemos preguntado la dirección de correo electrónico para poder acceder. Así que te pedimos que seas lo más sincero posible en tus respuestas.

*Obligatorio

Sobre ti

1. **¿Qué grado estás estudiando?** *
   - o Estudios de Asia y África
   - o Estudios Hispánicos
   - o Estudios Ingleses
   - o Lenguas Modernas, Cultura y Comunicación
   - o Traducción e Interpretación
   - o Turismo
2. **¿Qué lenguas extranjeras estudias en tu grado en la UAM? Elige las opciones que correspondan.***
   - o Alemán
   - o Árabe
   - o Catalán
   - o Chino

- o Coreano
- o Finés
- o Francés
- o Griego
- o Inglés
- o Italiano
- o Japonés
- o Persa
- o Portugués
- o Turco

3. **¿Cuál es tu edad?** *
   - o 18–23
   - o 24–35
   - o 36 o más
4. **¿Cuál es tu sexo?** *
   - o Masculino
   - o Femenino
   - o Prefiero no decirlo
5. **¿Cuál es tu domicilio habitual en periodo no lectivo?** *
   - o Ciudad de Madrid
   - o Comunidad de Madrid
   - o Fuera de la Comunidad de Madrid
6. **¿Dónde vives normalmente durante el curso?** *
   - o En el domicilio familiar
   - o En un piso compartido
   - o En una residencia de estudiantes
   - o Otro
7. **¿Dónde has pasado la mayor parte del tiempo durante el periodo de confinamiento?** *
   - o En el domicilio familiar
   - o En el piso compartido
   - o En la residencia de estudiantes
   - o Otro
8. **¿Posees un equipo informático de uso personal (ordenador de sobremesa, portátil o *tablet*)?** *
   - o Sí, tengo un dispositivo que solo utilizo yo
   - o No, pero en mi lugar de residencia hay dispositivos de uso compartido
   - o No, en mi lugar de residencia no hay ningún dispositivo informático

9. ¿Qué tipo de conexión a internet has tenido durante el confinamiento? *
- o wifi en mi domicilio
- o A través de un dispositivo móvil
- o No he tenido conexión a internet

10. ¿Cuáles son aproximadamente los ingresos mensuales de tu familia? *
- o 1000€ o menos
- o Entre 1000€ y 2000€
- o Más de 2000€

11. ¿Quién te ha acompañado durante el confinamiento? *
- o He estado solo en una vivienda
- o He estado acompañado de compañeros de piso
- o He estado acompañado por los compañeros de la residencia
- o He estado acompañado de familiares que realizaban teletrabajo
- o He estado acompañado de familiares que no realizaban teletrabajo

Sobre la motivación para aprender

12. ¿Cuál suele ser tu nivel de motivación durante tus estudios fuera del tiempo de pandemia? *
- o Muy motivado
- o Bastante motivado
- o Medianamente motivado
- o Poco motivado
- o Nada motivado

13. ¿Cuál fue tu nivel de motivación durante tus estudios mientras estuvimos confinados? *
- o Muy motivado
- o Bastante motivado
- o Medianamente motivado
- o Poco motivado
- o Nada motivado

14. Esta es una pregunta de control para comprobar la validez del cuestionario. Marca la cifra más alta. *
- o 100
- o 200
- o 500

15. ¿Cuál te parece que es el nivel de motivación que normalmente tienen tus profesores de lengua extranjera? *
o Muy motivados
o Bastante motivados
o Medianamente motivados
o Poco motivados
o Nada motivados

16. ¿Cuál te parece que fue el nivel de motivación que tenían tus profesores de lengua extranjera durante el confinamiento? *
o Muy motivados
o Bastante motivados
o Medianamente motivados
o Poco motivados
o Nada motivados

17. ¿Qué factores consideras que han influido decisivamente en tu motivación durante el confinamiento? Puedes marcar un máximo de tres opciones. *
o Soledad
o Falta de comunicación con el profesorado
o Autonomía
o Dificultad para mantener una rutina
o Desorganización del profesorado
o Poca capacidad de organización propia
o Falta de contacto con los compañeros
o Distracciones en el domicilio
o Otros

18. Señala en qué grado estás de acuerdo con la siguiente afirmación: "Durante el periodo de clases a distancia, prefiero trabajar de manera individual porque así organizo mejor mi tiempo". *
o Totalmente de acuerdo
o Bastante de acuerdo
o Medianamente de acuerdo
o Poco de acuerdo
o Nada de acuerdo

19. Señala en qué grado estás de acuerdo con la siguiente afirmación: "En las clases de lenguas extranjeras a distancia echo de menos la interacción con los/las compañeros/as". *

o Totalmente de acuerdo
o Bastante de acuerdo
o Medianamente de acuerdo
o Poco de acuerdo
o Nada de acuerdo

20. Señala en qué grado estás de acuerdo con la siguiente afirmación: "En las clases de lenguas extranjeras a distancia echo de menos poder seguir realizando actividades en parejas/grupos". *

o Totalmente de acuerdo
o Bastante de acuerdo
o Medianamente de acuerdo
o Poco de acuerdo
o Nada de acuerdo

Sobre las herramientas para el aprendizaje

21. ¿Cuáles de las siguientes herramientas se han utilizado especialmente durante el periodo de confinamiento? Elige las dos opciones más comunes. *

o Materiales subidos en Moodle
o Cuestionarios en Moodle
o Foros en Moodle
o Clases sincrónicas por Teams
o Clases en *streaming*
o Tutorías por Teams
o Grabaciones propias del docente
o Grabaciones de canales o repositorios

22. ¿Cuál de las herramientas utilizadas te ha resultado de mayor utilidad para el aprendizaje de la lengua extranjera? Escoge dos opciones. *

o Materiales subidos en Moodle
o Cuestionarios en Moodle
o Foros en Moodle
o Clases sincrónicas por Teams
o Tutorías por Teams
o Grabaciones propias del docente
o Grabaciones de canales o repositorios

23. ¿Cuál de las herramientas utilizadas te ha resultado de menor utilidad para el aprendizaje de la lengua extranjera? Escoge dos opciones. *

o Materiales subidos en Moodle
o Cuestionarios en Moodle
o Foros en Moodle
o Clases sincrónicas por Teams
o Tutorías por Teams
o Grabaciones propias del docente
o Grabaciones de canales o repositorios

24. ¿Estas herramientas te han ayudado a estar en contacto con los profesores de lenguas extranjeras? *

o Mucho
o Bastante
o Medianamente
o Poco
o Nada

25. ¿Qué destrezas lingüísticas o componentes de la lengua consideras que han sido especialmente difíciles de trabajar durante el confinamiento con las herramientas digitales de las que disponemos? Señala un máximo de dos. *

o Gramática
o Vocabulario
o Comprensión lectora
o Expresión escrita
o Comprensión auditiva
o Expresión oral
o Competencia cultural

26. ¿Qué destreza lingüística o componentes de la lengua consideras que se ha trabajado correctamente con las herramientas de las que disponemos? *

o Gramática
o Vocabulario
o Comprensión lectora
o Expresión escrita
o Comprensión auditiva
o Expresión oral
o Competencia cultural

27. **¿Cuáles de las siguientes herramientas digitales has utilizado para el trabajo en grupo y contacto con los compañeros? Escoge un máximo de dos opciones.** *
   - o Teams
   - o Skype
   - o Zoom
   - o Meet
   - o WhatsApp
   - o Facetime
   - o Ninguna
   - o Otra

Sobre el profesorado

28. **Durante el confinamiento, ¿cómo te has mantenido en contacto con los docentes de lengua extranjera? Escoge las dos opciones más frecuentes.** *
   - o A través del correo electrónico
   - o A través de clases por videoconferencia
   - o A través de tutorías por videoconferencia
   - o A través de chats en Moodle
   - o A través de foros en Moodle
29. **Señala en qué grado estás de acuerdo con la siguiente afirmación: "Durante el periodo de clases a distancia, tengo menos reparo a la hora de hacerle llegar mis dudas y dificultades al docente que si la clase fuera presencial".** *
   - o Totalmente de acuerdo
   - o Bastante de acuerdo
   - o Medianamente de acuerdo
   - o Poco de acuerdo
   - o Nada de acuerdo
30. **La respuesta de los docentes a las dudas ha sido:** *
   - o Muy rápida
   - o Rápida
   - o Normal
   - o Lenta
   - o Muy lenta

31. **¿En qué medida consideras que los docentes de lenguas extranjeras se han involucrado en la atención al alumnado durante el periodo de confinamiento?** *
o Muy involucrados
o Bastante involucrados
o Medianamente involucrados
o Poco involucrados
o Nada involucrados

32. **¿En qué medida consideras que los docentes se han involucrado en la transformación y adaptación de sus clases a la modalidad *online*?** *
o Muy involucrados
o Bastante involucrados
o Medianamente involucrados
o Poco involucrados
o Nada involucrados

33. **Señala en qué grado estás de acuerdo con la siguiente afirmación: "Los profesores han preparado materiales nuevos para impartir clases *online*".** *
o Totalmente de acuerdo
o Bastante de acuerdo
o Medianamente de acuerdo
o Poco de acuerdo
o Nada de acuerdo

34. **Señala en qué grado estás de acuerdo con la siguiente afirmación: "Los docentes de lenguas extranjeras de la UAM tienen la formación necesaria para impartir sus clases de idiomas en línea".** *
o Totalmente de acuerdo
o Bastante de acuerdo
o Medianamente de acuerdo
o Poco de acuerdo
o Nada de acuerdo

35. **¿Qué dominio de las tecnologías consideras que tiene tu docente de lenguas extranjeras para aplicarlo a la enseñanza? (5 supone la competencia mayor y 1 la menor).** *
o 5
o 4
o 3
o 2
o 1

Sobre los resultados de aprendizaje de lenguas extranjeras
36. Señala las ventajas de estudiar una lengua extranjera a distancia. Puedes elegir un máximo de tres opciones. * o Comodidad al trabajar desde casa o Amplia disponibilidad de material para el aprendizaje o Autonomía en el aprendizaje o Me ayuda a mantener una rutina o Desconexión de la realidad de la cuarentena o Mayor uso de las nuevas tecnologías o Evito distracciones con mis compañeros
37. Señala los principales inconvenientes de estudiar una lengua extranjera a distancia. Marca un máximo de tres opciones. * o Soledad o Desorganización por mi parte o Desorganización por parte del profesorado o La adquisición de contenidos me resulta más difícil o He perdido el contacto con mis compañeros de clase o No se puede acceder fácilmente a recursos bibliográficos o Excesiva dependencia de la tecnología o Pérdida de motivación o Falta de concentración al tener distracciones en casa o Problemas de equipos informáticos o conexión
38. Otra pregunta de verificación: ¿Cuál de las siguientes opciones es un animal? * o Lápiz o Bolígrafo o Perro o Cuaderno o Libro
39. Dirías que la impartición de clases de lenguas a distancia, ¿dificulta o favorece tu participación en clase y tu aprovechamiento de la asignatura? Señala la opción que consideres más adecuada a tu situación. (Señala una). * o Dificulta mi participación en clase y mi aprovechamiento de la asignatura por todos los requisitos técnicos necesarios o Favorece mi participación en clase y mi aprovechamiento de la asignatura. o Dificulta mi participación en clase y mi aprovechamiento de la asignatura porque es más fácil descolgarse del ritmo de clase

40. A la hora de aprender una lengua extranjera a distancia, ¿cuáles son las dos destrezas que te resultan más fáciles de practicar desde casa? *

o Gramática
o Vocabulario
o Comprensión lectora
o Expresión escrita
o Comprensión auditiva
o Expresión oral
o Competencia cultural

41. A la hora de aprender una lengua extranjera a distancia, ¿cuáles son las dos destrezas que te resultan más complicadas de practicar desde casa? *

o Gramática
o Vocabulario
o Comprensión lectora
o Expresión escrita
o Comprensión auditiva
o Expresión oral
o Competencia cultural

42. ¿Cuáles son los medios de evaluación que has utilizado durante el periodo de confinamiento? Escoge las tres opciones más frecuentes. *

o Examen tipo cuestionario en Moodle
o Examen para descargar y enviar en un tiempo determinado
o Entrega de un trabajo individual
o Entrega de un trabajo colectivo
o Entrega de una grabación de audio/vídeo
o Participación en foros/chats
o Entrega de portafolios

43. Valora esta afirmación: "Los medios de evaluación utilizados han reflejado con claridad mi nivel de competencia en la lengua extranjera". *

o Totalmente de acuerdo
o Bastante de acuerdo
o Medianamente de acuerdo
o Poco de acuerdo
o Nada de acuerdo

44. En qué medida estás de acuerdo con esta afirmación: "Las clases de lenguas extranjeras durante el confinamiento han dejado muchas carencias y dificultan la continuidad del curso". *

o Totalmente de acuerdo
o Bastante de acuerdo
o Medianamente de acuerdo
o Poco de acuerdo
o Nada de acuerdo

45. Si analizas tus resultados de aprendizaje hasta la fecha, ¿estás satisfecho con tu rendimiento durante el periodo de clases a distancia? *

o Muy satisfecho
o Bastante satisfecho
o Medianamente satisfecho
o Poco satisfecho
o Nada satisfecho

¿Terminamos? Queremos oír tu opinión.

46. ¿Cómo valoras el estado actual de semipresencialidad en las asignaturas de lenguas extranjeras respecto a la experiencia *online* del confinamiento? *

o La semipresencialidad es mucho mejor para el aprendizaje de lenguas extranjeras
o La semipresencialidad es algo mejor, pero sigue teniendo carencias
o Las dos opciones son igual de válidas
o La semipresencialidad es algo peor que la docencia *online*
o La semipresencialidad no aporta nada con respecto a la docencia *online*

47. ¿Consideras que tienes algo importante que decirnos sobre tu experiencia en el aprendizaje de lenguas extranjeras en los distintos grados de la UAM durante el periodo de confinamiento? ¡Aprovecha este momento!

2. Herramienta para la recolección de datos cualitativos: guion de entrevista semiestructurada

Guion de la entrevista realizada en la Universidad Autónoma de Madrid para ejemplificar la fase de la investigación cualitativa.

Impacto del confinamiento causado por la pandemia de la COVID-19 en la enseñanza de lenguas extranjeras en la Universidad Autónoma de Madrid ***Análisis cualitativo – Guion para la entrevista***
Antes de comenzar la grabación se puede comentar brevemente con el informante cómo va a ser el proceso con el fin de crear un ambiente de confianza en el que el entrevistado pueda expresar con **tranquilidad y confianza** las respuestas a sus preguntas. El guion general de la entrevista será el siguiente:
1. Finalidad y conformidad 2. Datos sociodemográficos 3. Preguntas de análisis 4. Otros comentarios del informante
Debe **completarse toda la entrevista** propuesta pero, al tratarse de un modelo semiestructurado, puede interrumpirse si se considera que el informante puede aportar más información sobre algún aspecto relevante que ha señalado. Aunque una entrevista semiestructurada suele presentarse en modo de guion, se ha optado por la formulación de preguntas con el fin de prevenir sesgos de los distintos entrevistadores. Ya que los entrevistadores son parte del objeto evaluado, debe recordarse informalmente que no deben dirigir su crítica según su experiencia con los entrevistadores como docentes, sino que estamos evaluando la enseñanza de lenguas extranjeras en general, **todas las lenguas y en todos los niveles y grados**.
INICIAR GRABACIÓN **Entrevistador (E):** Buenas tardes. Mi nombre es *** y estamos grabando esta entrevista en el marco de un estudio sobre la influencia del confinamiento causado por la pandemia de la COVID-19 sobre el aprendizaje de idiomas en la Universidad Autónoma de Madrid. Este estudio se realiza a través de datos cuantitativos, que han sido recogidos en cuestionarios realizados de manera anónima en la Universidad, y a través de datos cualitativos que se han recogido en una pregunta abierta de dicho cuestionario y en las entrevistas semiestructuradas que nos disponemos a realizar.

Aunque se recogerán algunos datos de carácter sociodemográfico con el fin de poder clasificar a los informantes, toda la información recabada en esta entrevista será de carácter confidencial, nunca se revelará la identidad de los sujetos informantes ni se cederán a terceros con otros fines. Por lo tanto, solo servirán como materia de estudio en el ámbito de la investigación nombrada anteriormente. Asimismo debemos aclarar que con el fin de salvaguardar las restricciones sanitarias impuestas por las autoridades académicas, se va a realizar esta entrevista a través de la plataforma TEAMS y quedará grabada para su ulterior transcripción. En ningún caso se utilizarán las imágenes en la investigación.

Por tanto, hoy día *** de *** de 2021, a las xx: xx horas, le pregunto:

¿Comprende los fines de esta entrevista?

Informante (I):
(E): ¿Da su conformidad para que esta entrevista sea grabada y para la utilización de los datos recogidos con los fines mencionados?
(I):

(E): ¿Qué edad tiene?
(I):

(E): ¿Qué titulación cursa en la Universidad Autónoma de Madrid?
(I):

(E): ¿Dónde pasó el confinamiento?
(I):

(E): ¿Cuáles fueron las principales dificultades que tuvo durante el confinamiento en lo que a dotación tecnológica se refiere?
(I):

(E): ¿Cómo fue su nivel de motivación al estudio durante el confinamiento? ¿Cuáles considera que fueron las causas que influían en ese nivel?
(I):

(E): ¿Cuáles fueron las herramientas tecnológicas más usadas durante el confinamiento (Moodle, clases sincrónicas en Teams, vídeos propios…)?
(I):

(E): De las herramientas utilizadas, ¿cuál es la que valora como más útil y cuál considera que fue de menor utilidad?
(I):

(E): ¿Cómo describiría la relación y acompañamiento de los docentes durante el confinamiento?
(I):

(E): En la investigación cuantitativa (el cuestionario), en ocasiones se valora la capacidad para impartir clases en línea y el atendimiento de los docentes a los alumnos con una nota en torno al 5 sobre 10. ¿Considera que se trata de una nota que refleja la competencia de todos los docentes o, por el contrario, refleja una realidad en la que hay docentes con la nota de 1 y otros con la nota de 10?
(I):

(E): ¿En qué destreza lingüística considera que ha aprendido tanto durante el confinamiento como durante la situación ordinaria de aprendizaje?
(I):

(E): ¿En qué aspectos de las competencias lingüísticas considera que ha acumulado más carencias durante el confinamiento?
(I):

(E): Respecto a la evaluación, ¿diría que la calificación obtenida en el semestre afectado por el confinamiento representa su nivel de competencia? Si no es así, ¿qué tipo de desfase se da?
(I):

(E): ¿Considera que las dificultades vividas durante el confinamiento han perjudicado negativamente a la continuidad de sus estudios?
(I):

(E): Puede aprovechar este momento para comentar cualquier aspecto que considere relevante para tenerlo en cuenta en la investigación sobre la influencia del confinamiento en la enseñanza de lenguas extranjeras en nuestra universidad.
(I):

(E): Ya hemos llegado al fin de la entrevista. No queremos terminar sin agradecerle su confianza y la implicación en esta investigación. Procedo a detener la grabación.

FINALIZAR GRABACIÓN

7. REFERENCIAS

Bao, W. (2020). COVID-19 and *online* teaching in higher education: A case study of Peking University. *Human Behavior and Emerging Technologies, 2*, 113–115. https://doi.org/10.1002/hbe2.191

Barbour, R. (2013). *Los grupos de discusión en Investigación Cualitativa*. Ediciones Morata.

Flick, U. (2015). *El diseño de Investigación Cualitativa*. Ediciones Morata.

Hodges, C., Moore, S., Lockee, B., Trust, T. y Bond, A. (2020). *The Difference Between Emergency Remote Teaching and Online Learning*. EDUCAUSE Review. Recuperado el 5 de septiembre de 2020 de: https://er.educause.edu/articles/2020/3/the-difference-between-emergency-remote-teaching-and-*online*-learning

Johnson, B. y Onwuegbuzie, A. (2004). Mixed Methods Research: A Research Paradigm Whose Time Has Come. *Educational Researcher, 33*(7), 14–26.

Lacave, C., Molina, A.I., Fernández, M. y Redondo, M.A. (2016). Análisis de la fiabilidad y validez de un cuestionario docente. *ReVisión 9*(1), 23–36.

Moreno-Rodríguez, R. (2020). Reflexiones en torno al impacto del Covid-19 sobre la Educación Universitaria: aspectos a considerar acerca de los estudiantes con discapacidad. *Revista Internacional de Educación para la Justicia Social, 9*(3), 1–6.

Organización Mundial de la Salud (2020). *Alocución de apertura del Director General de la OMS en la rueda de prensa sobre la COVID-19 celebrada el 11 de marzo de 2020*. Recuperado el 5 de septiembre de 2020 de: https://www.who.int/es/director-general/speeches/detail/who-director-general-s-opening-remarks-at-the-media-briefing-on-covid-19---11-march-2020

Pereira Pérez, Z. (2011). Los diseños de método mixto en la investigación en educación: Una experiencia concreta. *Revista Electrónica Educare, 12*(1), 15–29.

Real Decreto 463/2020, de 14 de marzo, por el que se declara el estado de alarma para la gestión de la situación de crisis sanitaria ocasionada por el COVID-19. Boletín Oficial del Estado, n. 67, de 14 de marzo de 2020. Recuperado el 5 de septiembre de 2020 de: https://www.boe.es/eli/es/rd/2020/03/14/463/con

Troncoso-Pantoja C. y Amaya-Placencia A. (2017). Entrevista: Guía práctica para la recolección de datos cualitativos en investigación de salud. *Revista de la Facultad de Medicina de la Universidad de Colombia, 65*(2), 329–332. http://dx.doi.org/10.15446/revfacmed.v65n2.60235.

Zhao, Y. y Watterston, J. (2021). The changes we need: Education post COVID-19. *Journal of Educational Change, 22*, 3–12. https://doi.org/10.1007/s10833-021-09417-3

Adrián José Acosta Jiménez
Universidad Autónoma de Madrid

Yolanda García Hernández
Universidad Autónoma de Madrid

Capítulo III: Impacto del confinamiento causado por la COVID-19 en la enseñanza de lenguas extranjeras en la Universidad Autónoma de Madrid

1. INTRODUCCIÓN

Cuando el pasado 28 de enero de 2020 se inició el período lectivo correspondiente al 2.º semestre del curso 2019–2020, nada hacía pensar en el terrible escenario que tendríamos que afrontar apenas mes y medio más tarde. Es cierto que las noticias sobre la evolución de la COVID-19 en países como China comenzaban a sonar preocupantes, pero la sociedad española (y más concretamente, la educación) parecía estar a salvo de la situación. Sin embargo, todo se precipitó a partir del 11 de marzo, fecha en la que la Organización Mundial de la Salud anunció la emergencia sanitaria a causa de la pandemia mundial. En aquel momento, el semestre académico estaba ya alcanzando su ecuador; docentes y estudiantes cumplían con rigor los objetivos que habían sido marcados y definidos en las guías docentes aprobadas y publicadas en sus correspondientes centros a finales del curso anterior y avanzaban hacia su evaluación parcial en el marco de una docencia 100 % presencial propia y definitoria de una universidad pública como la Universidad Autónoma de Madrid (UAM).

Apenas tres días después, el Gobierno de España publicó el RD 436/2020 y a partir del 14 de marzo los centros educativos de todos los niveles de enseñanza cerraron sus puertas y abocaron a docentes, estudiantes y gestores a un confinamiento extremo marcado a su vez por la incertidumbre sobre su duración y posibles repercusiones. La situación urgía a los equipos de Gobierno de las diferentes universidades – coordinados en el caso de la Comunidad de Madrid por la Conferencia de Rectores de las Universidades Madrileñas (CRUMA) – a tomar decisiones rápidas y a diseñar e implantar planes de adaptación de la actividad formativa y de evaluación en todos los centros para tratar así de minimizar el impacto negativo que la llegada de la COVID-19 pudiera tener.

La UAM abordó de inmediato dicho plan de adaptación, y coordinadores de grados y posgrados, delegados de estudiantes, vicedecanos, decanos e incluso el propio equipo de Gobierno tomaron las riendas del cambio en interminables reuniones de trabajo con el objetivo de sacar adelante el curso, no frenar la impartición de los cursos y poder cumplir los objetivos académicos inicialmente marcados.

En lo que respecta a la enseñanza de idiomas en la universidad, fueron muchos y muy diversos los grados afectados. Solamente en la Facultad de Filosofía y Letras hubo que revisar los objetivos, la metodología, los contenidos, la bibliografía y la forma de evaluación de cinco programas íntegros de grado –Estudios de Asia y África, Estudios Hispánicos, Estudios Ingleses, Lenguas Modernas, Cultura y Comunicación y Traducción e Interpretación– grados en los que al menos 14 lenguas extranjeras (ej.: inglés, francés, alemán, chino, árabe, japonés…) ocupaban una parte esencial del plan de estudios, bien como primera, segunda o tercera lengua del grado. Junto a estos grados se revisaron también otros como el Grado en Turismo de la Facultad de CC. Económicas y Empresariales, o el Grado en Estudios Internacionales, en los que también las lenguas extranjeras ocupan un espacio importante.

La (re)organización de la actividad docente y de evaluación requirió en primera instancia de la decisión de implantar en toda la universidad una nueva plataforma docente que pudiera garantizar a docentes y discentes una enseñanza *online* de calidad, un adecuado seguimiento de la(s) asignatura(s) y la utilización de materiales adecuados a la consecución de los objetivos inicialmente marcados. Desde del Vicerrectorado de Docencia, Innovación Educativa y Calidad, y avalado por el Equipo de Gobierno de la UAM, se optó por la utilización de la plataforma Microsoft Teams. Con ayuda de los equipos decanales y administrativos, el volcado de grupos de docencia en la plataforma fue muy ágil, y apenas cinco días después del inicio del confinamiento la plataforma Teams estuvo ya a punto para albergar la totalidad de asignaturas de grado y posgrado impartidas en cada centro, lo que permitió lograr el objetivo principal de no perder clases y retomar la actividad docente con carácter inmediato. Sin embargo, no debe entenderse por ello que la transición de la docencia presencial al confinamiento fuera en absoluto sencilla. Podrían por ejemplo mencionarse aquí importantes problemas a los que tuvimos que enfrentarnos tanto los docentes como los estudiantes. En primer lugar, el nivel de competencia tecnológica y digital no solo de los docentes, sino también de un buen número de estudiantes (algo para lo que la UAM se esforzó en crear y difundir numerosos cursos de formación docente sobre cómo subir o compartir materiales, crear grupos de docencia, etc., cursos que, si bien eran de gran utilidad y absolutamente necesarios, requerían de un tiempo y de una dedicación inexistentes en el momento). En segundo lugar, conviene citar también la carencia de recursos digitales propios de los que poder disponer para el seguimiento adecuado de los cursos (algo a lo que la política de Acción Social de la universidad trató de poner remedio) o la no poco habitual saturación de la red sufrida durante las semanas de confinamiento.

Otro cambio imprescindible y derivado del confinamiento fue la inminente publicación y difusión por parte del profesorado y por todos los cauces adecuados de las correspondientes adendas a las guías docentes inicialmente aprobadas, adendas en los que quedaron recogidos todos los cambios más importantes con respecto a la metodología docente empleada. Dichas adendas se convirtieron más que nunca en nuestro acuerdo o compromiso con los estudiantes frente a las expectativas iniciales. Además, estas dejaron en evidencia, entre otros aspectos, la deficiente coordinación existente entre los equipos docentes de las diferentes materias. Esta situación de descoordinación derivó a menudo en una excesiva sobrecarga de trabajo para el estudiante que no en todos los casos fue acompañada por el necesario seguimiento y tutela de su evolución y progreso.

Por último, no queremos dejar de mencionar, aunque sea brevemente, el impacto negativo que el confinamiento ligado a la COVID-19 tuvo sobre la internacionalización de nuestros estudiantes y su competencia lingüística e intercultural. La ausencia de estudiantes entrantes en la facultad y el nulo contacto con ellos en las aulas, así como la imposibilidad de nuestros estudiantes regulares de participar en programas de movilidad en centros extranjeros mermó considerablemente la motivación de los alumnos de idiomas y supuso en parte también un cierto empobrecimiento en el entorno de la enseñanza/aprendizaje de los idiomas.

2. APLICACIÓN DEL ESTUDIO Y ANÁLISIS DE LOS DATOS OBTENIDOS

El presente estudio se desarrolló en la UAM entre los meses de septiembre de 2020 y febrero de 2021 y la población de estudio estaba conformada por los estudiantes de los grados de la Facultad de Filosofía y Letras y de la Facultad de Económicas en cuyas titulaciones se ofrecía la enseñanza de lenguas extranjeras, tal y como se refleja en la Tabla 1.

Tabla 1: Titulaciones y lenguas implicadas en el estudio

FACULTAD	TITULACIONES DE GRADO OFICIALES	LENGUAS EXTRANJERAS	
Facultad de Filosofía y Letras	Estudios de Asia y África Estudios Hispánicos Estudios Ingleses Lenguas Modernas, Cultura y Comunicación Traducción e Interpretación	Alemán Árabe Catalán Chino Coreano Finés Francés	Griego Inglés Italiano Japonés Persa Portugués Turco
Facultad de Económicas	Turismo	Alemán Francés	Inglés

Para la primera fase del estudio, en la que se recogían datos cuantitativos, se difundió el cuestionario para la recogida de datos de forma indiscriminada entre los estudiantes de las dos facultades implicadas a través de las listas de distribución de los coordinadores de los distintos grados. Ya que no se realizó muestreo, toda la población objeto de estudio recibió el cuestionario y se recibieron 218 respuestas enviadas de manera anónima entre el 20 y el 30 de octubre de 2020. Debemos considerar que el tamaño de la población total es de unos 1776 estudiantes, ya que hay que descontar del número total de estudiantes el número de aquellos del primer curso ya que, en el año académico anterior durante el que se desarrolló el confinamiento, no se encontraban en la universidad. Asimismo, los egresados que vivieron el confinamiento en su último curso tampoco conformaron parte de la población de estudio. Teniendo en cuenta lo anterior, se puede concluir que el estudio contó con una alta representatividad según el número de respuestas obtenidas en el cuestionario y rozó el 95 % de nivel de confianza con un margen de error en torno al 6 %. Intentar mejorar estos datos representaría un gran reto ya que la encuesta es totalmente anónima y voluntaria, lo que supone un factor de difícil control. Tampoco podemos perder de vista el hecho de que los alumnos universitarios, en general, no suelen tomar parte en este tipo de estudios.

En la segunda fase del estudio, en la que nos proponíamos recabar datos cualitativos que nos ayudaran a la interpretación de los datos cuantitativos y facilitaran una comprensión más profunda del fenómeno a analizar, se optó por la realización de entrevistas semiestructuradas. Estas se realizaban por parejas de informantes para garantizar un ambiente más relajado y de confianza. En total se realizaron ocho entrevistas entre un grupo de alumnos que se prestaron voluntariamente para el estudio.

2.1. Características de los informantes

El perfil prototípico de los estudiantes de la UAM es una chica (81,7 %) de entre 18 y 23 años (89 %) procedente de la Comunidad de Madrid (78,9 %). Este último dato supone que, en el caso de que tuvieran que desplazarse a la universidad para recoger dispositivos de los que se puso a disposición por parte de las autoridades académicas, más de un 20 % debería haberse trasladado desde otras comunidades autónomas. En torno al 25 % de los encuestados no reside en su domicilio habitual durante el periodo lectivo, sino que conviven con compañeros o en una residencia universitaria. Durante el confinamiento solo el 8,7 % de los informantes estableció su lugar de residencia en un lugar distinto a su domicilio familiar habitual.

Sobre la dotación tecnológica y acceso a la red de internet, encontramos que el 7 % de estudiantes no disponía de un dispositivo informático (ordenador de sobremesa, portátil o *tablet*) para su uso exclusivo, sino que tenía que compartirlo con otros miembros del núcleo familiar o, incluso, no disponía de ningún dispositivo en su domicilio. Si consideramos que el 40,4 % de los estudiantes estaban acompañados por familiares que teletrabajaban, podía darse el caso de que el dispositivo a compartir en el domicilio fuera necesario en el mismo momento para varias personas. Estos datos debemos considerarlos para no incurrir en la desigualdad de oportunidades entre los estudiantes. No podemos dejar de mencionar que la UAM puso a disposición de los estudiantes que lo requirieron equipos informáticos para continuar la docencia *online*. Prácticamente el 99 % de los informantes dispone de conectividad en su domicilio habitual.

2.2. Sobre la motivación para aprender

Lejos de despertar una mayor motivación entre los estudiantes de lenguas extranjeras por tener que enfrentarse a nuevos métodos docentes digitales y trabajar con materiales digitales a los que en el aula rara vez tenían acceso, el paso de la docencia presencial a la docencia *online* en la UAM trajo consigo un significativo descenso en la motivación tanto de los estudiantes como de los propios profesores. Fuera del tiempo del confinamiento, los porcentajes de estudiantes motivados para aprender lenguas extranjeras se movían en cifras bastante altas, oscilando entre el 38,1 % correspondiente a los medianamente motivados y el 39,4 % representativo de los bastante motivados. Frente a ellos, el porcentaje de los estudiantes nada motivados con el aprendizaje apenas rozaba un 1 %. Preguntados por los factores que incidían positivamente en su alto nivel de motivación, aparecían no solo cuestiones ligadas a las metodologías docentes empleadas en el aula o a la gran variedad de materiales didácticos que contribuían al desarrollo de su competencia lingüística e intercultural ligada a la lengua estudiada, sino también otras cuestiones de ámbito social tales como la colaboración y trabajo cooperativo con sus compañeros de clase, la cercanía a los docentes y el sentimiento de sentirse permanentemente arropados y acompañados en su proceso de aprendizaje gracias al *feedback* continuo recibido por parte de sus profesores. Sin embargo, los porcentajes asociados al nivel de motivación de los estudiantes durante el periodo del confinamiento sufrieron una drástica –y en parte esperable– caída, por lo que resultó especialmente llamativo el aumento de la cifra de estudiantes que no se sintieron nada motivados (28,9 %) con sus clases de lengua y la de estudiantes que tan solo se sintieron poco motivados (37 %). La disminución de los estudiantes bastante o muy motivados cayó drásticamente frente al periodo anterior. En apenas dos meses de confinamiento, una buena parte de los alumnos que antes se mostraban ilusionados con el aprendizaje de una lengua extranjera cayó en la apatía o incluso en el abandono de los estudios ya iniciados. Como razones de dicha apatía, muchos aludieron a la situación de soledad vivida, a la falta de contacto con sus compañeros, a la sobrecarga del trabajo individual y a la incapacidad de concentrarse en la monotonía de los planteamientos metodológicos utilizados por sus profesores en las diferentes plataformas digitales. Además, muchos no supieron resolver los conflictos que el uso de dichas herramientas –antes desconocidas para ellos– les presentaron como retos.

Ahora bien, no solo la motivación de los estudiantes con respecto a su proceso de aprendizaje sufrió ese vuelco drástico durante el periodo de confinamiento. También entre los docentes la situación vivida fue muy similar a razón de las percepciones manifestadas por los estudiantes. Frente a los profesores de lenguas extranjeras que, según los estudiantes, se sentían muy motivados (11,9 %), bastante motivados (46,3 %) o medianamente motivados (31,7 %) con su actividad docente diaria previa a la irrupción de la pandemia, aumentó la desmotivación entre ellos alcanzando una cifra superior al 40 % de los docentes poco o nada motivados con la enseñanza durante el periodo del confinamiento. Argumentos como la sobrecarga de trabajo, la incertidumbre del momento y, sobre todo, la falta de formación digital se mencionaron como algunos de los factores de mayor incidencia en esa caída de motivación.

2.3. Sobre las herramientas para el aprendizaje

En relación con las diferentes herramientas –digitales y no digitales– utilizadas en la enseñanza de lenguas extranjeras en la UAM durante el periodo de confinamiento, conviene destacar las reticencias iniciales con las que muchas de ellas fueron recibidas en un primer momento. Aunque estudiantes y docentes se sentían cómodos con la utilización del aula virtual en Moodle incluso en el formato de una docencia presencial, al pasar de manera drástica a una docencia íntegramente *online* y tener que hacer uso de otras plataformas docentes con las que no estaban familiarizados generó un cierto desconcierto e incluso temor en los casos de incompetencia digital más extrema. Nada más ser declarado el estado de alarma e impuesto el confinamiento domiciliario, las autoridades universitarias de la UAM dieron instrucciones precisas a todo el profesorado para pasar toda la actividad docente a la plataforma Microsoft Teams. Todos los cursos y grupos de docencia tuvieron acceso a dicha plataforma en cuestión de pocos días y de ese modo quedó garantizada la recuperación de la actividad docente en la universidad. Sin embargo, el adecuado uso de dicha plataforma llevó, en algunas materias y también para algunos docentes, un tiempo mucho más largo de lo deseable. Entre las herramientas docentes utilizadas durante el tiempo del confinamiento, los materiales docentes subidos al Moodle de la asignatura fueron los percibidos como los más útiles (70,2 %) en tanto que, como ya se ha mencionado, estos eran los materiales con los que docentes y discentes se sentían ya más familiarizados. A este tipo de materiales le siguieron a una cierta distancia ya los utilizados durante las clases sincrónicas impartidas a través de Microsoft Teams (42 %) o las grabaciones propias del docente (26,6 %). Otras herramientas utilizadas fueron percibidas como poco útiles por la mayor parte de los estudiantes; entre ellas se podrían mencionar aquí la utilización de los foros (52,3 %) y cuestionarios en Moodle (20,8 %) o incluso el uso de las tutorías individuales con el profesor a través de Microsoft Teams (12,8 %).

Otra de las conclusiones más importantes derivadas de nuestro estudio fue la del desigual resultado en el desarrollo de las destrezas lingüísticas e interculturales a través del empleo de las distintas herramientas digitales durante el confinamiento. La presentación de las principales estructuras gramaticales de la lengua base de estudio fue el componente de lengua que más y mejor pudo desarrollarse durante el periodo de docencia *online* (29,8 %), seguida de cerca por la adquisición de vocabulario (24,8 %), la comprensión lectora (14,2 %) y la expresión escrita (17,4 %). Por el contrario, fueron las destrezas más productivas como la comprensión auditiva y la expresión oral las que sufrieron un mayor estancamiento con valores apenas inapreciables que dejaron grandes carencias en la formación de los estudiantes de lenguas extranjeras.

2.4. Sobre el profesorado

Las herramientas que más se utilizaron para mantener el contacto con los alumnos fueron el correo electrónico institucional, las clases sincrónicas y los foros de *Moodle*. A este respecto debemos mencionar que los estudiantes, según los datos recogidos en las entrevistas, no valoran muy positivamente el uso de los foros dentro de la plataforma Moodle, ya que son poco ágiles y no permiten una interactividad rápida. Las respuestas de los docentes a través de los distintos medios han sido rápidas (39,4 %) o normales (28,4 %). Estos datos contrastan con la percepción de los estudiantes de que los profesores se han involucrado medianamente (28 %) o se han involucrado poco (23,9 %) en el proceso de enseñanza y aprendizaje *online*. Es verdad que el 33 % señala que los docentes se han involucrado bastante.

Ante esa situación, que es tendente a los valores negativos o medios, se preguntó en las entrevistas sobre la percepción global de los profesores ante estos dos escenarios: los profesores representan un perfil medio o se da una gran disparidad entre ellos, con profesores muy entregados y otros demasiado poco involucrados. La opción claramente escogida por los estudiantes ha sido la segunda, en la que ha habido profesores muy organizados, rápidos y creativos, frente a "profesores de los que apenas se ha sabido nada durante el confinamiento", según los informantes.

La adaptación y transformación de la docencia habitual al escenario *online* también ocupó un lugar destacado en el cuestionario. La mayoría de los docentes, en torno al 75 %, se ha involucrado medianamente, poco o nada en la trasformación de sus clases y materiales. Y los mismos porcentajes se mantienen cuando nos referimos al apartado sobre la competencia digital docente de la creación de contenidos digitales. Se observa una carencia importante en este ámbito y, por tanto, se hace complicado hablar de una verdadera transformación de la docencia al entorno digital.

A nivel general, los estudiantes (43,6 %) consideran que los profesores disponen de una competencia media para poder impartir sus clases en un entorno *online*. Una vez más, este término medio fue completado a través de las informaciones cualitativas y vemos que, en lugar de tener un gran grupo de profesores de capacidad media, se encuentran dos grupos: uno de profesores muy competentes y otro de poco competentes.

2.5. Sobre los resultados de aprendizaje de lenguas extranjeras

La enseñanza *online* ha traído consigo tanto aspectos positivos como negativos. Entre los primeros, los alumnos destacan la comodidad de trabajar desde casa (70,6 %), la desconexión que supone de toda la realidad pandémica a la que se estaba expuesto (39,4 %) y la autonomía del aprendizaje, en la que cada uno de los discentes puede llevar su propio ritmo (39 %). En contrapartida, señalan la pérdida de motivación por factores que ya hemos mencionado anteriormente

(52,3 %) y la desorganización de los docentes a la hora de afrontar la nueva modalidad de docencia *online* (49,1 %).

Encontramos un amplio consenso (66,3 %) sobre la convicción de los discentes al respeto de la docencia *online* en general y consideran que esta modalidad dificulta la participación y el aprovechamiento en la asignatura, por lo que es muy fácil descolgarse. Los alumnos manifiestan (61,9 %) que esta modalidad de docencia ha generado en ellos un gran número de lagunas de conocimiento, a la par que ha dificultado el desarrollo de competencias generales y específicas, y por ello se puede ver comprometida la continuidad de sus estudios. En este punto debemos afirmar que los docentes también han sido conscientes de las dificultades que supuso el confinamiento y, en el curso académico siguiente, han puesto en marcha todo tipo de mecanismos para paliar estos desfases.

Lo que más se trabajó durante el confinamiento fue la adquisición de vocabulario y el trabajo de la gramática que, en sí mismas, no suponen una competencia. Por el contrario, las destrezas que menos se trabajaron y que resultaron más complicadas fueron la expresión oral (86,2 %) y la comprensión auditiva (39 %).

En lo que a la evaluación respecta, debemos afirmar que la modalidad de evaluación más utilizada fue el trabajo individual (73,9 %) y el examen que se descargaba, se rellenaba y se volvía a enviar dentro de un plazo estipulado (67,9 %). Estas modalidades de evaluación no supusieron una prueba evidente de sus competencias, ya que los alumnos (35 %) consideran que las pruebas de evaluación y las calificaciones obtenidas no reflejan su competencia de dominio de la lengua extranjera. Los datos cualitativos manifiestan que la mayoría de las pruebas de evaluación eran muy fáciles y se disponía de materiales para su consulta durante la realización de las mismas. Debemos mencionar, asimismo, que algunas pruebas de evaluación se presentaban desproporcionadas con el trabajo ordinario realizado en clase durante el confinamiento.

Para terminar, se les preguntó a los estudiantes sobre el nivel de rendimiento que cada uno de ellos ha desempeñado durante el confinamiento y el 42,2 % expresa que no está satisfecho con el rendimiento personal. Todo esto es fruto de factores externos, como la pandemia, la situación familiar… Pero también debido a factores internos a sus propios estudios, como la falta de motivación, de relación afectiva, de coordinación y organización.

3. CONCLUSIONES Y DISCUSIÓN

A la vista de los datos comentados más arriba, podemos concluir lo siguiente:

- Es fundamental conocer la dotación tecnológica de los discentes para evitar cualquier tipo de discriminación. Aquellos alumnos más desfavorecidos deben tener a disposición los dispositivos necesarios para poder seguir correctamente las clases, en este caso, *online* o, según la tendencia posconfinamiento, las clases en un modelo híbrido. A la hora de realizar clases sincrónicas o actividades de evaluación deben tenerse en cuenta que todos los alumnos tengan acceso en ese momento a las herramientas tecnológicas necesarias.

- La socialización desempeña un papel más importante del que podría pensarse en el proceso de enseñanza-aprendizaje. El trabajo colaborativo con los compañeros, la interacción en el aula y la cercanía al docente se consideran elementos muy motivadores tanto para los estudiantes como para los alumnos. Asimismo, es importante conjugar el trabajo autónomo e individual del estudiante con el correspondiente seguimiento y retroalimentación por parte del docente de modo que la motivación no decaiga y contribuya a impulsar el aprendizaje en cualquier contexto.
- La seguridad y confianza en el uso de las herramientas docentes –digitales y no digitales– ligadas a la enseñanza y aprendizaje de idiomas es fundamental tanto para los estudiantes como para sus profesores. Deben sin embargo vencerse las dificultades y miedos a la hora de innovar con la introducción de nuevos materiales y recursos en el aula. Hoy en día existen en el mercado todo tipo de materiales docentes ligados a la enseñanza de idiomas y no podemos ampararnos en su desconocimiento para no trabajar destrezas lingüísticas básicas tales como la expresión y comprensión oral de la lengua extranjera o el desarrollo de la competencia intercultural en un entorno virtual.
- Debe hacerse una valoración de las herramientas de comunicación con el profesor en relación con su utilidad y eficacia. Aunque es verdad que toda esta situación responde a una tesitura de emergencia, los profesores deberían conocer las herramientas y su utilidad en cada una de las situaciones. Por ejemplo, a pesar de que se ha comentado en este informe en varias ocasiones que los foros son poco útiles comunicativamente, son muy adecuados en otros contextos cuando se hace un uso adecuado de ellos.
- La formación docente debe ir dirigida al conocimiento de las herramientas digitales y a realizar una profunda reflexión sobre ellas para conocer en qué situaciones y contextos puede desarrollar en mayor medida su potencial. Ha quedado de manifiesto que la competencia digital en general, y la de creación de materiales digitales en particular, son de muy bajo nivel. Habría que retomar la formación continua del profesorado y evaluar el marco en el que se mueve.
- La organización del docente desempeña un papel muy importante en el adecuado desarrollo de la docencia *online* de los alumnos.

- Los factores de atención y motivación en las clases *online*, junto con los afectivos, deben tener una atención especial para propiciar que el alumno no se desenganche de la dinámica de clase y sea capaz de aprovechar al máximo con el fin de obtener los mejores resultados y adquirir las competencias en el mayor grado posible.
- La docencia *online* ha tratado de manera desigual las distintas destrezas lingüísticas, focalizándose en la práctica del vocabulario y la gramática, dejando de lado la expresión oral y comprensión auditiva. Esto supone la necesidad de andamiar el proceso de adquisición de estas destrezas en los cursos sucesivos para asegurarnos de que se avanza de manera adecuada según el Marco Común Europeo de Referencia para las Lenguas.
- El diseño de las herramientas de evaluación debe ser variado, amplio, sistemático y proporcionado para garantizar que los resultados de las pruebas reflejen el nivel real de la competencia de los estudiantes en las distintas destrezas lingüísticas.

Irene Szumlakowski Morodo
Universidad Complutense de Madrid

Laura Mozos Rutllán
Universidad Complutense de Madrid

Almudena Vázquez Solana
Universidad Complutense de Madrid

Capítulo IV: Informe de la Universidad Complutense de Madrid sobre la incidencia del confinamiento en la enseñanza de lenguas extranjeras

1. INTRODUCCIÓN

Este informe tiene como objetivo ofrecer información sobre la influencia del período del confinamiento en la enseñanza de las lenguas extranjeras en la Universidad Complutense de Madrid (UCM). Aunque hay también oferta de enseñanza de lenguas extranjeras en otras facultades, nos hemos centrado en la Facultad de Filología, que es la que cuenta con mayor número de alumnos que estudian una o varias lenguas extranjeras.

1.1. Características propias de la Facultad de Filología de la UCM

En concreto, la Facultad de Filología de la UCM, en el curso 2019/2020, contaba en su oferta de estudios con 10 títulos de grado, 18 de máster y 9 programas de doctorado. Para este análisis nos hemos centrado únicamente en los estudiantes de grado, porque la presencia de la enseñanza de las lenguas extranjeras como tal es menor en los estudios de máster y doctorado. El número total de alumnos matriculados en estudios de grado en la Facultad de Filología durante el curso 2019/2020 ascendió a 3356, siendo las titulaciones más numerosas las de Estudios Ingleses (858 alumnos), Lenguas Modernas y sus Literaturas (758 alumnos) y Español: Lengua y Literatura (593 alumnos).

1.2. Adaptación de la universidad durante el confinamiento

A partir del 11 de marzo de 2020 se suspendió toda la actividad educativa presencial en la universidad, siguiendo las instrucciones de las diferentes autoridades. A partir del 13 de marzo se cerraron todos los edificios de la UCM. En lo que respecta a la actividad docente, se sucedieron varias fases.

- La primera fase (del 13 al 30 de marzo) se denominó después "Período de transición hacia la docencia *online*". Estas semanas se desarrollaron desde el desconcierto inicial hasta los primeros intentos de dar criterios comunes a una situación que exigía mucha flexibilidad a todas las partes. Los profesores llevaron a cabo actividades educativas no presenciales, como encomendar a los alumnos tareas para realizar en casa o trabajos que ya estaban programados. Algunos impartieron ya clases síncronas *online*. Lo previsto era retomar las clases después de las vacaciones de Semana Santa.
- Desde el 30 de marzo en adelante se habló del "Período de docencia *online*". Comenzó a fomentarse el uso de diferentes herramientas para impartir las clases *online* y a formar a los docentes en su uso. Esto supuso que las horas de clase se redujeran (las clases síncronas no debían superar los 45–60 minutos) y la recomendación era recurrir también a actividades que no necesitaran esa conexión simultánea. Se prolongó el calendario académico dos semanas más, pasando el final del curso lectivo del 14 al 29 de mayo. Cada profesor debía necesariamente organizar docencia *online*, a distancia o combinar ambas opciones para las asignaturas del segundo cuatrimestre, utilizando cada uno los medios y herramientas de las que pudiera disponer. Los docentes dispusieron además hasta el 25 de abril para publicar la adaptación a la nueva situación de los programas de cada asignatura y de los criterios de evaluación y explicar la modalidad en la que iban a desarrollarse los exámenes. También se canalizaron las necesidades de los alumnos en cuanto a la tecnología necesaria para impartir las clases (préstamos de ordenadores portátiles de las diferentes bibliotecas de la UCM) a través del Servicio del Estudiante. Todo ello supuso una gran tarea de improvisación y de adaptación para docentes y alumnos, poco habituados a las nuevas herramientas. Teniendo en cuenta además la situación de inquietud, enfermedad y problemas de accesibilidad, era necesaria mucha flexibilidad.
- Finalmente, los exámenes de la convocatoria ordinaria se realizaron a distancia, ofreciéndose diferentes opciones para la evaluación no presencial: cuestionarios, tareas de desarrollo para descargar y enviar, evaluación continua sin

prueba final y la combinación de algunas de estas opciones. La convocatoria extraordinaria de exámenes volvió a fijarse en el mes de septiembre y se realizó igualmente de forma no presencial, salvo algunas excepciones en el caso de asignaturas del primer cuatrimestre que no habían tenido docencia *online*.

- La fase siguiente es el curso 2020/21 (aún en marcha), cuyos datos incluimos en este informe porque los encuestados también hacen referencia a la situación actual en sus respuestas. Desde el mes de septiembre se ha buscado la máxima presencialidad posible, siguiendo siempre las pautas aprobadas por las autoridades y por la propia UCM, que la Facultad de Filología ha adaptado a sus posibilidades de espacios y al número de alumnos. En las asignaturas de grado se optó por una docencia semipresencial, con una semana de clases presenciales y dos de clases a distancia. Esta fórmula se ha aplicado tanto en el primer cuatrimestre como en el segundo. Las tutorías se realizan preferentemente *online*, o bien antes o después de las clases presenciales.

2. ANÁLISIS DE LOS RESULTADOS

2.1. Características de los encuestados

El rango medio de edad de los individuos del estudio se encuentra principalmente entre los 18 y 23 años (79,6 %), seguido de una muestra de edad comprendida entre los 24 y los 35 años (16,8 %) y una minoría mayor de 36 años. En cuanto al sexo, el 78,5 % es femenino, frente a un 19 % masculino y un pequeño porcentaje de personas que han preferido no declarar su sexo.

Casi la mitad de la muestra (48,1 %) pertenece a una familia, cuyos ingresos mensuales oscilan entre mil y dos mil euros. Y casi a partes iguales encontramos individuos que declaran que los ingresos mensuales de sus familias son iguales o inferiores a mil euros (27,1 %) y superiores a dos mil euros (24,7 %).

De los encuestados, la mayor representatividad se encuentra entre los estudiantes del Grado en Estudios Ingleses (41,6 %), seguido del Grado en Lenguas Modernas y sus Literaturas (24,5 %) y, en menor medida, estudiantes del Grado en Español: Lengua y Literatura (9,8 %) y el Doble Grado en Historia y Filología Clásica (8,7 %). Los demás informantes son estudiantes de los siguientes grados, por volumen de participación en la encuesta: Grado en Literatura General y Comparada, Grado en Traducción e Interpretación, Grado en Lingüística y Lenguas Aplicadas, Grado en Filología Clásica, Doble Grado en Historia y Filología Clásica, Grado en Estudios Semíticos e Islámicos y Grado en Estudios Hispano-Alemanes.

Las lenguas extranjeras que los encuestados estudian en sus grados en la UCM son principalmente inglés (64,4 %), alemán (24,7 %) y francés e italiano igualados (22 %). Aunque la mayoría estudiaba simultáneamente: en primer lugar, inglés (19,56 %), después francés-inglés (11,68 %), en igual medida alemán-inglés (11,68 %); inglés-italiano (9,24 %); alemán, igualado con italiano (ambos 3,8 %); francés (3,26 %); alemán-francés, junto con coreano-inglés (2,72 %) y las demás lenguas combinadas o por separado.

El domicilio habitual durante el periodo no lectivo de los estudiantes de la muestra se divide en tres categorías: Comunidad de Madrid (40,5 %), Madrid ciudad (31 %) y fuera de la Comunidad de Madrid (28,5 %). Durante el periodo lectivo la residencia más común era el domicilio familiar (69,6 %), seguido de piso compartido (20,4 %) y otros lugares; sin embargo, durante el confinamiento, la mayor parte de los encuestados estuvo residiendo en su domicilio habitual (87,5 %) y no tanto en otros lugares.

Durante el tiempo que duró el confinamiento, el 55,2 % de los individuos de la muestra estuvo acompañado por algún familiar que no realizaba teletrabajo, frente a un 42 % de los informantes que declara haber estado acompañado por familiares que teletrabajaban. En menor medida, también hallamos un grupo de personas que estuvo acompañado por compañeros de piso (7,9 %) o que estuvieron solos en su vivienda (4,3 %) y solo un 1,6 % estuvo conviviendo con compañeros de una residencia.

A la pregunta sobre los recursos informáticos disponibles entre los individuos encuestados, únicamente un 0,5 % ha afirmado no disponer de ningún equipo, frente a un 89,1 % que dispone de un equipo de uso exclusivo y un 10 % que tiene acceso a dispositivos de uso compartido. En lo que se refiere a la conexión a internet durante el confinamiento destaca que el 95,1 % disponía de conexión wifi en su domicilio. Solo un 4,3 % de la población de la muestra tenía que acceder mediante su teléfono móvil y apenas un 0,5 % carecía de acceso a la red.

2.2. Motivación para aprender

Comparamos ahora el grado de motivación hacia los estudios por parte de los estudiantes de la encuesta y llama la atención la brusca bajada de la motivación durante el confinamiento (Figura 1). Así vemos que antes de la pandemia el 49,7 % se encontraba bastante motivado y solo un 5,4 % lo estuvo durante la pandemia. Apenas difiere el grupo de estudiantes que se consideraba medianamente motivado antes de la pandemia (23,6 %) frente al 26,1 % durante la pandemia. Los otros grandes grupos que más diferencia sufrieron antes y durante la pandemia fueron los de los alumnos muy motivados (antes 17,7 %–durante 5,4 %); poco motivados (antes 7,1 %–durante 34,2 %); y nada motivados (antes 1,9 %–durante 28,8 %).

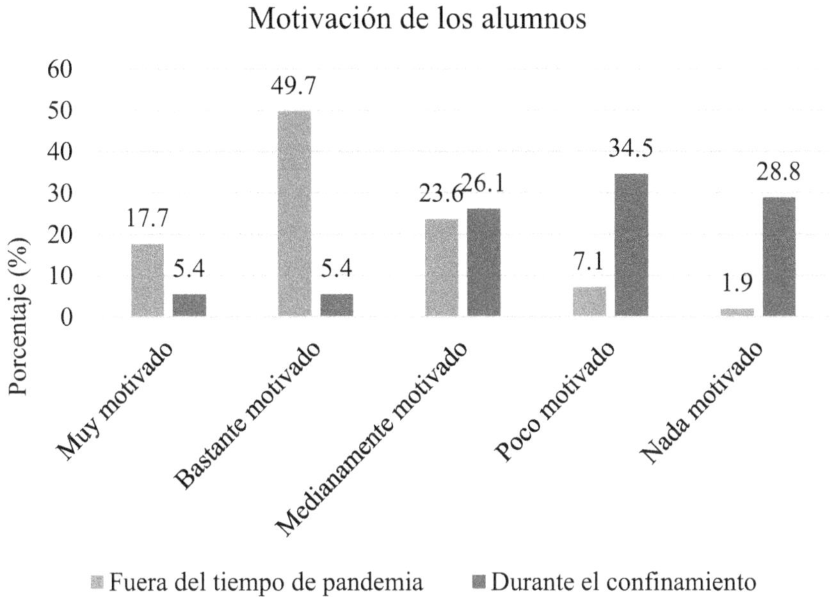

Figura 1. Nivel de motivación fuera del tiempo de pandemia y durante el confinamiento

La opinión de los encuestados sobre la motivación del profesorado de lengua extranjera durante el confinamiento revela que más del 60 % consideraba que los profesores estaban motivados en mayor o menor medida (32,9 % medianamente motivado, 20,7 % bastante motivado y 7,1 % muy motivado), frente a un 26,1 % que los consideraba poco motivados o 13,3 % nada motivados.

Los factores que más han influido negativamente sobre la motivación de los estudiantes durante el confinamiento fueron la dificultad para mantener una rutina (56 %), la desorganización del profesorado (55,2 %), las distracciones en el domicilio (46,2 %), la falta de comunicación con el profesorado (42,9 %), la falta de contacto con los compañeros (41,6 %) y la soledad (33,2 %). Sin embargo, la mayoría considera que las clases a distancia durante el confinamiento le permitió organizarse mejor su tiempo al trabajar individualmente (39,1 % totalmente de acuerdo y 27,4 % bastante de acuerdo).

La encuesta demuestra que los estudiantes echaron de menos la interacción con los compañeros de forma generalizada (37,2 % totalmente de acuerdo y 24,2 % bastante de acuerdo). Solo un 6 % expresó no estar nada de acuerdo.

Asimismo, casi un 59 % afirmó haber echado en falta realizar actividades en parejas o grupos en clase de lengua frente a un 41 % que no lo echó de menos.

2.3. Herramientas para el aprendizaje

Las herramientas más utilizadas durante el confinamiento según constatan los encuestados fueron materiales subidos a Moodle (78,8 %) y clases sincrónicas en la plataforma Blackboard Collaborate (72,8 %) u otras plataformas (28,8 %). Teams – tanto para tutorías (3,3 %) como para clases *online* (5,4 %) –, junto con los foros de Moodle (6,5 %) fueron las herramientas menos utilizadas.

En cuanto a las clases de lengua extranjera, las herramientas mejor valoradas fueron los materiales en Moodle, que representan el 70,4 % de las consideradas más útiles, las clases sincrónicas (56,3 %) y grabaciones del docente (23,6 %). La herramienta valorada por la mitad de los encuestados como menos útil fueron los foros de Collaborate, seguida de los cuestionarios de Moodle (26,4 %). Más del 60 % de los encuestados considera que estas herramientas les ayudaron a establecer contacto con el profesorado de lengua extranjera.

Atendiendo a las respuestas sobre el trabajo de las distintas destrezas lingüísticas con estas herramientas (Figura 2), el 74,2 % coincide en señalar como las más difíciles la destreza oral, seguida de la comprensión auditiva. Y un 34 % considera que lo que más correctamente pudo trabajarse fue la gramática, seguida del vocabulario con un 21,7 %.

Para los trabajos en grupo y el contacto con otros compañeros, la herramienta más utilizada fue WhatsApp (71,5 %), seguido de Meet (34,8 %), Zoom (30,4 %) y Collaborate (28,5 %).

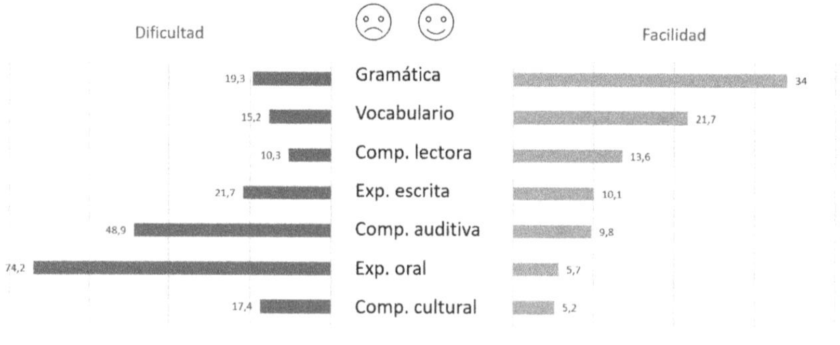

Figura 2. Destrezas lingüísticas y componentes de lengua: más difíciles de trabajar y que más correctamente pueden trabajarse con herramientas digitales

2.4. Profesorado

La mayoría de los estudiantes, un 95,4 %, ha mantenido el contacto con los profesores a través del correo electrónico y un 45,1 % a través de las clases por videoconferencia. No encuentran mayor dificultad (23,4 %), incluso tienen menos reparo (34,2 %) en hacerles llegar sus dudas al profesor en una clase *online* y consideran que la respuesta de estos, en cuanto a la rapidez, a estas dudas es normal (42,9 %), rápida (22,8 %) y muy rápida (8,7 %).

Más de la mitad de los encuestados (64,4 %) considera que los docentes han estado medianamente o bastante involucrados en la atención del alumnado y un porcentaje un poco superior (66,6 %) que se han involucrado en la adaptación de las clases a la modalidad *online*.

Un 63 % de los alumnos considera que el material presentado por los docentes es material creado para la modalidad *online*, y un 70,2 % considera que el docente tiene la preparación necesaria para impartir clases en esta modalidad *online*, porcentaje que se ve respaldado con un 80,5 % en cuanto a la creencia que tienen los alumnos sobre el dominio de las tecnologías por parte del profesorado de lenguas extranjeras.

2.5. Resultados de aprendizaje

Las ventajas que los alumnos consideran importantes en cuanto al aprendizaje de lenguas extranjeras en la modalidad *online* (Figura 3) son, en primer lugar y con un porcentaje significativo, del 79,3 % la comodidad al trabajar desde casa, seguidas de la autonomía en cuanto al aprendizaje (37,8 %) y el mayor uso de las nuevas tecnologías (33,7 %). Sin embargo, el 55,7 de los encuestados señalan pérdida de motivación en esta modalidad, falta de concentración un 39,4 % y desorganización un 38,9 %. Más de la mitad (55,7 %) muestra mayor dificultad

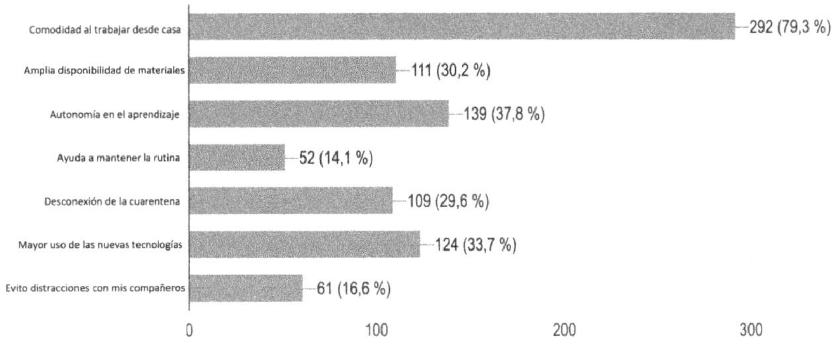

Figura 3. Ventajas de estudiar una lengua extranjera a distancia

de participación y mayor dificultad del aprovechamiento de la asignatura, ya que es más fácil descolgarse del ritmo de la clase.

Los componentes de lengua que los estudiantes consideran más fáciles de aprender con un porcentaje muy similar son la gramática y el vocabulario (53,3 % y 53 %) seguidas de la destreza en comprensión lectora con un 44,3 %. Por otro lado, significan una gran mayoría de los encuestados, un 81,2 % que la destreza más complicada de aprender en casa es la expresión oral seguida de la comprensión auditiva (47,3 %).

Los medios de evaluación más utilizados durante el confinamiento han sido los exámenes para descargar y enviar vía correo electrónico (73,9 %), cuestionarios de Moodle (71,7 %) y la entrega de trabajos individuales (66,8 %), por lo que más de un 83 % de los encuestados los considera como medios de evaluación que han reflejado con claridad su nivel de competencia en lengua extranjera.

A pesar de lo citado anteriormente, un porcentaje bastante alto del alumnado (83 %) considera que las clases de lenguas extranjeras durante el confinamiento han dejado muchas o bastantes carencias y que dificultan en mayor o menor medida la continuidad del curso, como se observa en la Figura 4. Sin embargo, un 60,6 % está satisfecho o bastante satisfecho con su rendimiento durante el periodo de clases a distancia.

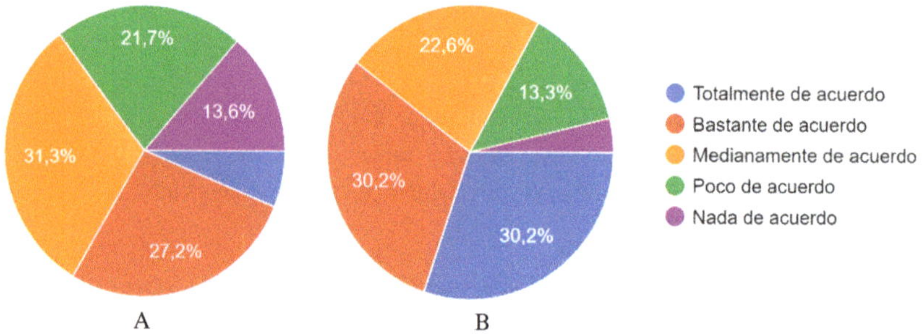

Figura 4. (A) "Los medios de evaluación utilizados han reflejado con claridad mi nivel de competencia en la lengua extranjera" y (B) "Las clases de lenguas extranjeras durante el confinamiento han dejado muchas carencias y dificultan la continuidad del curso"

3. CONCLUSIONES Y DISCUSIÓN

El estudio demuestra que la motivación de los estudiantes de la UCM de los distintos grados de la Facultad de Filología se vio fuertemente afectada durante el confinamiento respecto al estudio de lenguas extranjeras. Los factores a los que los encuestados atañen su descenso en la motivación son principalmente la falta de rutina, la desorganización del profesorado y la falta de comunicación con profesores y compañeros. Sin embargo, consideraron como algo positivo que las clases a distancia permitían una mejor organización de su tiempo de trabajo individual.

En cuanto al aprendizaje de lenguas extranjeras durante el confinamiento destaca que las destrezas lingüísticas que resultaron más difíciles de trabajar a distancia fueran la expresión y comprensión oral, frente a las menos comunicativas, gramática y vocabulario, que tuvieron mejor aceptación o valoración entre los encuestados.

En las valoraciones incluidas al final del cuestionario los encuestados destacan la gran diferencia de enseñanza entre los diferentes idiomas y los distintos departamentos e interpretan que estas diferencias se deben en gran medida a la mayor o menor implicación por parte del profesorado. Debido a esto, contrastan unos resultados más positivos en general en las respuestas del cuestionario, donde los propios alumnos comentan que querían mostrar neutralidad y ser justos con aquellos profesores que sí desempeñaron un buen papel, y bastante más negativos en la última pregunta, donde responden con un tono mucho más personal y muestran su indignación ante las determinadas situaciones que se sucedieron en el periodo de confinamiento.

En estas mismas valoraciones muchos de los encuestados aluden a la situación actual de semipresencialidad, mostrando su total desacuerdo con la misma. Consideran que esta modalidad causa confusión, aporta irregularidad en cuanto a la asistencia y crea mayor distancia entre profesores y alumnos. En algunos casos preferirían una docencia totalmente *online* antes que la situación actual de semipresencialidad.

Ingrid Cáceres Würsig
Universidad de Alcalá

Diego Muñoz Carrobles
Universidad de Alcalá

Capítulo V: El aprendizaje de lenguas extranjeras durante el periodo de confinamiento: resultados del estudio de la Universidad de Alcalá

1. LA UNIVERSIDAD DE ALCALÁ DURANTE EL CONFINAMIENTO Y LA ADAPTACIÓN A LA DOCENCIA VIRTUAL

Durante el periodo de confinamiento en España, provocado por la crisis sanitaria de la COVID-19 (15 de marzo a 21 de junio 2020), la Universidad de Alcalá (UAH), cuya docencia se imparte fundamentalmente de forma presencial, tomó la decisión de adaptar sus enseñanzas para que estas pudieran seguirse *online* y de forma síncrona. Los Servicios Informáticos y la Unidad del Aula Virtual fueron los departamentos responsables de implementar las medidas tecnológicas necesarias para poder desarrollar la docencia virtual, proceso que se implementó de forma muy ágil. La Universidad de Alcalá emplea como sistema de gestión de aprendizaje la plataforma Blackboard Learn 9.1, que contiene una aplicación para llevar a cabo videoconferencias (Collaborate Ultra) con posibilidad de grabación, así como las funciones propias de estos sistemas. El profesorado estuvo apoyado en todo momento por la Unidad del Aula Virtual que desarrolló recursos de formación *online* tales como videotutoriales, guías e informaciones sobre las herramientas del campus virtual. Esta Unidad también prestó asesoramiento técnico de forma personalizada a todos los miembros de la comunidad universitaria.

Salvo excepciones muy puntuales, la docencia virtual tuvo lugar en el mismo horario que la docencia presencial y el profesorado dispuso de un plazo de una semana para familiarizarse con el nuevo entorno y digitalizar materiales. Otros cambios realizados fueron la inclusión de adendas en las Guías Docentes de las asignaturas que especificaban las modificaciones en las metodologías de enseñanza/aprendizaje, así como en los criterios de evaluación, la flexibilización del calendario académico (en especial, del periodo de evaluación) y también se puso en marcha un sistema de préstamo de recursos tecnológicos (ordenadores portátiles, módems, tabletas) a profesores y estudiantes para dar cobertura a esta situación sobrevenida.

2. ANÁLISIS DE LOS RESULTADOS

2.1. Características del estudio en la Universidad de Alcalá

Ante este nuevo escenario varios miembros del grupo de innovación docente iDEALE (Innovación Docente en el Aula de Lenguas Extranjeras), conformado por profesores de Filología Moderna y de Estudios de Traducción[1], decidimos realizar un estudio sobre la percepción de los estudiantes de la enseñanza virtual de asignaturas de lenguas extranjeras en diferentes grados de la UAH durante el periodo mencionado.

Este se llevó a cabo con estudiantes que hubieran cursado asignaturas de inglés, alemán y/o francés en grados de las Facultades de Filosofía y Letras y de Ciencias Económicas, Empresariales y Turismo. Un total de 159 sujetos respondieron a una encuesta *online* de 17 preguntas cerradas, unas con formato de selección múltiple y otras según la escala de Likert. En cuanto a la procedencia por titulación, los resultados se desglosan del siguiente modo: un 51,57 % procede de Lenguas Modernas y Traducción, un 17,61 % de Turismo/Turismo y ADE, otro 17,61 % de Estudios Ingleses, un 8,18 % de Estudios Hispánicos y un 5,03 % de Humanidades/Humanidades y Magisterio. Se consideró que las asignaturas de lenguas extranjeras en todos estos grados podían ser comparables en tanto que son de carácter obligatorio, la carga lectiva es muy similar y se imparten en los cursos iniciales. También se asemejan en cuanto a su elevado componente práctico, el empleo de metodologías de enseñanza/aprendizaje activas y en la medida en que se rigen según el MCER.

1 Se presenta aquí un resumen del estudio realizado por Ingrid Cáceres Würsig (coordinadora), Martha Alonso Moreno, Laura Arenas García, Bruno Echauri Galván, M.ª Jesús Fernández-Gil, Silvia García Hernández y Diego Muñoz Carrobles. "Estudio sobre el aprendizaje de lenguas extranjeras en grados de la UAH durante el periodo de enseñanza virtual (COVID-19)". Universidad de Alcalá, 2020. http://hdl.handle.net/10017/49768

Los resultados estadísticos fueron completados con información cualitativa proveniente de tres entrevistas grupales en las que participaron dieciocho estudiantes de los distintos grados mencionados.

2.2. Sobre la motivación para aprender

Sobre este punto del estudio cabe destacar que solo el 32,5 % de los estudiantes asevera haber estado motivado durante el periodo de confinamiento, mientras que su percepción sobre la motivación del profesorado duplica con creces este porcentaje. La pérdida de motivación, que señala un 40,9 % de los encuestados, parece estar relacionada con la excesiva dependencia de la tecnología (49,70 %) en tanto que generó dificultades técnicas como problemas de conexión o la falta de dispositivos y un espacio adecuado de estudio en el domicilio. La falta de concentración fue otro de los obstáculos más señalados (47,20 %) en el proceso de aprendizaje, pues en la clase virtual se producen distracciones provocadas por la distancia física con la figura de autoridad del profesor y las múltiples opciones de evasión que ofrecen las ventanas de internet. La falta de interacción con compañeros de curso (73,6 % de los encuestados) y la menor participación en la modalidad virtual (71,7 %), condicionada por la tecnología, son otros aspectos que inciden sustancialmente en la motivación. En consecuencia, el estudiantado tuvo la percepción de que el entorno virtual resultaba "frío" o "distante", adjetivos muy repetidos durante las entrevistas grupales. Según se desprende de tales entrevistas, lo más valorado en el entorno virtual fue el hecho de que las clases se impartieran en modalidad síncrona manteniendo el horario original de clases, lo que permitía seguir una rutina, y aquellos docentes que desplegaron actividades digitales orientadas a mantener el interés y la atención.

2.3. Sobre las herramientas para el aprendizaje

En este apartado se presentan las herramientas del aula virtual que los estudiantes consideran más útiles para el aprendizaje a distancia. Entre las más destacadas se encuentran la sala de videoconferencia y el chat (88 %), los materiales de apoyo al aprendizaje elaborados con Power Point, vídeos y apuntes (54 %) y, por último, actividades evaluables *online*, como redacciones, ejercicios u otro tipo de tareas (52,67 %). En las entrevistas grupales los sujetos señalaron que, al margen de los recursos mencionados, el empleo de otras herramientas (por ejemplo, el uso de foros, de rúbricas digitales, las grabaciones de sesiones, etc.) ha dependido de cada docente y, por tanto, la experiencia ha sido muy dispar por lo que no es posible determinar una tendencia.

En lo que respecta a las herramientas de evaluación digitales, más del 50 % de los estudiantes las ha valorado como bastante adecuadas o muy adecuadas. Entre ellas sobresalen las actividades de expresión escrita (70,86 %), la lectura de textos (60,93 %), las actividades de expresión oral grabadas en casa (60,92 %) y los ejercicios tipo test (54,73 %). Los resultados de la encuesta muestran una clara preferencia por aquellos métodos de evaluación que se desarrollan de forma individual y que se entregan por correo o que se alojan en el aula virtual a través de las distintas opciones que ofrece esta plataforma. Los estudiantes consideraron que las actividades de evaluación "en diferido" no estaban tan sujetas a la tecnología al tiempo que supone menor nerviosismo, sobre todo, en comparación con las presentaciones orales en directo.

2.4. Sobre el profesorado

La motivación del profesorado de lenguas extranjeras percibida por los estudiantes arroja resultados muy satisfactorios. De hecho, más del 60 % de los estudiantes encuestados consideró que sus profesores de lenguas extranjeras estaban "bastante motivados" o "muy motivados", dato que supera al de su propia motivación. Es más, dentro de la valoración más alta, la de "muy motivados", el porcentaje del profesorado casi multiplica por ocho el del estudiantado (24,5 % frente a 3,31 %, respectivamente). A su vez, en el percentil de los "poco" o "nada motivados", las cifras relativas a los estudiantes duplican a las del profesorado. Estos datos estadísticos fueron confirmados por los grupos focales, donde los voluntarios afirmaron que en las asignaturas de lenguas extranjeras habían recibido un importante apoyo del profesorado y que este había estado especialmente motivado.

Esta motivación habría tenido su reflejo en el uso de metodologías docentes adaptadas al entorno virtual que habrían tenido como consecuencia un seguimiento mucho más personalizado del alumnado, hechos estos que fueron destacados en los grupos de discusión. En este sentido, el contacto entre profesores y estudiantes fue frecuente, según se desprende de los datos de la encuesta. El medio preferido para comunicarse con el profesorado fue el correo electrónico (88,10 %), seguido de la propia clase virtual (83 %) y, con un porcentaje sensiblemente menor, la tutoría virtual (17 %). Es decir, se privilegian las formas "breves" de interacción frente a la idea de una tutoría presencial tradicional.

Nos interesaba ahondar en este tema y, por ello, en la encuesta se les pedía a los participantes una valoración de la siguiente afirmación: "Tengo menos reparo a la hora de hacerle llegar mis dudas y dificultades al profesor en la modalidad virtual". Analizando los resultados se observa que casi dos tercios de los encuestados (63,52 %) está de acuerdo con esta afirmación. Contrastado este resultado con los grupos de discusión, la tutoría no se considera necesaria para realizar consultas breves, las cuales se resuelven en el aula, a través de foros o del chat, y en cambio sí se valora de forma positiva la tutoría al final de la clase virtual con un grupo reducido, cuyo menor tamaño ayuda a promover las consultas.

Así pues, en los tres grupos de discusión las razones que aducen los estudiantes para el escaso uso de las tutorías son parecidas: cuando se trata de consultas breves o dudas de poca envergadura, los participantes explican que prefieren resolverlas preguntando directamente durante la clase virtual o a través del chat. Otros alumnos comentan que, además de los mecanismos citados, prefieren utilizar el correo electrónico como alternativa a estas tutorías *online*, mientras que otros destacan la tutoría que ofrecieron algunos profesores al final de cada clase *online* en grupos reducidos, que creaba un ambiente más íntimo. Por otra parte, todos coinciden en que tampoco recurrían a las tutorías personalizadas en la modalidad presencial. A pesar de ello, los participantes de los tres grupos expresan que en todo momento se han sentido apoyados por el profesorado de las asignaturas de lengua extranjera, que siempre ha estado disponible y dispuesto a ayudar.

2.5. Sobre los resultados de aprendizaje

En líneas generales, el 78,15 % de los estudiantes encuestados señala estar satisfecho con el aprendizaje de lenguas extranjeras en la modalidad a distancia. Han destacado, sobre todo, la disponibilidad del profesorado y que las clases virtuales síncronas se hayan llevado a cabo en los días y en el horario establecido originalmente. Asimismo, apreciaron la variedad de recursos interactivos para el aprendizaje en autonomía, así como los conocimientos tecnológicos adquiridos.

Las dificultades aducidas están relacionadas con la súbita adaptación a una nueva rutina y al entorno virtual, cuyas características específicas han supuesto obstáculos en la capacidad de concentración. En algunos casos, también se valoraron negativamente aspectos relacionados con el incremento en la carga de trabajo, así como las modificaciones en el sistema de evaluación. A pesar de que la cifra ronda el 80 % esta satisfacción es menor que la que se daría en un entorno presencial de aprendizaje, un hecho que queríamos contrastar en los grupos de discusión. La principal explicación que se da es la distracción que generan los dispositivos digitales a causa de las múltiples pantallas simultáneas que invitan al esparcimiento. De las entrevistas también se desprende que las alteraciones en la rutina y, en algunos casos, la inestabilidad de horarios que ha provocado el paso súbito a la enseñanza virtual son el principal desencadenante de un menor aprovechamiento de las enseñanzas.

Sin embargo, sorprendentemente, varios participantes se muestran en desacuerdo con los datos de la encuesta, ya que definen las clases como "provechosas" e incluso, en algunos casos, las consideran más fructíferas que ciertas asignaturas impartidas en modalidad presencial. La razón fundamental que apoya estas valoraciones es la corrección personalizada de las actividades desarrolladas en el aula o enviadas al docente, así como el esfuerzo del profesorado por potenciar la participación y mantener las rutinas de aprendizaje.

En cuanto a las destrezas específicas, los encuestados señalaron una mayor facilidad en la práctica de destrezas que no implican interacción con otras personas, dada la situación de confinamiento en que se hallaban. Se puede observar, por consiguiente, un muy bajo porcentaje de estudiantes que apunta a la expresión oral como la destreza más fácil de practicar desde casa (9,93 %), siendo la comprensión lectora la respuesta elegida por casi la mitad de los encuestados.

Estos datos se confirman al preguntar a los participantes por la destreza más difícil de practicar individualmente y desde casa, ya que un elevado porcentaje (69,54 %) elige la expresión oral como la destreza que más problemas presenta para poner en práctica en la modalidad de enseñanza virtual. Este tema fue tratado en los grupos de discusión y resulta llamativo que se trate de un aspecto con el cual todos los estudiantes involucrados parecen estar de acuerdo.

Esta problemática puede ramificarse en dos escenarios: práctica para hablar (monólogos) y práctica para conversar (interacción). Según lo comentado por los participantes de los grupos de inglés y alemán, en sus clases ha prevalecido la primera, vehiculada a través de grabaciones y también de presentaciones orales. Si bien todos se muestran notablemente satisfechos con este sistema, varios estudiantes han echado de menos una mayor presencia de la conversación. Consideran que las grabaciones, pese a su utilidad, no cubren todos los aspectos que han de desarrollarse dentro de la destreza oral en lengua extranjera (critican, por ejemplo, el hecho de que algunos compañeros lean los textos en lugar de presentarlos). Varios estudiantes consideran también que el visionado de grabaciones puede favorecer la desconexión de los estudiantes que escuchan, sobre todo si el tema no es de su interés. El deseo de los estudiantes de una mayor práctica de la conversación está presente en los tres grupos de discusión.

2.6. Análisis cualitativo

Tal y como hemos ido desgranando en los apartados anteriores, al análisis cuantitativo de los datos obtenidos en los cuestionarios siguió un análisis cualitativo mediante la formación de grupos focales o de discusión, divididos por lengua, y en los que participaron seis docentes y dieciocho estudiantes (participaron 7 estudiantes de alemán, 6 de francés y 5 de inglés y de dos profesores por cada grupo). Los tres grupos de discusión transcurrieron en un ambiente distendido y se procuró en todo momento que el protagonismo recayera sobre los estudiantes, siendo los docentes meros guías o moderadores.

Aunque las discusiones pudiesen virar en algún momento hacia otras materias, las tres se centraban, al igual que la encuesta, en la experiencia de los docentes en las asignaturas instrumentales de lengua extranjera. En las tres sesiones se siguió un guion común que trataba de recabar información cualitativa sobre los ocho puntos más relevantes de la encuesta, a saber: relación con la tecnología (utilidad *versus* dependencia); participación de los estudiantes en el entorno virtual; aprovechamiento del aprendizaje durante el periodo de enseñanza virtual; dificultades en el aprendizaje de la destreza oral en el entorno virtual; percepción del trabajo en grupo en el entorno virtual; contacto con el profesorado en el entorno virtual; valoración de las herramientas digitales y valoración de los métodos de evaluación en el entorno virtual. En general, y en línea con los resultados de los cuestionarios, se dio una significativa coincidencia en las cuestiones abordadas, a pesar de tratarse de docencia y aprendizaje de lenguas diferentes.

Consideramos que el análisis cualitativo mediante grupos focales fue de gran utilidad para, por un lado, confirmar los datos obtenidos de manera anónima en las encuestas y, por otro lado, dar cabida a situaciones u opiniones «excepcionales», es decir, elementos que podrían haber sido obviados o desapercibidos a la hora de diseñar el cuestionario. Aunque el ánimo de las encuestas haya sido exhaustivo, el factor cualitativo que aportan los grupos de discusión sirve como un buen factor de corrección para las mismas.

3. CONCLUSIONES Y DISCUSIÓN

Este estudio se ha realizado, tal y como hemos destacado, con la intención de poner en el centro al estudiante y conocer mejor sus dificultades/preferencias durante el periodo experimental de las clases virtuales síncronas. Hemos considerado que esta información puede ayudar al profesorado a adaptar o enfocar la docencia en el modo semipresencial o virtual si llegara el caso. Consideramos que, teniendo en cuenta las circunstancias de excepcionalidad, los resultados del estudio se inclinan hacia el lado positivo. En conjunto, los estudiantes parecen bastante satisfechos con la enseñanza virtual recibida en las clases de lenguas extranjeras. Destaca especialmente el grado de motivación del profesorado, que el alumnado considera superior al propio. También han estimado especialmente las clases que se han impartido a través de videoconferencia en el horario original establecido, lo que les ha ayudado a mantener rutinas, a planificar el trabajo y a seguir en contacto con el profesorado y sus compañeros de clase.

Aunque el entorno virtual se percibe como un sucedáneo imperfecto de la enseñanza presencial, han sido sobre todo las clases virtuales síncronas las que han servido para mitigar la súbita adaptación al aprendizaje a distancia. La mayor variedad de recursos empleados en las clases y las actividades de aprendizaje innovadoras se perciben también como elementos muy útiles para mantener el interés y la motivación. Los conocimientos tecnológicos adquiridos durante este periodo han sido otro de los beneficios que el alumnado ha sabido apreciar.

Al margen de las dificultades tecnológicas, queda patente que el factor humano, fundamental para crear ambientes más cercanos capaces de propiciar una participación más amplia, está infrarrepresentado en la enseñanza virtual. La tecnología disponible hasta el momento impide la espontaneidad de la comunicación presencial por la latencia de sonido, el número de participantes que soporta la videoconferencia con buena calidad de vídeo y audio y la visión limitada del conjunto de la clase con toda la pérdida de lenguaje no verbal que ello comporta.

En cuanto a posibles mejoras, los estudiantes comentan que la comunicación institucional ha resultado algo tardía y consideran necesario mejorar, en determinados casos, la disponibilidad del profesorado, así como que se desarrolle una mayor empatía y una mejor atención hacia el alumnado. Reforzar estos lazos entre los distintos vértices del proceso de enseñanza-aprendizaje permitiría, en su opinión, dar una mejor respuesta a sus necesidades materiales y emocionales.

Para finalizar, y según las reflexiones del alumnado, creemos conveniente añadir que una mayor precaución por parte del profesorado a la hora de reajustar los mecanismos de evaluación y de planificar actividades complementarias o sustitutivas al pasar a una modalidad de enseñanza virtual podría también ayudar a rebajar los niveles de estrés de los discentes en ciertos momentos del curso y crear una experiencia más positiva y fructífera para todas las partes.

María Isabel Jiménez González
Universidad de Castilla-La Mancha

Esther Nieto Moreno de Diezmas
Universidad de Castilla-La Mancha

Capítulo VI: El aprendizaje de lenguas extranjeras en la Universidad de Castilla-La Mancha durante el confinamiento por COVID-19

1. INTRODUCCIÓN

La educación fue uno de los sectores de la sociedad que más afectado se vio por la pandemia mundial causada por la COVID-19, que trajo consigo numerosas restricciones y limitaciones. Los profesores de todos los niveles educativos tuvieron que adaptarse a la nueva situación dominada por un confinamiento domiciliario impuesto de marzo a mayo de 2020 (Nieto Moreno de Diezmas y Hill, 2020). Fue esta una circunstancia excepcional que obligó a todos los docentes de España a innovar como nunca antes lo habían hecho por medio de las TIC, y los alumnos, por su parte, tuvieron también que aprender a aprender con las nuevas tecnologías. Así, esta situación insólita dio lugar a una transformación telemática que tuvo importantes repercusiones en todos los agentes involucrados en la docencia universitaria en general y en el proceso de enseñanza/aprendizaje de lenguas extranjeras de la Universidad de Castilla-La Mancha (UCLM) en particular, como se verá en detalle a lo largo del presente informe.

1.1. Adaptación de la universidad durante el confinamiento

Como demandaba la excepcionalidad y la urgencia del nuevo contexto sanitario y académico, la UCLM actuó con celeridad y eficacia. Mediante la Resolución del rector de la UCLM del día 11 de marzo de 2020, se comunicó a todos los miembros de la comunidad académica la adopción de medidas preventivas y recomendaciones de salud pública como consecuencia de la situación que se estaba viviendo y de su posible evolución. Esta Resolución incluía la suspensión de la actividad lectiva presencial a partir del lunes día 16 de marzo y fue cuestionada por el gobierno autonómico por considerarse excesivamente restrictiva. Sin embargo, a la luz de las recomendaciones de las autoridades sanitarias y del Gobierno central, el presidente de la Junta de Comunidades de Castilla-La Mancha adelantó incluso su aplicación, estableciendo el confinamiento educativo para todas las enseñanzas universitarias y no universitarias desde el 13 de marzo, un día antes de que se decretara el estado de alarma y el confinamiento domiciliario a nivel nacional, inicialmente por un periodo de 15 días. Lo que ocurrió a partir de aquel 14 de marzo de 2020 y las diferentes prórrogas que se fueron anunciando en los sucesivos meses ya forma parte de la historia reciente.

En el caso concreto de la UCLM, la Resolución de 11 de marzo de 2020 encomendaba desde el primer momento a la Secretaría General y a los vicerrectorados con competencias en las materias correspondientes el arbitraje de sistemas de videoconferencia, trabajo colaborativo y enseñanza virtual para sustituir toda la actividad docente presencial (Resolución del Rector, 2020). Esta información, un tanto difusa por la situación tan excepcional y sobrevenida que se estaba viviendo, se amplió al día siguiente (12 de marzo de 2020) mediante otra Resolución de la Vicerrectora de Docencia (2020), quien proponía "diversas alternativas con el fin de establecer un marco flexible que permitiera a los profesores adoptar las medidas que consideren más adecuadas para el desarrollo de las actividades de aprendizaje y evaluación, teniendo en cuenta las características específicas de sus asignaturas" (p. 1).

En este marco, y concretamente, dentro del Departamento de Filología Moderna, del que dependen los profesores de lenguas extranjeras de la UCLM, fueron los coordinadores de titulación y los coordinadores de curso, junto con los responsables de las diferentes asignaturas, los que realizaron los cambios oportunos en la programación, en los sistemas de evaluación y en el régimen de tutorías, entre otros, oficializados mediante unas adendas anexas a las guías docentes electrónicas. Estas modificaciones tenían como objetivo principal adaptar las guías docentes a la excepcionalidad sobrevenida con el fin de que los estudiantes no se vieran perjudicados en ningún caso.

Dentro de la flexibilidad y la libertad que la UCLM otorgó a sus docentes, las indicaciones enviadas por el Vicerrectorado de Docencia requerían que el profesorado estuviera disponible para las actividades docentes a distancia dentro del horario oficial de clases, que podían realizarse de forma interactiva síncrona o asíncrona por cualquier medio virtual, incluyendo el correo electrónico. Estas medidas se debían aplicar también al horario de tutorías establecido en la guía docente de cada asignatura. Además, se solicitó que cualquier cambio fuera comunicado con la suficiente antelación a los alumnos mediante el campus virtual y que se les garantizaran por este medio los materiales y recursos docentes relacionados con los contenidos programados en dicho periodo.

Hasta entonces, el correo electrónico y el campus virtual eran prácticamente los únicos mecanismos digitales empleados para la comunicación remota entre profesorado y alumnado (Nieto Moreno de Diezmas y Jiménez González, 2021). Además, la UCLM habilitó el uso de una plataforma que era prácticamente desconocida con anterioridad: Microsoft Teams, cuyo uso se recomendaba para impartir clases o realizar tutorías de manera síncrona, ofreciendo numerosos cursos y materiales de apoyo para su manejo. También se reforzó el servicio de atención telefónica y del Centro de Atención al Usuario de la UCLM (CAU) para atender las dudas de docentes y alumnado.

Con todo, una transformación tan repentina no fue fácil, y menos si se hace referencia a determinadas áreas, como la de los idiomas extranjeros, donde la interacción entre profesor y alumno es inherente al proceso de enseñanza y aprendizaje (Long, 1981; Gass y Mackey, 2007). Así, un escenario que potencie la comunicación social es el más idóneo para mejorar y perfeccionar las destrezas receptivas y productivas, tanto orales como escritas.

Aparte de estos ajustes de corte académico, en un plano más social, el Vicerrectorado de Estudiantes y de Responsabilidad Social de la UCLM, en coordinación con la Secretaría General, consiguió compensar la brecha digital que en esta situación acrecentaba las desigualdades entre sus estudiantes. Para ello, adquirió 750 equipos informáticos portátiles que, sumados a los 360 con los que ya contaba, fueron enviados en la modalidad de préstamo directamente a los domicilios de los alumnos que los precisaban, e incluso también a algún docente que así lo requirió. La UCLM también asignó líneas de datos 4G de alta conectividad a todo el estudiantado necesitado. Para implementar estas medidas, se realizó un diagnóstico previo de necesidades mediante la distribución de un cuestionario que fue cumplimentado por 11 850 informantes (Gabinete de comunicación de la UCLM, 2020).

Así, este "emergency remote teaching", que es como Bozkurt y Sharma se refieren a esta necesidad inminente de adaptar la docencia presencial a su versión remota (2020, p. 2), no fue sencilla, pero sí viable gracias al esfuerzo que la UCLM hizo en el proceso de digitalización de las enseñanzas universitarias. Las medidas adoptadas de forma inmediata y las herramientas habilitadas para tal efecto incluyendo a todos los miembros de la comunidad educativa fueron clave para realizar esta transición de forma satisfactoria.

2. ANÁLISIS DE LOS RESULTADOS

A continuación, se expondrán y analizarán los principales resultados del estudio aquí presentado. En este apartado, se describirán, en primer lugar, el contexto general de la UCLM y las características del alumnado encuestado. En los siguientes epígrafes, se abordarán los resultados del estudio en cuatro dimensiones: motivación para aprender, herramientas para el aprendizaje, profesorado y resultados de aprendizaje.

2.1. Contexto y características de los informantes

El presente estudio se ha llevado a cabo en la UCLM, institución pública ubicada, como su nombre indica, en la comunidad autónoma de Castilla-La Mancha. El distrito universitario de la UCLM incluye a todas las provincias de la región con excepción de Guadalajara. La UCLM se compone de cuatro campus principales sitos en Albacete, Cuenca, Ciudad Real y Toledo. Estas dos últimas provincias cuentan, además, con sedes universitarias en Almadén y Talavera de la Reina. La UCLM es una universidad joven y moderna con cerca de veintisiete mil alumnos, dos mil setecientos profesores e investigadores y más de un millar de profesionales de la administración y los servicios, cifras que dan buena cuenta de lo compleja que resultó la transición de la docencia presencial a la *online*.

El número total de participantes en este estudio ha sido de 206 alumnos que en el curso académico 2019/2020 se encontraban matriculados en titulaciones de la UCLM que incluían en su plan de estudios, al menos, una segunda lengua. Los idiomas extranjeros que estudiaban los informantes fueron principalmente, el inglés, seguido por el francés, el italiano, el alemán y, en último lugar, el árabe.

Un porcentaje de más de la mitad (53,7 %) del alumnado encuestado estaba matriculado en primer curso durante el periodo de confinamiento domiciliario y su edad, en prácticamente todos los casos, se engloba en el grupo de 18 a 23 años. Además, más de tres cuartos de los participantes son mujeres, resultado que refleja de forma proporcional el alumnado permanente de lenguas en la UCLM.

Ciudad Real es la provincia donde se encuentra el domicilio de cerca de la mitad de los encuestados, lo que es coherente si se tiene en cuenta que en la capital es donde se ubican la Facultad de Letras, donde se estudian el Grado en Estudios Ingleses y el Grado en Lenguas y Literaturas Modernas: Francés-Inglés, y la Facultad de Educación de la UCLM, donde se imparten el Grado en Maestro en Educación Primaria y el Grado en Maestro en Educación Infantil, que cuentan con una lengua extranjera (inglés o francés) como obligatoria en sus planes de estudios. Durante el periodo de confinamiento, casi todos los encuestados (94,7 %) afirmaron que se refugiaron en sus domicilios familiares, abandonando sus residencias universitarias y pisos compartidos para pasar con sus seres queridos tan duros momentos. Allí, la gran mayoría de ellos disponía de un equipo informático de uso personal y conexión wifi a internet.

Una de las peculiaridades con las que cuenta este estudio es que, antes de utilizarse para la recogida de los datos que se van a exponer a continuación, fue pilotado por una veintena de alumnos del Máster Universitario en Profesor de Educación Secundaria Obligatoria y Bachillerato, Formación Profesional y Enseñanza de Idiomas de la UCLM. Estos alumnos estaban matriculados, durante el curso 2020/2021, en el Seminario de Investigación Educativa en Idioma Moderno: inglés, y a ellos se les distribuyó para que, además de poder pilotarlo, les sirviera de práctica de lo aprendido en clase, puesto que en este seminario se enseñan diferentes metodologías y técnicas de recogida de datos.

Después de unas ligeras modificaciones tras este pilotaje previo, se administró el cuestionario de forma *online* a los alumnos que durante el curso 2019/2020 habían tenido como docente a algún miembro del Departamento de Filología Moderna de la UCLM. Esta decisión viene motivada porque este alumnado es precisamente el que cursó algún idioma extranjero de marzo a mayo de 2020, por lo que se obtuvo una respuesta positiva por parte de 206 alumnos, como se ha apuntado con anterioridad.

2.2. Sobre la motivación para aprender

Con anterioridad a la pandemia, un alto porcentaje del alumnado (49,5 %) manifestó encontrarse entre muy motivado y bastante motivado para el aprendizaje de lenguas en sus estudios universitarios, siguiendo la línea expuesta en estudios anteriores relacionados con este aspecto (Jiménez González y Navarro Pérez, 2016). Para el 38,3 % su motivación era mediana, mientras que el porcentaje de estudiantes poco o nada motivados se limitaba al 12,2 %. Este panorama se altera considerablemente durante el periodo de confinamiento, que produjo un descenso significativo en la motivación estudiantil. Si antes de la pandemia solo el 12,2 % se sentía poco o nada motivado, el aislamiento y las consecuentes transformaciones del proceso de enseñanza-aprendizaje producidas por el confinamiento dieron lugar a que este porcentaje subiera al 62,6 %, y solo un 13,6 % manifestara un grado de motivación alto o muy alto.

Las principales causas que explican el incremento de la desmotivación, según el propio alumnado, son las siguientes: la desorganización del profesorado (64,1 %), la dificultad para mantener una rutina (58,3 %), la falta de comunicación con el profesorado (46,1 %), las distracciones en el domicilio (43,2 %), la falta de contacto con los compañeros (38,3 %), la limitada autonomía y reducida capacidad de organización propia (41,8 %), y la soledad (18,4 %). También se aducen, aunque en menor medida, factores externos relacionados con la situación de emergencia sanitaria, en general, y la muerte e ingresos hospitalarios de familiares, en particular.

El alumnado percibió también un acusado descenso de la motivación del profesorado durante la pandemia, lo que es consistente con estudios previos llevados a cabo en etapas educativas no universitarias (Nieto Moreno de Diezmas y Hill, 2020). Para el 53,4 % del alumnado, el profesorado antes de la pandemia llevaba a cabo su labor docente muy o bastante motivado, mientras que, tras ella, este porcentaje disminuyó hasta solo el 20,8 %. De hecho, el 41,8 % del estudiantado estimó que el profesorado estaba muy poco o nada motivado durante el confinamiento, mientras que antes de la pandemia, solo un 8,3 % del alumnado tenía esta percepción tan negativa sobre la motivación docente. El descenso en la motivación docente podría conectarse con la disminución de la motivación estudiantil, en la línea del estudio de Opdenakker, Maulana y den Brok (2012), que concluye que la motivación del profesorado constituye un elemento predictor de la motivación del alumnado. No obstante, es preciso señalar que, según el propio alumnado, el descenso de la motivación a consecuencia del confinamiento fue mayor en el caso del colectivo estudiantil que del profesorado.

2.3. Sobre las herramientas para el aprendizaje

Las dos herramientas más frecuentemente empleadas para la enseñanza de lenguas en el periodo del confinamiento fueron los materiales subidos al campus virtual (según el 89,3 % del alumnado) y las clases sincrónicas por Teams (según el 71,4 %). Además de ser las herramientas más empleadas, también fueron consideradas como las más útiles por un 73,8 % del alumnado, en el caso de los recursos subidos al campus virtual, y por un 52,9 %, en el caso de las clases sincrónicas.

También se emplearon otras herramientas de manera menos frecuente como cuestionarios en el campus virtual (34,5 %), tutorías por Teams (26,7 %), clases en *streaming* (13,1 %), foros en el campus virtual (11,2 %) y grabaciones del docente (10,7 %). De estas herramientas, el alumnado consideró que las más útiles fueron, por este orden, las tutorías *online* (17 %), los cuestionarios *online* (15,5 %), las clases en *streaming* (13,6 %) y las grabaciones propias del docente (9,7 %). Cuando el alumnado fue preguntado por las herramientas menos útiles para el aprendizaje de lenguas extranjeras, el mayor porcentaje coincidió en señalar los foros en el campus virtual.

La herramienta Teams, que la Universidad puso a disposición de la docencia *online* y cuyo uso fomentó entre el profesorado, fue también la plataforma principalmente empleada por el propio alumnado para el trabajo en grupo y el contacto estudiantil (según un 86,4 % del alumnado), por encima del uso de WhatsApp (69,4 %) y de otras plataformas como Skype (19,9 %) y Zoom (10,7 %).

En lo que respecta a la comunicación, para un 42,7 % del alumnado, estas herramientas contribuyeron mucho o bastante a estar en contacto con el profesorado de lenguas extranjeras durante el confinamiento, mientras que solo el 17,5 % opinó que habían coadyuvado poco o nada a la comunicación entre estudiantes y docentes.

En cuanto al desarrollo de las competencias lingüísticas, dada la vertiente social y esencialmente comunicativa de la docencia de lenguas, el aprendizaje remoto mediante las herramientas digitales disponibles dio lugar a dificultades en la adquisición de estrategias comunicativas, especialmente en lo que respecta a las competencias orales. Según un 69,9 % del alumnado, la expresión oral fue la destreza más difícil de trabajar con las herramientas digitales de las que se disponía, seguida de la comprensión oral (52,4 %). Los aspectos y competencias lingüísticas que mejor se abordaron fueron el aprendizaje de contenidos gramaticales (según el 26,6 % del alumnado), la expresión escrita (según el 17,5 %), el vocabulario (según el 16 %) y la comprensión escrita (según el 14,5 %).

2.4. Sobre el profesorado

La calidad del profesorado tiene una influencia vital en el éxito o fracaso del alumnado (Jimerson y Haddock, 2015), por lo que la formación docente es un elemento clave (Tiana, 2011). A continuación, se analizará la actividad del profesorado en las siguientes subdimensiones: implicación y esfuerzo, contacto y comunicación, y formación.

En lo que respecta a la primera subdimensión, el porcentaje del alumnado que consideró que el profesorado se implicó poco o nada (22,5 %) fue inferior al porcentaje para los que la implicación fue mucha o bastante (34,8 %). Aunque esta opinión general parece favorable, hay que subrayar que el 82,4 % indicó que el profesorado podría haberse esforzado más a la hora de impartir sus clases de forma *online*. En cuanto a la valoración del esfuerzo y la cantidad de trabajo que supuso la docencia durante el confinamiento, el 42,1 % del alumnado estimó que el profesorado trabajó más o mucho más que en condiciones normales, mientras que para casi un tercio del alumnado (31,9 %), el profesorado trabajó menos o mucho menos.

Por otro lado, un porcentaje cercano al 25 % del alumnado estima que el profesorado se esforzó poco o muy poco en la transformación y adaptación de su docencia a la modalidad virtual, y en las respuestas abiertas, los estudiantes criticaban que no había habido cambios metodológicos, subrayaban que hubiera sido necesario reforzar más la producción oral y demandaban más clases *online*, ya que algunos profesores no las habían impartido y se habían limitado a colgar actividades en el campus virtual. En cuanto a los materiales, el porcentaje de las valoraciones negativas aumenta, de modo que el 36,7 % no cree que el profesorado se hubiera esforzado en preparar materiales específicos para la docencia *online*, sino que emplearon los que ya tenían en sus campus virtuales de cursos anteriores.

El contacto e interacción con el alumnado constituye la segunda subdimensión a analizar. El correo electrónico fue la herramienta de conexión más frecuente, según el 88,2 % del alumnado, seguida de las clases por videoconferencia (según el 54 %), y de las tutorías por videoconferencia y chats en el campus virtual, en menor medida. En todo caso, el alumnado señaló mayoritariamente que estas herramientas le sirvieron para facilitar el contacto con el profesorado. En cuanto a la rapidez en la atención, la respuesta mayoritaria es que ha sido normal (48 %), mientras que el 30 % del alumnado estimó que el profesorado respondía rápido o muy rápido y el 21,6 %, que lo hacía de modo lento o muy lento.

Respecto de la tercera subdimensión, la formación docente, un 39,3 % del alumnado estaba de acuerdo o muy de acuerdo con que el profesorado contaba con la formación necesaria para la enseñanza remota, mientras que el 27,2 % estaba en desacuerdo o muy en desacuerdo. Para el 37,4 %, el dominio de las tecnologías por parte del profesorado era alto o muy alto, según el 46,6 % era medio y para el 16 % era bajo o muy bajo. En cuanto a la satisfacción con el trabajo realizado por el profesorado, es bastante positiva globalmente, ya que solo un 18,9 % del alumnado manifestó estar poco o nada satisfecho, un 43,7 % moderadamente satisfecho, un 24,3 %, bastante satisfecho y un 13,1 %, muy satisfecho.

2.5. Sobre los resultados de aprendizaje

La mayoría del alumnado (un 84,5 %) opina que la enseñanza no presencial de lenguas dificultó la participación en clase y el aprovechamiento de la asignatura. Para un 63,6 %, la razón fundamental fue que era más fácil descolgarse del ritmo de la clase, mientras que el 20,9 % adujo como problema principal los requisitos técnicos necesarios para ello. Únicamente el 15,5 % opina que esta modalidad favorece el aprendizaje y la participación.

En cuanto a los medios de evaluación más frecuentemente empleados, el alumnado cita el examen tipo cuestionario en el campus virtual (82,5 %), la entrega de trabajos individuales (64,1 %), examen para descargar y entregar en un tiempo limitado (48,5 %) y trabajos grupales (32 %). Respecto de la adecuación de estos formatos de evaluación para reflejar los niveles de competencia en la lengua extranjera, el 34 % está totalmente o bastante de acuerdo, el 33,5 % medianamente de acuerdo y el 31,6 % está poco o nada de acuerdo, a pesar de que el 59,7 % observó la obtención de mejores calificaciones con este tipo de evaluación y solo el 18 % estimó que las notas han sido inferiores. En todo caso, y al margen de la calificación, la valoración sobre su propio proceso de aprendizaje constituyó un ámbito de mejora, ya que el 52,9 % del alumnado estuvo de acuerdo o muy de acuerdo con que las clases de lenguas extranjeras durante el confinamiento dejaron muchas carencias y dificultaron la continuidad del curso, y solo el 15,1 % está en desacuerdo o muy en desacuerdo con dicha afirmación.

2.6. Análisis cualitativo

Las preguntas abiertas revelaron tanto la satisfacción de una parte del alumnado ("la docencia durante el confinamiento ha sido excelente") como el descontento de otra parte del alumnado respecto de algunos profesores que parecen haber desatendido sus funciones dejando a los alumnos "solos todo lo que quedaba de cuatrimestre". Las quejas principales del alumnado se relacionan principalmente con factores afectivos, demandando, por una parte, más empatía al profesorado y, por otra, reconociendo su comprensión y apoyo. Por otro lado, parte del alumnado identificó como principales ámbitos de mejora la realización de más clases *online*, la recepción de más *feedback* correctivo, la distribución más equilibrada de actividades y trabajos, y la necesidad de haber implementado cambios metodológicos para una adaptación óptima a la modalidad de enseñanza no presencial.

3. CONCLUSIONES Y DISCUSIÓN

Los resultados de este estudio indican que se realizó un importante esfuerzo institucional para dotar a profesorado y alumnado de los recursos técnicos para digitalizar y posibilitar la enseñanza durante el confinamiento educativo, incluyendo la dotación de los medios necesarios para compensar la brecha digital, por motivos económicos o formativos. En este sentido, cabe destacar la rapidez en la puesta a disposición y posterior adopción de la plataforma de comunicación y colaboración Microsoft Teams, prácticamente desconocida con anterioridad, que se incorporó rápidamente a la cotidianeidad de profesorado y alumnado, y cuyo uso sigue siendo intenso en la UCLM como mecanismo de comunicación entre el profesorado, entre el alumnado, y entre alumnado y profesorado.

Aunque el proceso de enseñanza-aprendizaje pudo continuar su curso gracias a las nuevas tecnologías y al esfuerzo conjunto de la comunidad universitaria, la urgencia con la que se interrumpió la docencia presencial, la falta de experiencia en la docencia remota de los componentes de una universidad que exhibía la presencialidad como signo identitario y la situación afectiva personal ante el drama sanitario dieron lugar a una serie de debilidades que se han identificado en este estudio. En el caso del aprendizaje de lenguas, basado en la interacción y la comunicación, la enseñanza remota produjo carencias en el desarrollo de las estrategias comunicativas, especialmente en el caso de la adquisición de las destrezas orales.

Finalmente, es preciso destacar un dato fundamental que se deriva de este estudio y es la respuesta diferenciada del profesorado ante el reto de la docencia no presencial. Esta respuesta diferenciada se observa en la polarización del alumnado entre percepciones muy positivas y percepciones negativas de sus profesores. Mientras que un porcentaje mayoritario del profesorado se esforzó e implicó en adaptarse para proporcionar una docencia de calidad, hubo un porcentaje que parece haber limitado la interacción y reducido su acción a dejar colgados sus materiales en el campus virtual. Esta metodología es percibida muy negativamente por el alumnado, según se interpreta de sus respuestas a las preguntas abiertas. La ausencia, en algunos casos, de la impartición de clases mediante Teams u otra plataforma ha de interpretarse en el marco de la política institucional, ya que la UCLM no requirió explícitamente del profesorado que impartiera sus clases *online* durante el confinamiento, sino que su obligación se circunscribía a garantizar el proceso de aprendizaje y la correcta evaluación, mientras que la metodología y medios empleados para ello quedaban al arbitrio del docente.

4. REFERENCIAS

Bozkurt, A., y Sharma, R. C. (2020). Emergency remote teaching in a time of global crisis due to coronavirus pandemic. *Asian Journal of Distance Education, 15*(1), 1–6. https://doi.org/10.5281/zenodo.3778083

Gabinete de comunicación de la UCLM (15 de abril de 2020). *La UCLM compensa la brecha digital entre sus estudiantes universitarios para finalizar el curso.* UCLM. https://www.uclm.es/noticias/noticias2020/abril/ciudad%20real/recursos_tecnologicos_cursonopresencial

Gass, S. M., y Mackey, A. (2007). Input, interaction, and output in second language acquisition. En B. VanPatten y J. Williams (Eds.), *Theories in second language acquisition: An introduction* (pp. 175–199). Lawrence Erlbaum.

Jiménez González, M. I., y Navarro Pérez, M. (2016). Motivación e innovación en el aula de Magisterio de Educación Primaria. En F. Faya Cerqueiro, V. Guadamillas Gómez, J. M. Blanco Fernández, O. Elwes Aguilar, y M. M. Ramón Torrijos (Eds.), *Motivación y creatividad en la enseñanza de L2/LE* (pp. 173–182). Aracne Editrice.

Jimerson, S. R., y Haddock, A. D. (2015). Understanding the importance of teachers in facilitating student success: Contemporary science, practice, and policy. *School Psychology Quarterly, 30*(4), 488–493. https://doi.org/10.1037/spq0000134

Long, M. H. (1981). Input, interaction, and second-language acquisition. *Annals of the New York Academy of Sciences, 379*(1), 259–278. https://doi.org/10.1111/j.1749-6632.1981.tb42014.x

Nieto Moreno de Diezmas, E., y Hill, T. M. (2020). Retos del aprendizaje de inglés *online* para profesores, familias y alumnado en tiempos de coronavirus. En E. Colomo Magaña, E. Sánchez Rivas, J. Ruiz Palmero, y J. Sánchez Rodríguez (Coords.), *La tecnología como eje del cambio metodológico* (pp. 92–96). UMA editorial.

Nieto Moreno de Diezmas, E., y Jiménez González, M. I. (2021). Transformación digital de la docencia universitaria de idiomas durante el confinamiento: la perspectiva de los estudiantes. En E. Colomo Magaña, E. Sánchez Rivas, E. Sánchez Vega, y A. Cívico Ariza (Coords.), *La tecnología educativa hoy* (pp. 554–557). UMA editorial.

Opdenakker, M. C., Maulana, R., y den Brok, P. (2012). Teacher–student interpersonal relationships and academic motivation within one school year: developmental changes and *linkage*. *School Effectiveness and School Improvement, 23*(1), 95–119. DOI: 10.1080/09243453.2011.619198

Resolución de la Vicerrectora de Docencia de la Universidad de Castilla-La Mancha, de 12 de marzo de 2020, sobre las medidas extraordinarias previstas en coordinación con los Vicerrectorados competentes para adaptar la universidad a la suspensión temporal de la actividad educativa presencial.

Resolución del Rector de la Universidad de Castilla-La Mancha, de 11 de marzo de 2020, por la que se adoptan medidas preventivas y recomendaciones de salud pública relativas a la comunidad universitaria como consecuencia de la situación, evolución y perspectivas del coronavirus (COVID-19).

Tiana, A. (2011). Políticas de formación del profesorado y mejora de los sistemas educativos: algunas reflexiones a partir de la experiencia española. *Revista Fuentes, 11*, 13–27.

Miriam Fernández Santiago
Universidad de Granada

Lucía Bennett Ortega
Universidad de Granada

Capítulo VII: El aprendizaje de lenguas extranjeras en la Universidad de Granada durante el confinamiento

1. INTRODUCCIÓN

La respuesta de la Universidad de Granada (UGR) ante la situación de confinamiento fue rápida y efectiva, pues en menos de una semana, la universidad pasó de ser presencial a ser virtual. A ello contribuyó en gran medida la rápida reacción y refuerzo de la plataforma Moodle utilizada (PRADO 2) por parte del Centro de Producción de Recursos para la Universidad Digital (CEPRUD), que generó no solo espacios específicos para la evaluación *online* con un amplio catálogo de modelos de cuestionarios a los que incorporó la herramienta de Turnitin para evitar el plagio, sino que también desarrolló un Programa de Capacitación Digital Docente[1]. También se llevó a cabo un refuerzo de la plataforma Google GSuite UGR, a través de la cual poder realizar sesiones virtuales por Meet, además del uso del resto de aplicaciones que facilita dicha plataforma. Asimismo, la Universidad lanzó un plan de ayudas específicas para el alumnado en situación social vulnerable, que contemplaba tanto el préstamo de equipos informáticos como ayudas económicas directas para sufragar los gastos de conexión a internet. La gestión administrativa se continuó a través de la Secretaría Virtual de la Universidad, que ya estaba operativa con anterioridad a la pandemia.

1 Disponible en: https://ceprud.ugr.es/formacion-online/programa-capacitacion-digital

2. ANÁLISIS DE LOS RESULTADOS

2.1. Ámbito de aplicación del estudio y características de los informantes

El cuestionario se lanzó el 10 de diciembre de 2020 y estuvo activo durante 20 días, en él se recogieron un total de 172 respuestas a preguntas cerradas y 37 respuestas de carácter abierto. La mayor parte de la participación ha sido recogida del Grado en Traducción en Interpretación (68,6 %) y el Grado en Estudios Ingleses (22,1 %), lo cual es hasta cierto punto reflejo de la carga docente y variedad que los grados implicados asignan a la enseñanza de lenguas extranjeras, como también lo son los porcentajes obtenidos para los idiomas (principalmente inglés, francés y alemán).

Las edades y los sexos de los participantes también se corresponden con el perfil del alumnado de estos grados, de ahí que de estos datos no se desprenda ninguna conclusión significativa. El porcentaje más amplio del rango de ingresos por familias comprende entre los 1000 y los 2000 euros mensuales (41,3 %), seguido de un 33,7 % que se sitúa por debajo de los 1000 euros y solo un 25 % que supera los 2000 euros mensuales. De ello se desprende que el perfil socioeconómico de los encuestados corresponde mayoritariamente a la clase trabajadora.

Esta circunstancia socioeconómica puede explicar por qué a pesar de que en un contexto de presencialidad prepandémica, la mayoría del alumnado encuestado solía cursar sus estudios desde un piso compartido con otros estudiantes; durante el confinamiento, aproximadamente la misma mayoría lo hizo desde sus respectivos hogares familiares (alrededor de un 80 % en la Comunidad Autónoma Andaluza y el resto en otras comunidades españolas o en sus países de origen en el caso de los estudiantes internacionales). Si bien es cierto que el retorno al hogar familiar durante el periodo de confinamiento podría reflejar la contracción económica sufrida por el país en general durante el confinamiento, también deben considerarse los elementos emocionales y psicológicos que se vieron afectados por la situación de confinamiento.

Durante el confinamiento (o parte de él), el 8,1 % de los participantes de este estudio permaneció solo en una vivienda, frente a un 11,6 % que estuvo acompañado en pisos de estudiantes y un 1,7 % en residencias universitarias. Frente a estos datos, el 90 % del alumnado afirma haber estado acompañado por familiares que en su mayoría no teletrabajaron (60 %), frente a un 30 % que sí lo hizo. Mientras que el amplio porcentaje de acompañantes familiares que no teletrabajaron podría haber influido en el ambiente de estudio del alumnado de forma negativa en modo de distracción, los bajos ingresos familiares, unidos a una situación familiar de teletrabajo pudieron contribuir a saturar el uso de los medios digitales disponibles para el alumnado desde el hogar familiar. Esto supone un cambio significativo respecto a la docencia presencial, durante la cual el alumnado tiene acceso a los medios electrónicos de los centros de estudio.

Sin embargo, la gran mayoría de estudiantes dispuso de un equipo informático de uso personal (93 %), mientras que un 6,4 % carecía de él, si bien tuvieron dispositivos de uso compartido en su lugar de residencia. Solo un 0,6 % afirmó no disponer de ninguno. En cuanto a la conexión a internet, la gran mayoría ha tenido conexión wifi en su lugar de residencia (95,9 %), con un 4,1 % del alumnado que se ha conectado a internet a través de un dispositivo móvil. Es significativo que nadie haya informado de carecer de conexión a internet.

2.2. Sobre la motivación para aprender

Adaptarse al confinamiento ha supuesto un verdadero reto personal y profesional tanto para el alumnado como para el profesorado, y la motivación ha sido un factor esencial en este sentido. Cerca del 70 % del alumnado encuestado afirma que su nivel de motivación durante los estudios fuera del tiempo de pandemia era alto o muy alto, con un 24,4 % medianamente motivado, y solo un 5,9 % poco o nada motivado. Estas cifras cambiaron considerablemente durante el periodo del confinamiento, con una gran reducción en el número de alumnos que se sentían motivados frente a un 64,5 % que dice haberse sentido entre poco o nada motivado. Es de suponer que esta baja motivación influyese de forma negativa en los procesos y resultados de su aprendizaje.

Antes del confinamiento, la percepción que el alumnado de LE tenía de la motivación del profesorado se sitúa mayoritariamente entre medianamente y muy motivados, con solo un 11 % que generaba una percepción de poco o nada motivados. Durante el confinamiento, sin embargo, el alumnado observó una caída en estos porcentajes que es similar a la que ellos mismos sintieron.

Los factores que más han influido en el descenso de la motivación del alumnado durante el confinamiento son los siguientes: dificultad para mantener una rutina, desorganización del profesorado, falta de contacto con los compañeros y distracciones en el domicilio —todos seleccionados por más del 50 % de los encuestados—. En torno a un 43 % de respuestas incluyen también la falta de comunicación con el profesorado como factor primordial. Alrededor del 20 % de encuestados señalan también la soledad como factor desmotivador, así como una pobre capacidad de organización propia. Un 12,2 % indicó que habían influido "otros" factores. Probablemente hubiera sido interesante abrir esta pregunta a respuesta libre, sobre todo dado el reciente interés generado con respecto a las secuelas de la pandemia en la salud mental de los jóvenes.

Como se ha mencionado, la falta de contacto humano con los compañeros ha sido determinante en la motivación del alumnado. La mayoría de los encuestados ha echado de menos la interacción con los compañeros (72,1 %) a pesar de que la mayor parte del alumnado (65,1 %) prefiere trabajar de manera individual para así poder organizar mejor su tiempo. Este dato es intrigante, pues la telecomunicación se relaciona habitualmente con una mayor capacidad para trabajar en grupo y la tercera generación digital está precisamente muy habituada a telecomunicarse tanto en el aspecto laboral como en el afectivo. Cabría preguntarse en este sentido si existe correlación entre el contacto físico entre iguales y el desarrollo de la subjetividad individual frente al ambiente familiar (posiblemente infantilizador) como factor motivador del estudio.

Las respuestas a la pregunta sobre echar en falta la realización de actividades en parejas y/o en grupos reflejan un abanico sin clara mayoría o minoría, todas con porcentajes similares entre 15 % y 23 %. Estos resultados apuntan probablemente a los sentimientos encontrados generados entre el echar de menos a los compañeros y la necesidad de organización individual.

2.3. Sobre las herramientas para el aprendizaje

Durante el periodo de confinamiento, las dos herramientas más utilizadas para el aprendizaje de lenguas extranjeras fueron las sesiones síncronas *online* (82 %) y los materiales subidos a las plataformas docentes (79,7 %). Otros medios usados en menor medida fueron los foros y cuestionarios de Moodle, las tutorías por videoconferencia, las grabaciones propias del profesorado y las grabaciones disponibles en diversos canales o repositorios. Estos datos ponen de manifiesto la variedad de plataformas y recursos disponibles que se utilizaron para la docencia *online* ante la falta de planificación y normativa institucionales al respecto. No obstante, es necesario resaltar que las dos herramientas que prevalecen son aquellas que más se asemejan a la modalidad presencial: la impartición de clases síncronas y la distribución de materiales. De hecho, según los participantes, estas dos herramientas son las de mayor utilidad para el aprendizaje de lenguas extranjeras, seguidas por las grabaciones propias de los docentes (22,1 %) y las tutorías por videoconferencia (14,5 %), lo cual dejó a los foros y los cuestionarios en Moodle como los instrumentos menos útiles.

Otras herramientas de gran utilidad indicadas en respuesta abierta son los materiales de antiguos alumnos, las plataformas *online* para el aprendizaje autónomo de LE (como Duolingo), los foros en internet y el uso de vídeos para la comprensión oral. Estas respuestas reflejan la autonomía del alumnado a la hora de buscar recursos propios para complementar las clases *online* y los materiales compartidos por los profesores. Sin embargo, también se han recibido respuestas como "ninguno de mis profesores de lengua extranjera utilizó ninguna herramienta para seguir dando clases" o "la profesora solo ha subido *pdfs* y sus correcciones. No ha explicado nada, ni ha dado ninguna clase", que ponen en evidencia las grandes diferencias en el planteamiento y estrategias llevadas a cabo por el profesorado para impartir sus clases ante la necesidad de improvisación.

A pesar de la variedad de herramientas *online* utilizadas, solo un 12,8 % del alumnado encuestado percibe que estas les han ayudado mucho a estar en contacto con el profesorado, mientras que el 26 % y 39 % perciben que les ayudaron bastante y medianamente respectivamente. Finalmente, un 22,1 % afirma que han ayudado poco o nada.

Las destrezas lingüísticas consideradas como las más difíciles de trabajar a través de las herramientas digitales disponibles han sido la expresión oral (81,4 %), seguida por la comprensión auditiva (43 %), lo cual puede derivarse de la falta de contextualización pragmática en entornos comunicativos no presenciales. Frente a estos datos, el vocabulario y la comprensión lectora fueron percibidos como los aspectos menos difíciles de trabajar debido a que son más susceptibles de aprenderse y practicarse individualmente. A pesar de la claridad de estos resultados, se ha recibido una gran variedad de respuestas a la pregunta "¿Qué destreza lingüística consideras que se ha trabajado correctamente con las herramientas de las que disponemos?". Mientras que un 25,6 % afirmó que es la gramática, el 20,3 % identificó la comprensión lectora. El vocabulario, la expresión escrita, y la comprensión auditiva reciben aproximadamente un 15 % de respuestas cada una. En cambio, tanto la expresión oral como la competencia cultural no se percibe que se hayan trabajado correctamente con las herramientas utilizadas.

Finalmente, respecto a las herramientas digitales usadas entre alumnos para trabajar en grupo y mantener el contacto con los compañeros, las más utilizadas han sido WhatsApp (76,2 %) y Meet (66,3 %), seguidas por Zoom (22,7 %) y Skype (12,2 %). Solo un 2,9 % del alumnado encuestado afirma no haber utilizado ninguna herramienta para estar en contacto con sus compañeros.

2.4. Sobre el profesorado

Durante el confinamiento, la mayor parte del alumnado mantuvo el contacto con el profesorado de lengua extranjera a través del correo electrónico (89,5 %). Un 62,2 % de los participantes también indica que lo mantuvieron a través de clases por videoconferencia y el 16,3 % tuvo acceso a tutorías por diversos medios digitales. Los chats y foros de Moodle son los menos usados con el fin de contactar con los docentes.

Respecto a la comunicación en sí misma, la timidez y reparo que pueden sentir los alumnos hacia los docentes a la hora de preguntar dudas no se ven significativamente alterados en la modalidad *online*, si bien un poco más de la mitad de los encuestados (57,5 %) afirma que se sintieron menos inhibidos en esta modalidad, en mayor o menor grado. En cualquier caso, la mayor parte de los encuestados (63,7 %) señala que el profesorado ha estado medianamente o bastante involucrado en la atención a sus alumnos y que su respuesta ante las dudas ha sido normal (44,8 %) o rápida (26,7 %). Esto último puede reflejar el grado de digitalización en las comunicaciones entre docentes y estudiantes previo al confinamiento, así como el hecho de que el correo electrónico y el uso de plataformas *online* eran los medios utilizados hasta entonces para sustituir la atención presencial al alumnado. En general, el alumnado percibe que el cambio de modalidad presencial a *online* no afecta al grado de atención recibido por el profesorado. Ahora bien, aunque aparentemente pareciera que no ha habido un cambio significativo, es importante tener en cuenta que durante el periodo del confinamiento, ante la confusión y falta de planificación previa, el profesorado recibió un número de consultas más elevado de lo habitual. Desde esta perspectiva, se podría concluir que el tiempo y grado de atención dedicados a los alumnos por parte del profesorado sí experimentó un cambio al alza.

En cuanto a la impartición de las materias, una de las consecuencias claras que el alumnado percibe en el contexto del confinamiento es la necesidad del profesorado de adaptarse a las nuevas metodologías de enseñanza *online*. Un 22,7 % de los estudiantes percibe que los profesores han estado muy poco o nada involucrados en la transformación y adaptación de sus clases a la modalidad *online*, un 36,6 % los percibe como medianamente involucrados y aproximadamente un 40 % muy o bastante involucrados. Concretamente, en relación con la preparación de materiales nuevos para la docencia *online*, un 60,5 % considera que los profesores, en mayor o menor medida, sí han preparado materiales nuevos, mientras que un 39,5 % señala que han preparado poco o ningún material nuevo. Esto último puede estar relacionado con la falta de tiempo y previsión por un lado, y por otro, con la formación *online* previamente recibida por el profesorado, que sin duda ha jugado un papel esencial. En efecto, cerca de un tercio del alumnado está medianamente de acuerdo con que los docentes tienen la formación necesaria para impartir sus clases en modo *online*, mientras que aproximadamente otro tercio está poco o nada de acuerdo con esta afirmación. A su vez, la mayor parte de los encuestados asigna a sus profesores una competencia de 3 o 4 en el dominio de tecnologías (5 indica la mayor competencia), lo cual, aunque es un dato bastante positivo, indica que sigue habiendo una manifiesta brecha digital intergeneracional. Sería interesante en este sentido determinar el rango de edades del profesorado en relación con estos porcentajes por si hubiese correlación.

2.5. Sobre los resultados de aprendizaje

El aprendizaje *online* al que nos ha conducido la pandemia presenta, en la opinión del alumnado, una serie de ventajas e inconvenientes. Por un lado, la amplia mayoría señala como ventaja la comodidad de trabajar desde casa (73,3 %), la autonomía en el aprendizaje (36 %) y la amplia disponibilidad de materiales para el aprendizaje (29,7 %), pero el mayor uso de las nuevas tecnologías (36 %) también ha generado en el alumnado la percepción de cierta desconexión de la realidad durante el confinamiento (30,2 %). Apenas un 15,1 % del alumnado encuestado afirma que las clases a distancia favorecen su participación y aprovechamiento de la asignatura.

Por otro lado, respecto a los principales inconvenientes de estudiar a distancia, la mayoría del alumnado coincide en la pérdida de la motivación (62,2 %), seguida de un grado de dependencia a la tecnología que consideran excesivo (43 %). Un 72,1 % coincide en que la impartición de clases LE a distancia dificulta su participación en clase y su aprovechamiento de la asignatura en relación con su capacidad de mantener la atención en un entorno *online*, mientras que un 12,8 % achaca esta dificultad al tiempo que les ocupa el uso de los requisitos técnicos necesarios.

La adquisición de las diferentes destrezas en LE han sido evaluadas durante el confinamiento mayoritariamente a través de la entrega de trabajos individuales (82 %), exámenes para descargar y enviar en un tiempo determinado (61 %), la entrega de una grabación de audio o vídeo (45,3 %) y exámenes tipo cuestionario en Moodle (44,8 %). Cerca de un 70 % del alumnado encuestado está medianamente o bastante de acuerdo con que estos métodos utilizados han reflejado con claridad su nivel de competencia en la lengua extranjera.

En retrospectiva, la mayoría de los estudiantes (86,7 %) considera que su aprendizaje de LE durante el confinamiento ha sufrido carencias que han dificultado en mayor o menor medida su seguimiento de las asignaturas. En cuanto a la satisfacción con su propio rendimiento durante este periodo, solo un 7 % está muy satisfecho con su rendimiento, frente al 61,1 % que lo está entre bastante y medianamente, y un 32 % entre poco y nada satisfecho.

Finalmente, la última pregunta cerrada del cuestionario se centra en la valoración global de la modalidad semipresencial respecto a la experiencia *online* del confinamiento. Hay una clara preferencia del alumnado por la semipresencialidad, reflejado en los porcentajes de un 49,4 % que afirma que la semipresencialidad es algo mejor, y un 14,5 % que señala que es mucho mejor, aun cuando buena parte de ellos señala que con la semipresencialidad siguen existiendo carencias.

2.6. Análisis cualitativo

Las respuestas del alumnado a la pregunta abierta que les pide su opinión sobre su aprendizaje de LE durante el confinamiento reflejan la importancia que achacan a las carencias formativas del profesorado en materia digital, pero no a aspectos estructurales, logísticos, sanitarios, laborales, técnicos o económicos de cuya existencia o complejidad no parecen ser conscientes. Mejora la valoración de la presencialidad en el aprendizaje y evaluación de LE, que se relaciona con su calidad, mientras que la docencia *online* aparece muy devaluada. Casi todos inciden en la necesidad de mejorar las destrezas orales en el contexto de virtualización. Sorprende el desconocimiento que el alumnado de LE tiene de su propio proceso de aprendizaje, así como de la institución y la sociedad en el que se enmarcan tanto dicho proceso como ellos mismos. El perfil de las respuestas abiertas es altamente individualista (cuando no abiertamente narcisista) y desprovisto de conciencia social. En casos extremos, el aprendizaje se percibe como mero entretenimiento y en casi todos, como bien de consumo.

3. CONCLUSIONES Y DISCUSIÓN

De las respuestas obtenidas, se constata que prácticamente la totalidad del alumnado disponía de los medios técnicos para el seguimiento de la docencia *online*, que se implementó sin pérdida de carga docente ni merma en el currículo. Frente a los datos positivos de acceso, destacan la percepción negativa que el alumnado tiene de la adaptación metodológica de la enseñanza de LE al entorno digital y la diversidad de las estrategias adoptadas por el profesorado para llevar a cabo dicha adaptación, lo cual refleja el alto nivel de improvisación en que se desarrolló la adaptación dada la limitación temporal y la imposibilidad de previsión tanto institucional como metodológica en que se llevó a cabo. Cuando el alumnado responde a las preguntas abiertas, achaca las carencias metodológicas a la falta de formación del profesorado para la adaptación al entorno digital. Estas respuestas, sin embargo, contradicen las obtenidas en las preguntas cerradas, en las que las competencias digitales del profesorado son valoradas muy positivamente, lo cual se correlaciona con la existencia por parte de la Universidad de Granada, de planes de formación digital para el profesorado que se llevan implementando de manera normalizada y progresiva desde antes de la pandemia. La apuesta del Plan Bolonia por favorecer la presencialidad como condicionante para la participación activa del alumnado frente a la lección magistral puede estar detrás de la falta de planificación metodológica frente a la amplia dotación infraestructural y formativa que sí existía para poder llevarla a cabo. Dado que la adaptación metodológica de los materiales docentes implica un proceso reflexivo profundo que no casa bien con la improvisación, concluimos que aunque se daban las condiciones para que dicha adaptación metodológica fuese exitosa, esta no se había producido con la antelación suficiente debido a la falta de necesidad. En este sentido, puede afirmarse que el sistema educativo público se equipararía a otros sistemas públicos como el sanitario.

En general, el alumnado detecta que la digitalización durante el confinamiento bajó significativamente tanto su motivación como la del profesorado, pero sería precipitado achacar esta percepción a causas meramente técnicas o metodológicas, pues es imposible dirimir hasta qué punto la falta de motivación por el aprendizaje también vino motivada por la absoluta falta de movilidad durante dicho periodo. Sería interesante correlacionar el impacto del confinamiento en la salud emocional de la población en general, antes de extrapolar la desmotivación percibida por el alumnado a motivos exclusivamente educativos, ya sean metodológicos o tecnológicos.

Mientras que para el contacto con el profesorado se han utilizado los medios telemáticos oficiales, el alumnado ha preferido el uso de plataformas privadas para el trabajo en grupo, pero de las respuestas obtenidas no se puede establecer si la motivación de esta preferencia responde a la diferencia entre las interfaces o a la necesidad de establecer un entorno privado para la realización de trabajos grupales. En cualquier caso, sorprende que a pesar de la familiarización que por su perfil generacional, el colectivo encuestado tiene con las tecnologías de la comunicación digital, la presencialidad se perciba como elemento esencial del aprendizaje de LE. También sorprende que frente a la amplia oferta de material audiovisual disponible *online*, así como de redes sociales que operan a nivel internacional para la comunicación con hablantes nativos de otros idiomas, la expresión oral y la comprensión auditiva sean las destrezas que el alumnado percibe como más difíciles de trabajar a través de herramientas digitales. Que el alumnado demuestre autonomía en la búsqueda de materiales docentes *online* pero no demuestre iniciativa para practicar las destrezas comunicativas en un entorno real, es indicativo de que no percibe su proceso de aprendizaje en el marco de una comunicación real, sino orientado a satisfacer los criterios de evaluación establecidos en cada caso.

A pesar del notable incremento de la comodidad que supone para el alumnado el seguimiento *online* de las asignaturas de LE, dicha comodidad no supone —como cabría esperar— un aumento ni de la motivación ni de la atención entre el alumnado. Cuando este dato se une al hecho de que, a pesar del aumento en el uso y la facilidad de la comunicación en el entorno digital, el alumnado se ha sentido más desconectado no solo de sus compañeros, sino de la realidad en general, se abre la puerta a la reflexión sobre la importancia de la fisicalidad en el aprendizaje de LE, así como del uso de contextos comunicativos reales que impriman significado al aprendizaje de LE con un propósito comunicativo. Es esta significación lo que podría estar condicionando los niveles de motivación y atención del alumnado, por encima del posible atractivo estético y audiovisual que viene siendo tendencia en la adaptación de materiales para la docencia *online*.

Los porcentajes de valoración de los sistemas de evaluación *online* durante el confinamiento son aceptablemente positivos en las respuestas a preguntas cerradas, de lo que se podría deducir que las valoraciones negativas obtenidas como respuesta a la pregunta abierta corresponden al 30 % de la valoración negativa cuantitativa. Correlacionar estos porcentajes con los resultados de rendimiento y éxito del alumnado podría clarificar la posible existencia de motivaciones personales tras estas estadísticas con el fin de establecer criterios de análisis objetivos.

En general, el estudio refleja una valoración negativa del proceso de aprendizaje de LE en un entorno digital durante el confinamiento, pero es difícil desligar esta apreciación del resto de procesos subjetivos relacionados con la salud emocional y social del alumnado en situación de privación de movilidad y de socialización entre iguales, a los que se unen la ansiedad y el estrés generados por la incertidumbre en todos los aspectos de la vida que trajo la situación de pandemia. De la percepción del alumnado también se evidencia de manera indirecta que la brecha intergeneracional no es solo digital en cuanto a competencias de uso, sino en cuanto a perfil social. Impacta especialmente la falta de empatía social del alumnado y su falta de distancia crítica no solo respecto al potencial de su propia agentividad en el aprendizaje, sino de la relevancia del contexto histórico y social en que este se configura a la par que desarrollan su subjetividad individual. Que también esto sea efecto de la pandemia o un problema de mayor calado estructural, debería quizás marcar la dirección de futuros análisis.

Ana Chapman
Universidad de Málaga

Carmen Hidalgo-Varo
Universidad de Granada

Capítulo VIII: El aprendizaje de lenguas extranjeras en el contexto de la COVID-19 en la Universidad de Málaga

1. INTRODUCCIÓN

La crisis sanitaria mundial que estamos viviendo se ha convertido en una situación excepcional y sin precedentes en el que todos los ciudadanos han tenido que readaptar su rutina, vida laboral, social y familiar. A nivel educativo universitario, tras el decreto de estado de alarma el 14 marzo 2020, las clases tuvieron que trasladarse a un contexto 100 % virtual.

Este trabajo presenta un análisis de los datos recopilados en las distintas facultades de la Universidad de Málaga para reflejar el efecto de la pandemia y el consecuente confinamiento sufrido en España desde el 15 marzo de 2020 hasta la primavera de 2021 (el estudio es hasta el 15 de abril 2021) en la educación de grado en relación con lenguas extranjeras.

1.1. Adaptación de la universidad durante el confinamiento

Durante el confinamiento de la primavera 2020, la Universidad de Málaga (UMA) mantuvo la docencia 100 % virtual. En el caso del inicio del curso 2020–2021, la UMA acordó mantener las clases virtuales o bimodales dependiendo de la capacidad y número de alumnos matriculados. Pese a que se intentó mantener la bimodalidad en las facultades que impartían siguiendo este modo, el escenario cambió con el aumento de la incidencia de la COVID-19 en Málaga el 10 noviembre del 2020 y hasta el 19 de abril del 2021. El cuestionario creado por Acosta y García fue adaptado en nuestro caso, para especificar un poco más el efecto del confinamiento total de la primavera del 2020 y el inicio del curso académico 2020–2021 para evitar confusión del alumnado.

Tras el comunicado de los rectores andaluces sobre las medidas adoptadas por motivo del estado de alarma, la universidad reaccionó de manera rápida y efectiva. En particular, el Servicio de Enseñanza Virtual y los Laboratorios Tecnológicos supieron responder excepcionalmente rápido a todas las consultas del profesorado.

En nuestro caso, la plataforma Moodle usada en la UMA, "Campus Virtual", fue readaptada para las necesidades y demandas del momento. El 18 de marzo del 2020, los docentes de la UMA recibieron una serie de recomendaciones y guías para desarrollar la actividad docente de forma no presencial. El Servicio Central de Informática (SCI) organizó seminarios para los docentes de la UMA sobre las distintas herramientas que podían ser usadas para impartir clases (Seminario Virtual B: BBC, Google Meet, Microsoft Teams) para los días 23, 24 y 25 de marzo del 2020. Además, se abrió un espacio con tutoriales para el profesorado junto con foros para que los docentes pudieran compartir sus experiencias o dudas.

Por otro lado, la Universidad de Málaga ofreció, a través de Acción social UMA, ayudas al alumnado que tuviera una mala conexión a internet o no tuviera un ordenador para seguir las clases. Desde el Vicerrectorado de Igualdad, Diversidad y la Acción Social (VIDAS) se trabajó en la puesta en marcha, desarrollo y la clasificación de recursos para la comunidad universitaria (Universidad de Málaga, 2020a).

> Se habilitaron los ordenadores de las Aulas TIC de los centros para poder ser utilizados remotamente por el alumnado, llegando a conectarse unos 1000 equipos. Además, se añadieron a esta cantidad los 300 ordenadores virtuales que utilizan infraestructura de EVLT, así como los 200 que usan infraestructura del SCI. Con ello, se llegó a un total de casi 1500 ordenadores remotos disponibles. El resto de servicios al alumnado de la Universidad se traspasaron completamente *online* (Universidad de Málaga, 2020b, p. 27) El Vicerrectorado de Estudiantes abrió un procedimiento de préstamo de ordenadores que garantizase la disponibilidad tecnológica del alumnado. Para acceder al préstamo, los estudiantes interesados realizaron sus peticiones en sus diferentes centros. La UMA, en colaboración con el Servicio Central de Informática, remitió equipos informáticos a sus lugares de residencia. En total se prestaron 129 ordenadores entre el alumnado (Universidad de Málaga, 2020b, p. 42).

2. METODOLOGÍA

2.1. Adaptación del cuestionario y difusión

En el estudio realizado en la UMA hemos intentado evitar las adaptaciones lo máximo posible para que pudiera ser instrumento de investigación en una comparativa sin muchas variables a nivel nacional, solo se realizaron las modificaciones ya mencionadas (traducción e hincapié en el periodo que se hacía referencia en la pregunta). Otras modificaciones incluyen la adaptación del cuestionario a las características particulares de la UMA (plataformas usadas, facultades donde se imparten lenguas extranjeras, etc.).

El cuestionario original, diseñado por Acosta y García estaba estructurado para que se pudiera apreciar las distintas experiencias sufridas por la COVID-19 en la enseñanza universitaria. Aun así, decidimos especificar períodos a los que el cuestionario se refería ya que, dependiendo de la facultad, algunos cursos siguieron un sistema bimodal y otros fueron 100 % *online*. Asimismo, se ha de tener en cuenta que la preparación y recursos habilitados para las distintas etapas vividas por la COVID-19 pueden condicionar los resultados.

2.2. Métodos de análisis

En el presente estudio, hemos aplicado un análisis tanto cuantitativo (aportando los resultados estadísticamente como fuente para generalizaciones y parte conclusiva) como cualitativo (en su naturaleza interpretativa y reflexiva) en el presente objeto de estudio sobre el aprendizaje de lenguas extranjeras durante el confinamiento y periodo pandémico. Desde un punto de vista cuantitativo, el interés de los instrumentos usados es presentar los resultados (y las posibles variables) de una manera objetiva analizando las respuestas a las preguntas cerradas para luego dar cabida a un enfoque cualitativo donde los resultados se analizan (tanto las preguntas de respuesta cerrada como las de respuesta abierta) con una mirada reflexiva sobre posibles adaptaciones o mejoras en un contexto virtual para el aprendizaje de lenguas extranjeras. El enfoque de carácter mixto pretende crear un espacio para la reflexión y el aprendizaje de esta situación sin precedentes para la comunidad universitaria y para cualquier investigación futura al respecto.

3. ANÁLISIS DE LOS RESULTADOS

3.1. Características de los participantes

Este cuestionario se lanzó el 17 de diciembre de 2020 y estuvo activo hasta el día 15 de abril de 2021. Durante ese período de tiempo se recogieron un total de 110 respuestas. El mayor porcentaje de participación procede de estudiantes del Grado en Estudios Ingleses, que representan el 43,6 %, seguido del Grado en Enfermería y del Grado Educación Primaria y Estudios Ingleses, ambos representando un 11,8 %. El resto de grados se encuentra entre el 10 % y el 0,9 % de participación. Estos datos reflejan la variedad de grados implicados en la enseñanza de idiomas, no solo dentro del ámbito de las lenguas, sino también en otros más alejados de este, como las ingenierías. Dentro de la variedad de lenguas extranjeras que ofrece la UMA, hay tres idiomas que destacan entre los elegidos por las participantes de este cuestionario: el inglés (85,5 %), el francés (40 %) y el italiano (13,6 %).

Las edades y los géneros de los participantes con mayor porcentaje se corresponden con el perfil del alumnado de estos grados, con lo cual de estos datos no se desprende ninguna conclusión significativa. El mayor porcentaje de estudiantes se encuentra entre las edades de 18 a 23 y, teniendo en cuenta el género, hay un mayor porcentaje de personas del género femenino.

En lo referente a la vivienda, las respuestas de los participantes muestran que, durante el período no lectivo, la gran mayoría de ellos reside en la provincia de Málaga (39,1 %) o en la ciudad de Málaga (37,3 %). Durante el período de clases, el lugar de residencia habitual más común es el domicilio familiar (58,2 %), seguido por los pisos compartidos (32,7 %). A su vez, durante el período de confinamiento, la mayor parte de los estudiantes ha residido en su domicilio familiar (90,9 %).

Analizando las respuestas a las preguntas sobre aparatos tecnológicos e internet, más del 90 % de participantes ha respondido que poseen un dispositivo de uso propio y que han podido disponer de wifi en ese domicilio familiar. Además, el 46,4 % ha indicado que los ingresos mensuales de su familia se encuentran entre 1000 y 2000 euros. Dentro del período de confinamiento, el 59,1 % de los participantes ha indicado que han estado acompañados por familiares que no realizaban teletrabajo, mientras que un 40 % han estado acompañados por familiares que sí trabajaban desde casa, con un porcentaje de 6,4 % acompañados por compañeros de piso.

3.2. Sobre la motivación para aprender

En este apartado de la encuesta se les ha preguntado a los participantes sobre la motivación en diferentes ámbitos: su motivación personal en relación con sus estudios y cómo esta ha sido afectada por el confinamiento, la motivación que perciben de sus docentes, qué factores han podido influir en su motivación, etc.

La primera pregunta de esta sección trata el nivel de motivación de los estudiantes antes de la pandemia. En general, los alumnos muestran un alto nivel de motivación: un 43,6 % de los participantes ha respondido que está bastante motivado, mientras que un 29,1 % indica que está medianamente motivado. Sin embargo, cuando se hace esta misma pregunta, pero en relación con el confinamiento, las respuestas varían considerablemente: el mismo porcentaje del alumnado que en la pregunta anterior indicaba que estaba medianamente motivado (29,1 %), ha respondido que no está nada motivado. Un 36,4 % dice estar poco motivado, mientras que tan solo un 9,1 % se siente bastante motivado. Estos porcentajes reflejan con claridad el efecto negativo que ha tenido el confinamiento en los estudiantes.

A los participantes de este cuestionario también se les ha preguntado por sus docentes de lengua extranjera y su nivel de motivación. Al igual que en las preguntas anteriores, se ha tenido en cuenta el nivel de motivación antes y durante el confinamiento. El 40 % de los alumnos indica que el nivel de motivación de sus docentes es bastante alto, y un 27,3 % cree que el nivel ha sido medianamente alto. En cambio, al preguntar sobre el período de confinamiento, las respuestas están más divididas: un 29,1 % indica que los docentes han estado medianamente motivados, un 21,8 % los han percibido bastante motivados, un 20 %, poco motivados, un 17,3 %, muy motivados, y un 11,8 %, nada motivados.

Junto con la motivación, los participantes también han sido preguntados por los factores que creen que han influido en mayor medida en su motivación (en esta pregunta se podían marcar hasta tres opciones). Las dos respuestas más extendidas entre los participantes, ambas con un 56,4 %, han sido la dificultad para mantener una rutina y las distracciones en el domicilio. Un 53,6 % indica que la desorganización del profesorado ha influido en su motivación durante el confinamiento, mientras que un 44,5 % señala la falta de comunicación con los profesores. El 40,9 % ve la falta de contacto con los compañeros como un factor de impacto en su motivación. La soledad, otro factor muy importante, representa un 28,2 % de las respuestas.

Las tres últimas preguntas de este apartado piden a los participantes que indiquen en qué grado están de acuerdo con tres afirmaciones. Con la primera afirmación, la cual habla del trabajo individual y la organización del tiempo ("durante el período de clases a distancia, prefiero trabajar de manera individual porque así organizo mejor mi tiempo"), un 35,5 % de participantes está totalmente de acuerdo, un 27,3 % bastante de acuerdo, y un 20 % medianamente de acuerdo. Estas respuestas reflejan que, en general, los alumnos, en lo referente a las clases a distancia, prefieren trabajar individualmente.

La segunda afirmación, "en las clases de lenguas extranjeras a distancia echo de menos la interacción con los compañero", ha obtenido una respuesta más unánime: el 42,7 % ha indicado que está totalmente de acuerdo con esta afirmación. Asimismo, el 22,7 % y el 20 % han marcado que están bastante de acuerdo y medianamente de acuerdo con esta afirmación, respectivamente. Estos resultados reflejan que la interacción cara a cara con los compañeros de clase es un factor que tiene un impacto positivo en la motivación del alumnado, aunque no todo el mundo lo prefiera o lo vea como un factor indispensable en relación con su motivación.

La tercera y última cuestión de este apartado está relacionada con la anterior, ya que pregunta sobre la realización de actividades en parejas/grupos: "en las clases de lenguas extranjeras a distancia echo de menos poder seguir realizando actividades en parejas/grupos". Sin embargo, las respuestas a esta afirmación han sido más variadas: tan solo un 19,1 % está totalmente de acuerdo, mientras que el 24,5 % está poco de acuerdo. El 27,3 % de los participantes ha marcado medianamente de acuerdo, y el 20 %, bastante de acuerdo. La gran variedad de respuestas refleja que no todos los alumnos consideran la interacción en parejas/grupos como un factor esencial para su motivación.

3.3. Sobre las herramientas para el aprendizaje

En este apartado, se les ha preguntado a los participantes sobre las diferentes herramientas que los docentes han utilizado durante el período de confinamiento y si creen que han sido útiles o no para facilitar su aprendizaje de una lengua extranjera.

De acuerdo con las respuestas obtenidas, las herramientas más utilizadas han sido los materiales subidos al campus virtual (87,3 %), las clases en *streaming* (63,6 %) y los foros en el campus virtual (43,6 %). Dentro de las diferentes opciones, el 80 % de los participantes ha elegido los materiales subidos al campus virtual como la herramienta de mayor utilidad para el aprendizaje de lenguas extranjeras. En cambio, el 54,5 % ha elegido los foros en el campus virtual como la herramienta de menor utilidad utilizada durante el confinamiento. El 36,4 % de participantes ha indicado que estas herramientas las han ayudado medianamente a mantener el contacto con los docentes, mientras que el 31,8 % dice que han sido de bastante utilidad. Tan solo un 1,8 % ha sentido que no los han ayudado en nada.

En lo referente a las destrezas lingüísticas, el 60 % de los participantes ha marcado la expresión oral como la destreza que más difícil ha sido de trabajar durante el confinamiento y con las herramientas digitales disponibles, mientras que un 54,5 % indica la comprensión auditiva. Por el contrario, cuando se pregunta por las destrezas o componentes de lengua que se han trabajado correctamente en las mismas circunstancias, las respuestas son más variadas: un 26,4 % ha marcado la gramática, un 23,6 % el vocabulario, y un 17,3 la expresión oral. Estos datos reflejan que no todos los alumnos han encontrado las mismas dificultades y facilidades a la hora de estudiar una lengua extranjera durante el confinamiento. Por último, se ha preguntado a los participantes sobre las herramientas que ellos más han utilizado para estar en contacto con el resto de la clase. Las dos más utilizadas han sido Meet (65,5 %) y WhatsApp (63,6 %).

3.4. Sobre el profesorado

Este apartado pregunta a los participantes sobre diferentes aspectos relacionados con el profesorado y cómo consideran que ha sido el contacto con este durante el confinamiento.

Durante el período de confinamiento, el correo electrónico (85,5 %), junto con las clases por videoconferencia (57,3 %), han sido las herramientas más utilizadas para mantener el contacto con los profesores. Con la afirmación "durante el período de clases a distancia, tengo menos reparo a la hora de hacerle llegar mis dudas y dificultades al docente que si la clase fuera presencial", el 28,2 % está medianamente de acuerdo, un 23,6 % está bastante de acuerdo, y tan solo un 17,3 % está totalmente de acuerdo. Estos datos esbozan una cierta tendencia a preferir preguntar a través de un medio electrónico. En lo referente a las respuestas de los docentes, el 58,2 % de los participantes opina que han sido rápidas, mientras que tan solo un 20 % indica que han sido lentas.

Cuando se les pregunta a los participantes sobre la atención de los docentes durante el período de confinamiento, las respuestas son más diversas: el 32,7 % opina que han estado bastante involucrados, el 31,8 %, medianamente involucrados, el 17,3 % creen que han estado muy involucrados, el 14,5 %, poco involucrados, y tan solo el 3,6 % piensa que no han estado nada involucrados. La lectura de estos datos expresa que tal vez el nivel percibido por los alumnos dependa de cada docente, aunque por regla general todos están satisfechos con la atención recibida. A la pregunta sobre la transformación y adaptación de las clases a la modalidad *online*, el 37,3 % de los participantes opina que los docentes han estado bastante involucrados, el 33,6 %, medianamente involucrados, el 14,5 %, muy involucrados, y el 12,7 % cree que han estado poco involucrados.

Las respuestas a la afirmación "los profesores han preparado materiales nuevos para impartir clases *online*", han sido más variadas: un 32,7 % está medianamente de acuerdo, un 25,5 % está poco de acuerdo, un 22,7 % está bastante de acuerdo, un 10,9 % está totalmente de acuerdo, y un 8,2 % no está nada de acuerdo. Asimismo, a la siguiente afirmación, "los docentes de lenguas extranjeras de la UMA tienen la formación necesaria para impartir sus clases de idiomas *online*", los respuestas de los participantes han estado más divididas: el 32,7 % indica que está medianamente de acuerdo, un 27,3 % opina que está bastante de acuerdo, un 19,1 %, totalmente de acuerdo, un 13,6 %, poco de acuerdo, y un 7,3 % no está nada de acuerdo. En relación con la anterior afirmación, la última cuestión pregunta a los alumnos sobre el dominio de las tecnologías que consideran que tienen sus docentes: en una escala de 1 a 5 (en la que 1 es la menor competencia, y 5 la mayor), el 22,7 % ha marcado el 5, indicando así el mayor grado de dominio, el 37,3 % ha optado por el 4, el 27,3 % considera que el dominio tecnológico de sus profesores que se encuentra en un 3, el 9,1 % ha marcado el 2, y tan solo un 3,6 % cree que los docentes no tienen ningún dominio tecnológico.

3.5. Sobre los resultados de aprendizaje de lenguas extranjeras

La última parte de esta encuesta se centra en analizar los resultados y las impresiones que los alumnos han obtenido tras enfrentarse a un aprendizaje *online* de lenguas extranjeras.

Los participantes han marcado las siguientes opciones como las tres mejores ventajas de estudiar una lengua extranjera a distancia: la comodidad de trabajar desde casa (84,5 %), el mayor uso de las nuevas tecnologías (40,9 %) y la autonomía en el aprendizaje (36,4 %). Las respuestas a esta pregunta han sido bastante unánimes; sin embargo, al preguntarles sobre los inconvenientes, las respuestas han estado mucho más divididas: el gran inconveniente señalado por las participantes es la pérdida de motivación (52,7 %), junto con la falta de concentración al tener distracciones en casa (50 %). Las demás opciones proporcionadas en la pregunta (soledad, desorganización por mi parte, desorganización por parte del profesorado, la adquisición de contenidos resulta más difícil, la pérdida de contacto con los compañeros y las compañeras, excesiva dependencia tecnológica, problemas con los equipos informáticos o conexión) se encuentran entre el 25 % y el 40 %. La única opción que aparentemente no ha sido un inconveniente es el acceso a recursos bibliográficos (7,3 %).

En la siguiente cuestión, los participantes han indicado que la impartición de clases de lenguas extranjeras a distancia dificulta la participación en clase y el aprovechamiento de la asignatura porque es más fácil descolgarse del ritmo de clase (63,3 %). El 12,7 % indica que estas dificultades residen en los requisitos técnicos necesarios para seguir las clases. Un 23,6 %, en cambio, indica que favorece la participación en clase y el aprovechamiento de la asignatura. En relación con las asignaturas en sí, el vocabulario (53,6 %) y la gramática (49,1 %) han sido elegidas por las participantes como los dos aspectos que resultan más fáciles de practicar desde casa. En cambio, cuando se hace esta misma pregunta, pero resaltando la dificultad, las dos destrezas más elegidas son la comprensión auditiva (56,4 %) y la expresión oral (67,3 %).

Tal como los participantes indican, los tres medios de evaluación más frecuentes durante el confinamiento han sido los exámenes tipo cuestionario en el campus virtual (81,8 %), la entrega de un trabajo individual (71,8 %) y la entrega de un trabajo colectivo (60,9 %). En relación con los medios de evaluación, se les ha preguntado por la siguiente afirmación: "los medios de evaluación utilizados han reflejado con claridad mi nivel de competencia en la lengua extranjera". A esto, tan solo un 3,6 % ha respondido que está totalmente de acuerdo, un 25,5 % está bastante de acuerdo, un 41,8 % está medianamente de acuerdo, un 20,9 % está poco de acuerdo, y un 8,2 % no está nada de acuerdo.

A la afirmación "las clases de lenguas extranjeras durante el confinamiento han dejado muchas carencias y dificultan la continuidad del curso", el 20 % de las participantes indica que están totalmente de acuerdo, un 21,8 % está bastante de acuerdo, un 28,2 % está medianamente de acuerdo, un 24,5 % está poco de acuerdo, y un 5,5 % no está nada de acuerdo. Como se puede observar, estas respuestas han sido más variadas. La última afirmación de este bloque pregunta a los alumnos si están satisfechos con su rendimiento durante el periodo de clases a distancia hasta la fecha: tan solo el 11,8 % indica que está muy satisfecho, un 29,1 % dice estar bastante satisfecho, el 31,8 % está medianamente satisfecho, un 13,6 % se encuentra poco satisfecho, y el 13,6 % no está nada satisfecho.

Estas respuestas, junto con las anteriores, reflejan que el alumnado en general no está muy contento con la situación académica a la que se ha tenido que enfrentar debido a la situación de emergencia sanitaria. La motivación ha sido afectada en gran medida, y esto ha tenido consecuencias negativas en la satisfacción y el rendimiento de los alumnos.

3.6. Respuesta libre

En la sección 6, el alumnado ha tenido la oportunidad de incluir su opinión sobre cualquier aspecto relacionado con el aprendizaje de lenguas extranjeras durante el periodo de confinamiento y la posterior adaptación al curso 2020–2021 en plena pandemia. Con un total de 25 respuestas libres, destacamos aquí los aspectos más relevantes aportados en esta sección.

En general, las respuestas libres demuestran cómo el alumnado se posiciona sobre la importancia de la presencialidad, aunque la semipresencialidad es una opción que sí consideran válida. Varias respuestas reflejan la dificultad que el alumnado tuvo para mantener la concentración y poder seguir de manera adecuada las clases *online*, bien por falta de concentración, motivación u organización del docente. Otro aspecto que se refleja es la dificultad de organizarse para una mayor eficacia del uso del tiempo para su propio aprendizaje. Se puede extraer de varias respuestas, que la falta de motivación puede ser resultado del contexto pandémico en el que vivimos donde nuestras relaciones sociales e interacciones con otros se han visto reducidas significativamente y no únicamente por el modelo de enseñanza bimodal o 100 % virtual.

Existen respuestas que reflejan la cantidad de tareas que se han incorporado como sustitución del examen final y cómo estas han causado un efecto de esfuerzo mayor en horas de trabajo para poder entregarlas satisfactoriamente.

Además, se menciona la comodidad que ofrecen las clases *online* ya que se evitan desplazamientos diarios y de domicilio. Aun así, se hace referencia sobre la importancia y la necesidad del alumnado de tener un contacto presencial donde transmitir las dudas o trabajar aspectos de las destrezas orales.

Con respecto a los profesores, ha habido opiniones que reflejan la baja empatía de algunos (por propia desmotivación o por el distanciamiento virtual) y comentarios que alababan el esfuerzo y compromiso del profesorado en sus sesiones.

4. CONCLUSIONES Y DISCUSIÓN

Las respuestas obtenidas en este cuestionario nos dan la oportunidad de analizar los efectos negativos y positivos que esta pandemia ha causado en la enseñanza de lenguas extranjeras. Uno de los aspectos claves analizados en el presente informe es la presencialidad. Tras analizar las preguntas cerradas y abiertas, se puede llegar a la conclusión de que la presencialidad es importante pero no completamente necesaria al 100 %. La presencialidad es necesaria ya que somos seres sociales y requerimos tener algún contacto humano. Sin embargo, la semipresencialidad parece ser la solución más adecuada para intentar paliar los efectos negativos que la pandemia tiene sobre la enseñanza o incluso en circunstancias donde sea necesaria. Como indican algunas personas dentro de las respuestas libres, la semipresencialidad tiene dos grandes ventajas: la comodidad de poder dar clase desde el domicilio, pero también la oportunidad de asistir a algunas clases presenciales y así mantener el contacto con el docente y los compañeros. Además, también podría ser una solución para la falta de organización y motivación que algunos participantes destacan. Tal vez sea necesario adecuar tanto a docentes como alumnado con las herramientas necesarias para poder gestionar el tiempo de manera adecuada durante los períodos de clases no presenciales.

La organización y la motivación del alumnado son otros aspectos para destacar en este cuestionario. Como indican algunas personas, la pandemia ha afectado considerablemente a su nivel de motivación y, consecuentemente, a su nivel de productividad y organización. Es por ello que, teniendo en cuenta este factor, y para conseguir un mayor rendimiento por parte tanto del alumnado como del profesorado, se requeriría una organización y preparación previa ya que la situación actual ha dejado a ambas partes en un contexto nuevo donde aún seguimos experimentando. La falta de experiencia y los continuos cambios que el ámbito universitario ha sufrido han dificultado la seguridad y seguimiento de los métodos, contenidos, tareas, etc.

Otra mejoría para tener en cuenta sería conocer con más detalle (con la experiencia que ya hemos ganado durante el 2020 y 2021) la cantidad de tareas y la efectividad que estas tareas tienen en el proceso de aprendizaje. Este cambio ayudaría por igual a docentes y alumnos: aliviaría un poco la carga de trabajo de ambas partes, lo que ayudaría a la organización del tiempo y al aprovechamiento de las actividades y tareas que realmente son beneficiosas para el aprendizaje de una lengua extranjera.

Tras analizar todas las respuestas a este cuestionario, está de manifiesto que todavía quedan ciertos aspectos que pulir para poder alcanzar una docencia medianamente provechosa para profesorado y alumnado. Sin embargo, es importante tener presente que esta pandemia no solo afecta a cuestiones técnicas en la docencia, sino también a aspectos sociales y psicológicos tanto de profesores como de alumnos. Para poder llevar a cabo una adecuada adaptación de las clases a la modalidad semipresencial, hay que tener en cuenta la carga mental que la situación de emergencia sanitaria ha provocado en las personas y que, irremediablemente, esa carga mental impide desarrollar un aprendizaje efectivo.

5. REFERENCIAS

Universidad de Málaga (2020a). UMA Saludable. https://www.uma.es/uma-salud/info/123058/covid-19/

Universidad de Málaga (2020b). La UMA ante la COVID-19. https://www.uma.es/media/files/LA_UMA_ANTE_LA_COVID-19_hFOrgb6.pdf

María Mar Soliño Pazó
Universidad de Salamanca

Capítulo IX: Informe de la Universidad de Salamanca sobre el aprendizaje de lenguas extranjeras durante el confinamiento

1. INTRODUCCIÓN

El jueves 12 de marzo de 2020, en una rueda de prensa del vicepresidente y portavoz del Gobierno de la Junta de Castilla y León, el Sr. Francisco Igea, anuncia la suspensión de todas las actividades lectivas presenciales con el fin de frenar la curva de contagios en la comunidad. Se toma esta decisión como una cuarentena social y se ratifica esta medida, el sábado 14 de marzo, mediante la declaración del estado de alarma en España y publicándose ese mismo día en el BOE, para la gestión de la situación de la crisis sanitaria ocasionada por la COVID-19. Es a partir del mismo jueves por la tarde con la suspensión de las actividades lectivas presenciales que la Universidad de Salamanca (USAL) se prepara para trasladar su docencia presencial a una *online*, por lo que desde ese mismo momento fortalece su plataforma *online* y delinea un documento para la adaptación de la docencia de los grados y másteres a la situación excepcional provocada por la COVID-19 durante el curso académico 2019/20. Este documento se perfiló durante los primeros días de confinamiento, con el fin de que el día 16 los responsables de las asignaturas, además de adaptar su docencia, cambiaran mediante adendas la modificación de las fichas de sus asignaturas e informaran de ello a los órganos académicos responsables de las enseñanzas oficiales de Grado, esto es, los encargados de organizar y supervisar las actividades docentes que se reflejan en las guías académicas que se publican en el mes de junio en la web institucional. Asimismo, cada responsable de una asignatura tuvo que enviar la correspondiente "ficha" (programación docente) con las modificaciones a los departamentos, con el fin de que hubiera una mayor transparencia y coordinación.

Los responsables de los centros, esto es los decanatos, junto con los coordinadores de los grados, tuvieron que elaborar, hasta el 23 de abril de 2020, un catálogo de asignaturas, por titulaciones, en las cuales se señalaban aquellas asignaturas que exigían presencialidad (como por ejemplo, prácticas en empresas), con el fin de proponer soluciones para llevar a cabo la docencia y la evaluación de esas materias, cumpliendo siempre con las recomendaciones sanitarias del estado de alarma. En el caso de las áreas sanitarias y sus prácticas se estudió la posibilidad de prestar ayuda como voluntarios durante la crisis sanitaria o involucrándose en la realización de materiales sanitarios (p. ej. en el campus de Zamora o Béjar, realizando respiradores con impresoras de 3D).

La coordinación tanto horizontal como vertical funcionó de manera coherente y fluida. Dentro de estas adaptaciones se solicitó a todo el personal docente que respetaran las necesidades de conciliación de la vida familiar y laboral, con el fin de no alterar las medidas de confinamiento, así pues, se respetó el horario académico en su totalidad. Las tutorías se mantuvieron de manera telemática como una actividad regular y se invitó a los alumnos a que vía correo electrónico solicitaran las tutorías. Por tanto, estas se realizaron, bien vía electrónica, o bien por videoconferencia.

Las cuatro universidades de Castilla y León elaboraron un documento sobre evaluación no presencial que contenía información exhaustiva de los instrumentos a emplear en la evaluación no presencial: programación de una prueba *online* con participación simultánea de la totalidad de los estudiantes de una asignatura durante un periodo de tiempo limitado a través de la plataforma. En el caso de la USAL a través de Studium, así pues, los docentes tenían que solicitar con antelación a los responsables de la administración de la plataforma Studium, e informar al Decanato y al Vicerrectorado competente, la fecha y la franja horaria prevista para la realización de sus pruebas, con el fin de que los responsables de Studium pudieran prever todo con antelación.

Sin embargo, en este informe no nos hemos volcado en la totalidad de la adaptación de todas las titulaciones, sino que nos hemos centrado en lo que ha ocurrido entre los universitarios de la USAL que estaban entonces, esto es durante el curso académico 2019/2020, en el proceso de aprendizaje de lenguas extranjeras en la USAL. A través del informe que presentamos aquí y ahora hemos podido analizar lo que ocurrió con los universitarios en sus contextos familiares de confinamiento y sus repercusiones en el aprendizaje. La tipología de sus hogares y de los recursos que unos y otros estudiantes han tenido a su disposición para aceptar y seguir una enseñanza virtual a distancia.

El informe se evidenció a través de un procedimiento cuantitativo, empleando la técnica del cuestionario, que ayudó a determinar cómo, dónde y a quién afectó más este cambio de enseñanza presencial a enseñanza virtual. Presentamos aquí los resultados, sin discutir las bondades y el apoyo de la enseñanza telemática *online* en el aprendizaje de lenguas extranjeras en la USAL, aunque sí, haciendo uso del *spoiler*, se ha visto un incremento de las desigualdades educativas existentes del alumnado en los centros educativos de enseñanza presencial.

2. ANÁLISIS DE LOS RESULTADOS

2.1. Dónde se ha aplicado el estudio y características de los informantes

El estudio se ha aplicado en la Facultad de Filología y en la Facultad de Ciencias de la Educación de la Universidad de Salamanca. La encuesta fue lanzada a través del Vicerrectorado de Estudiantes y Sostenibilidad de la USAL hacia estos centros y se configuró una muestra de 77 participantes. Los estudiantes que participaron en la muestra lo hicieron de forma voluntaria y completamente anónima y sus características son las siguientes: mayoritariamente entre 18 y 23 años (85 %), mayoritariamente de sexo femenino 80,5 % (solo un 19,5 % masculino), un 48,1 % con domicilio fuera de Castilla y León (un 29,9 % de Castilla y León en general y un 22,1 % concretamente de Salamanca).

El 70,1 % pasó el confinamiento en su domicilio familiar. Los datos nos indican, por tanto, que un 51,9 % ha estado acompañado de su familia durante el confinamiento, aunque un 67,5 % vive mayoritariamente en Salamanca, bien en piso compartido (54,5 %), o bien en una residencia de estudiantes (13 %). Sin embargo, hay que tener en cuenta que solo un 24,7 % vive durante los estudios en el domicilio familiar y la mayoría vive en pisos compartidos (54,5 %). La distribución por renta de la muestra no es muy relevante porque no tenemos muestra de la distribución de formación de la composición familiar directa, pero sí es relevante la tipología y las características de los hogares donde viven los universitarios de la muestra: un 42,9 % tiene aproximadamente ingresos mensuales entre 1000 y 2000 euros, un 29,9 % tiene unos ingresos mensuales de 1000 euros o menos, y un 27,3 % arroja que tiene unos ingresos mensuales familiares de más de 2000 euros.

Los informantes provienen de las siguientes titulaciones oficiales de grado: Estudios Ingleses (18 participantes - 23,4 %), Estudios de Asia Oriental (17 participantes - 22,1 %), Filología Hispánica (10 participantes - 13 %), Lengua, Literatura y Culturas Románicas (6 participantes - 7,8 %), Estudios Alemanes (5 participantes - 6,5 %), Estudios Italianos (5 participantes - 6,5 %), Filología Clásica (4 participantes - 5,2 %), Estudios Portugueses y Brasileños (2 participantes - 2,6 %), Estudios Árabes e Islámicos (2 participantes - 2,6 %), Estudios Franceses (1 participante - 1,3 %), y 7 participantes de Magisterio (un 9,1 %).

Es muy significativa la tipología de los hogares con los recursos tecnológicos disponibles que poseen y la conexión a internet, pues de la muestra se pondera claramente que un 96,1 % tiene wifi en sus domicilios y solo un 1,3 % tiene conexión a internet a través de su dispositivo móvil. Los datos arrojados en la encuesta proporcionan pistas sobre el uso de internet y la disponibilidad de dispositivos electrónicos en los hogares de nuestros universitarios. El 98,7 % sí que tiene un dispositivo electrónico y conexión a internet (internet 96,1 %); concretamente solo un 1,3 % no ha tenido conexión a internet, y un 4,6 % (4 participantes) han tenido que compartir internet con otros en el hogar.

Para este informe en realidad no era tan relevante la lengua extranjera que estudiaban durante el curso académico 2019/2020, sino cómo había sido el proceso de enseñanza y aprendizaje, aun así, es importante hacer un pequeño apunte al respecto: un 35,1 % estudiaba lengua inglesa, un 31,2 % lengua italiana, un 22,1 % lengua francesa, un 18,2 % lengua alemana y lengua japonesa, un 16,9 % lengua china, un 13 % lengua portuguesa y lengua coreana. La lengua neerlandesa, lengua rumana, lengua árabe y la lengua griega moderna ocupaban durante el confinamiento un porcentaje bajo, entre el 5,2 % y el 1,3 %.

2.2. Sobre las herramientas de aprendizaje

Antes de adentrarnos en el estudio de la motivación de la población de la muestra, en el estudio sobre el profesorado y sobre los resultados de aprendizaje, queremos prestar atención a la valoración de las herramientas empleadas por parte de los docentes. Y aquí los datos han reflejado que un 75,3 % de las herramientas que más se han empleado durante el confinamiento han sido las clases sincrónicas por Teams, Zoom, Google Meet o Blackboard, sorprende igualmente que un elevado número (67,5 %) se haya inclinado por "materiales subidos a la plataforma", en nuestro caso a Moodle. También destacan las grabaciones propias de los docentes (un 26 %), los cuestionarios Moodle (un 24,7 %) u otras grabaciones en canales o repositorio (un 9,1 %) y en menor medida han influido los foros en Moodle (un 7,8 %). Se constata, por tanto, que las herramientas que más destacan los participantes para el aprendizaje de lenguas extranjeras durante el confinamiento y mejor valoradas han sido las clases síncronas mediante plataformas como Teams, Zoom, Google Meet o Blackboard (71,4 %), seguidas por materiales subidos a la plataforma Moodle (48,4 %) y en menor grado, los estudiantes piensan que les ha servido de bien poco los foros en Moodle (un 2,6 %). Llama la atención que no hayan valorado estos encuentros en la plataforma para el aprendizaje de lenguas extranjeras y sería interesante valorar el motivo, para ello habría que hacer un estudio cualitativo, que no se hizo a través de la encuesta en relación con esta cuestión.

La ponderación de las destrezas lingüísticas o componentes de lengua consideradas especialmente difíciles durante la docencia *online* ha sido en este orden: la expresión oral (77,9 %), la comprensión auditiva (46,8 %), la competencia cultural (22,1 %), la expresión escrita (20,8 %), el dominio gramatical (19,5 %), la comprensión lectora (15,6 %) y el vocabulario (7,8 %). En la Figura 1 se puede ver claramente que la destreza que los informantes consideran que mayormente han podido trabajar con las herramientas empleadas durante la docencia y el consiguiente aprendizaje *online* han sido, en este orden: la gramática (39 %), el vocabulario (22,1 %), la comprensión lectora, la expresión escrita, la competencia cultural, la expresión oral y, en último lugar, la comprensión auditiva. No sabemos si ha sido porque el docente ha usado menos la lengua extranjera a aprender o por el motivo que ha sido.

Figura 1: Trabajo de las destrezas y componentes de lengua durante el confinamiento

2.3. Sobre la motivación para aprender

El estudio de la motivación que está integrado en la encuesta supone no solo la valoración de la docencia, sino también implica la activación del recurso cognitivo de los participantes en el muestreo, y está adherido tanto al aprendizaje de las lenguas extranjeras, a la valoración del aprendizaje y al sentimiento de competencia global del aprendizaje de las lenguas extranjeras durante la docencia *online*. Se puede observar que fuera de tiempos de la pandemia los participantes suelen estar muy motivados un 15,6 %, bastante animados un 41,6 %, medianamente motivados un 33,8 %, poco motivados 7,8 % y solo un 1,3 % nada motivados. Sin embargo, analizados los datos vertidos durante la pandemia se ve que son bien diferentes, pues el rango va del medianamente motivados (29,9 %), pasando por el nada motivado (26 %), poco motivado (24,7 %) al bastante motivado (16,9 %), y solo un 2,6 % muestra haber estado muy motivado durante el confinamiento.

Llama la atención pues que durante el confinamiento haya bajado enormemente la motivación por el aprendizaje de las lenguas extranjeras: según los datos arrojados por el cuestionario, se refleja que 12 de los participantes están muy motivados en cuanto al aprendizaje en una situación normal (no pandémica) y durante la pandemia solo dos han estado muy motivados. Nos tendremos que cuestionar ya, por lo pronto, las causas de esta falta de motivación que están reflejados en la premisa "¿Qué factores consideras que han influido decisivamente en tu motivación durante el confinamiento?" y los resultados son concluyentes. Los factores que mayormente han influido en la motivación durante el confinamiento de los participantes han sido los siguientes: la dificultad para mantener una rutina con un 59,7 % (46 participantes); la desorganización del profesorado con un 53,2 % (41 participantes); las distracciones en el domicilio con un 53,2 % (41 participantes); la falta de comunicación con el profesorado con un 50,6 % (39 participantes); la poca capacidad de organización con un 27,3 % (21 participantes) y la soledad con un 23,4 % (18 participantes). Aquí se puede apreciar claramente que hay dos bifurcaciones importantes de respuestas, una que parte del propio estudiante y, otra, que forma parte del docente, y que se reflejan con la soledad, la falta de capacidad para mantener una rutina, falta de organización o hábito de estudios y las distracciones del tipo que sean son las que mayormente han influido, aunque la desorganización del profesorado ha influido también bajo esta perspectiva enormemente.

2.4. Sobre el profesorado

Tras observar el papel que ha desempeñado la desorganización del profesorado en la motivación de los estudiantes, debemos abordar cuál es la percepción que la población de estudio tiene sobre sus docentes, lo que se refleja en las siguientes cuestiones: "Durante el periodo de clases a distancia, ¿tengo menos reparo a la hora de hacerle llegar mis dudas y dificultades al docente que si la clase fuera presencial?", a este respecto un 26 % responde medianamente estar de acuerdo y solo un 11,7 % refleja estar totalmente de acuerdo. Así que han interactuado más o menos bien con el profesorado. Esto se refleja en la respuesta de los informantes a la cuestión, "¿crees que los docentes de lenguas extranjeras se han involucrado en la atención del alumnado?". Un 18,2 % se encontraron muy involucrados (es decir, 14 participantes), un 31,2 % (24 participantes) responden que han estado bastante involucrados, y solo un 6,5 % (5 participantes) declaran que no se han involucrado nada. Aquí se deduce claramente que el mayor contacto del profesorado con los estudiantes durante el confinamiento fue por correo electrónico: un porcentaje muy bajo tiene la sensación de involucración del profesorado 18,2 %, bastante involucrados un 31,2 %, medianamente involucrados un 26 % y poco involucrados 18,2 % y un 6,5 % consideran que el profesorado no se ha involucrado para nada con los alumnos.

2.5. Sobre los resultados de aprendizaje

Consideramos importantes los datos que ha arrojado la parte evaluativa del aprendizaje de lenguas extranjeras *online* en la USAL, pues mayoritariamente los informantes han ponderado la prueba para descargar desde la plataforma a realizar en un tiempo limitado determinado (71,4 %–55 informantes), le sigue el examen tipo cuestionario (64,9 %–50 informantes), la entrega de trabajo individual (61 %–47 informantes), entrega de grabación o vídeo (29,9 %–23 informantes), exposición *online* (20,8 %–16 informantes), entrega de portafolio (13 %–10 informantes) o la evaluación por foro/chats (7,8 %–6 informantes). La valoración de los participantes en cuanto a la evaluación *online* es bastante insatisfactoria porque solo un 9,1 %, esto es 7 informantes, consideran que los medios empleados para la evaluación han reflejado con claridad el nivel de competencia de la lengua extranjera que están aprendiendo. Globalmente es muy significativo para el proceso de enseñanza y se ve claramente que debemos buscar cubrir esa parte de insatisfacción. Sin embargo, estas respuestas chocan claramente con la respuesta siguiente a la pregunta de la encuesta "Cómo valoras el grado de semipresencialidad en las asignaturas con respecto a la experiencia *online* del confinamiento" (Figura 2).

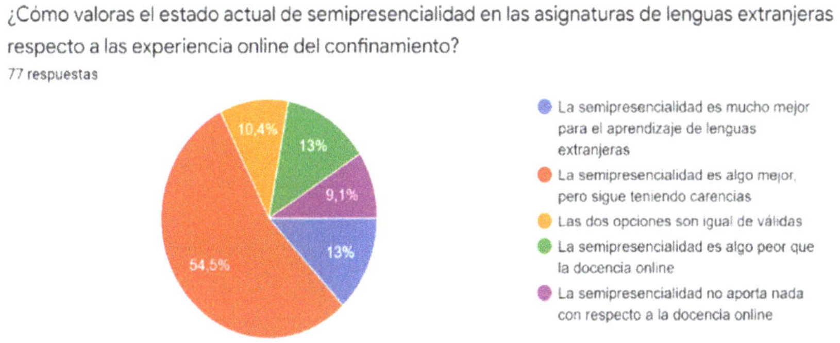

Figura 2: Valoración de la semipresencialidad

2.6. Datos cualitativos

En cuanto a la pregunta final de la encuesta: "¿Consideras que tienes algo importante que decirnos sobre tu experiencia en el aprendizaje de lenguas extranjeras en los distintos grados de la USAL durante el periodo de confinamiento?", solo han participado 14 informantes, en la que la mayoría coincide en la valoración de una carencia en el aprendizaje *online* de lenguas extranjeras e indican que denotan "una pérdida por las complicaciones de tener que mediar con la tecnología, pronunciación, conversación, espontaneidad…" y se deduce, por tanto, que se prefiere la presencialidad, al menos en la docencia de las lenguas extranjeras, aduciendo que hay claramente más calidad y efectividad en el proceso de docencia presencial, y con ello mayor logro de los objetivos en el proceso de aprendizaje. Cabe además destacar que los informantes evalúan en la transformación de la docencia presencial a la *online* que no se ha tenido muy en cuenta el estado emocional y psicológico que conllevó toda la situación de confinamiento, ya que se considera que esta falta de empatía ha determinado en gran medida el fracaso del proceso de docencia y aprendizaje *online*. Es por ello, que piden claramente que se tengan más en cuenta los factores psicológicos y afectivos ante una situación de complejidad extrema social, tal y como se vivió durante los meses del estado de alarma y que coincidió con el segundo cuatrimestre del 2019/20. Incluso hay voces que van mucho más allá y piden que los docentes de la USAL sean preparados ya para la docencia *online*, por si hubiera un nuevo brote y se tuviera que llegar a una nueva cuarentena social en las actividades lectivas en la universidad: 2 informantes de 14 consideran incluso que es algo que debe ser valorado, siempre que la USAL siga queriendo mantener su alto *ranking* en sus departamentos de lenguas modernas.

3. CONCLUSIONES Y DISCUSIÓN

En síntesis, se constata que los estudiantes de lenguas extranjeras en la USAL han mostrado una menor motivación intrínseca para lograr los objetivos de aprendizaje de las lenguas extranjeras durante el confinamiento y que han tenido gran dificultad para mantener la rutina. Su mayor queja es la desorganización del profesorado y la falta de comunicación con sus estudiantes. En cuanto a las herramientas empleadas dan el visto bueno, pero ratifican que la presencialidad o al menos la semipresencialidad es mejor, y que la destreza o componente de lengua que consideran que mayormente han podido trabajar con las herramientas empleadas han sido, en este orden: la gramática, el vocabulario, la comprensión lectora, la expresión escrita, la competencia cultural, la expresión oral y, en último lugar, la comprensión auditiva. Desconocemos si ha sido porque el docente ha usado menos la lengua extranjera a aprender o por otro motivo, por lo cual se debería seguir indagando en este sentido. Se ratifican también de alguna manera las afecciones diferenciales y desiguales sufridas por el cierre de los centros, lo cual avala que los hogares con más rentas o más estudios han sufrido menos consecuencias motivacionales, dado que la tenencia de ordenadores en los hogares y la conexión a internet ha jugado un papel fundamental durante el confinamiento social sufrido en España.

José Javier Martos Ramos
Universidad de Sevilla

Isidro Pliego Sánchez
Universidad de Sevilla

Carmela Simmarano
Universidad de Sevilla

Leonarda Trapassi
Universidad de Sevilla

Capítulo X: La enseñanza de lenguas extranjeras en la Universidad de Sevilla durante el confinamiento

1. INTRODUCCIÓN

El presente informe pretende dar cuenta del desarrollo docente en la enseñanza de L2 en la Facultad de Filología de la Universidad de Sevilla (US). Las indicaciones del 14 de marzo de 2020 por parte del Rectorado y las circunstancias de la pandemia supusieron un cambio en la docencia tal y como la veníamos organizando. De un día para otro los modelos de clase se vieron modificados por la obligatoriedad de pasar a un formato *online*. Después del *shock* inicial en la vida diaria de los ciudadanos, los 60 000 estudiantes y 4000 docentes de la US nos tuvimos que enfrentar a un cambio de modelo, en el que la clase presencial dejaba paso a una clase *online*, llena de dudas por la ausencia o escasez de formación en escenarios virtuales. De golpe, empezamos a preguntarnos cómo podíamos dar clase renunciando a aspectos clave como la interacción directa estudiante-docente, el trabajo en pequeños grupos, la tutoría no mediada, individual o grupal, la aclaración en la pizarra, entre otros recursos; por no hablar de cuestiones más espinosas como la evaluación. La US empezó a impartir formación *online* sobre metodologías de trabajo adecuadas a este inédito y repentino escenario virtual.

Casi un año después de la pandemia, y a fuerza de formarnos a marchas forzadas, o improvisar soluciones e ingeniar propuestas, un grupo de profesores participamos en este proyecto para describir nuestras experiencias y la de los estudiantes en las distintas asignaturas de L2 de los Grados de Filología. Sin duda, las clases virtuales han requerido una vuelta de tuerca para transmitir de forma eficaz los contenidos previstos en los programas y proyectos.

2. ANÁLISIS DE LOS RESULTADOS

2.1. Dónde se ha aplicado el estudio y características de los informantes

Los informantes que han participado en este proyecto son 139 estudiantes de la Facultad de Filología de los Grados de Estudios Franceses (31), Estudios Ingleses (62), Lengua y Literatura Alemana (26), Filología Clásica (5), Estudios Árabes e Islámicos (1) y Filología Hispánica (10), además de estudiantes de los cuatro títulos de máster que se imparten en la Facultad de Filología. Más del 80 % tienen entre 18 y 23 años de edad. Igualmente más del 80 % son de sexo femenino. La encuesta se desarrolló entre el 29 de diciembre de 2020 y el 9 de abril de 2021. Todos han estado matriculados en alguna asignatura de lengua instrumental durante el primer y más incierto periodo de la pandemia de la COVID-19. La encuesta contenía 50 preguntas, dos de las cuales eran de control.

2.2. Sobre la motivación para aprender

En el aprendizaje de idiomas extranjeros, como sabemos, la motivación, junto con la satisfacción y la autoevaluación, son los factores principales del progreso en el itinerario formativo. En este sentido, si se estudia una lengua con una motivación intrínseca, los esfuerzos y las horas de trabajo en clase y fuera de ella se abordan con un espíritu diferente. Si, además, se tiene la oportunidad de comunicar y estar en contacto con nativos de la lengua meta, y con perspectivas más auténticas sobre su cultura, resulta más fácil incluso identificar las necesidades individuales y fijar los objetivos del aprendizaje. Ya que con la pandemia, desde hace más de un año, la posibilidad de experimentar directamente la lengua y la cultura meta se han visto reducidas a la red y a las plataformas digitales, la motivación en el aprendizaje de idiomas y su percepción ha sufrido, como era de esperar, cambios considerables. De hecho, en el apartado de la encuesta acerca de la "motivación para aprender", el dato más significativo y evidente es la disminución drástica del porcentaje de estudiantes que se considera "muy motivado" y "bastante motivado" comparando los estudios antes y después de la pandemia ("muy motivado": 22,3 % frente a 8,5 %; "bastante motivado" 46,8 % frente a 9,5 %). En la franja de "medianamente motivado", sin embargo, el porcentaje permanece estable (20,1 %), un dato que confirma que la situación de confinamiento y la preocupación por el estado de emergencia han creado una cesura muy evidente. En efecto, la situación que estamos viviendo ha obligado a establecer una escala de valores diferente respecto a nuestra vida diaria, y la percepción de la importancia del aprendizaje del idioma extranjero parece haberse quedado en un segundo plano, en el ámbito de las competencias menos urgentes. El 25,9 % se define "nada motivado" mientras estaba confinado, mientras que durante los estudios, antes de la pandemia, solo el 3,6 % percibía una total falta de motivación.

Lo interesante es que, de forma especular, el mismo fenómeno parece ocurrir en el profesorado, según la percepción del estudiantado acerca de la motivación de sus docentes de L2. La franja "medianamente motivados" es estable y se sitúa en un 30 % (30,9 % antes del tiempo de pandemia y 30,2 % durante el confinamiento), mientras que los dos niveles cruciales para la dinámica y gestión de la clase ("muy motivados": 23 % frente a 6 %; y "bastante motivados": 39,6 % frente a 15, 1 %) supuestamente sufren un descenso relevante, mayor que en el caso del grupo de estudiantes.

Pasando al análisis de los factores que los estudiantes consideran que han influido más en la falta de motivación, llama la atención que los tres elementos más indicados sean en primer lugar la "desorganización del profesorado" (61,2 %), seguido por la "dificultad para mantener una rutina" (53,2 %) y por las "distracciones en el domicilio" (51,1 %). También la "falta de comunicación con el profesorado" (44,6 %) y la "falta de contacto con los compañeros" (42,4 %) han sido aspectos determinantes. Estos datos revelan quizá una visión de la enseñanza-aprendizaje centrada sobre todo en el docente y en su planteamiento de contenidos, formas y estrategias del proceso formativo. La encuesta pone de manifiesto que el sistema de clase se altera debido sobre todo a la situación totalmente nueva que para el profesorado supone un problema de reorganización de la enseñanza y la necesidad de familiarizarse de forma rápida con plataformas y herramientas digitales para las que nadie estaba preparado.

Es curioso, por otra parte, que los estudiantes consideren que factores igualmente importantes para el buen éxito de la interacción como la "poca capacidad de organización" y cuestiones de "autonomía" (ausencia o demasiada autonomía, por ejemplo) hayan influido solo para un 16,5 % y 13 % de los encuestados. Estos dos resultados podrían ser la prueba de que la docencia se encuentra estructurada todavía en función de un modelo tradicional en el que no se fomenta convenientemente el papel del estudiante en la definición y desarrollo de su propio aprendizaje y una correcta interpretación del concepto de autonomía.

Respecto a la forma de trabajo parece que los estudiantes prefieren, en esta situación excepcional, actividades con modalidad *online* o semipresencial, el trabajo individual (totalmente de acuerdo: 35,3 %; bastante de acuerdo: 25,9 %). Además, los informantes perciben claramente la necesidad de interacción con los compañeros (45,3 %: totalmente de acuerdo; y 27,3 %: bastante de acuerdo), algo que parece no relacionado con el aprendizaje del idioma en cuestión. De hecho, curiosamente, no se percibe de la misma manera la dificultad de realizar actividades en parejas/grupos en las clases de lenguas extranjeras a distancia (28,8 % totalmente de acuerdo y 17,3 %: bastante de acuerdo), actividades importantes para el aprendizaje, típicas del contexto clase en un escenario de presencialidad, habituales en las clases instrumentales de idiomas, incluso asociadas a un enfoque tradicional.

2.3. Sobre las herramientas para el aprendizaje

En el estudio se ha detectado una falta de aprendizaje causada por la inadecuación de los materiales utilizados en este medio. Esta situación no se atenúa con la accesibilidad del profesor porque las herramientas usadas ayudan poco o medianamente poco. En una situación de confinamiento no se pueden desarrollar las destrezas de expresión oral ni las de comprensión auditiva (provocada a veces por la mala calidad de la tecnología). Esta afirmación se corrobora también en las respuestas de la pregunta 26, donde también se confirma que las destrezas mejor resueltas son las textuales. Cuando los estudiantes trabajan entre ellos, usan la herramienta que les resulta más conocida e inmediata: WhatsApp. La Plataforma Virtual de la US está 32,4 puntos porcentuales por debajo de WhatsApp. La aplicación Teams, a pesar de ser gratuita y estar integrada en el paquete ofimático de la US (Microsoft), no es utilizada por nadie.

Sobre la opinión de los estudiantes acerca del modo semipresencial de docencia, estos prefieren la semipresencialidad a las clases totalmente *online* (las clases totalmente virtuales están 17,2 puntos porcentuales por debajo). No obstante, el 18 % no le ve ninguna utilidad al modo semipresencial, por lo que debe plantearse la siguiente pregunta: ¿podría ser que el 18 % de los estudiantes no haya asimilado el contenido en el estado semipresencial? La situación general no es favorable porque el 72,5 % dice haber respetado su turno de semipresencialidad. Este dato es importante porque debe entenderse que, durante los cierres perimetrales de la ciudad de Sevilla, aun teniendo un salvoconducto, el estudiante de las cercanías prefería no asistir presencialmente a clase; los estudiantes de otras ciudades o los de intercambio con otros países no asistieron (posiblemente el 15,9 %) por inconveniencia, por incomodidad logística o por razones económicas.

Otros aspectos aportados voluntariamente por los estudiantes acerca de las herramientas reflejan opiniones muy diversas y, a veces, contradictorias. De ellas destacamos, en primer lugar, la que expresa que el profesorado no tenía la experiencia ni el conocimiento para enseñar *online* de forma eficiente. Esto se correlaciona, a su vez, con la opinión de que había mucha exigencia por parte del profesor, pero poca implicación posterior, aunque, paradójicamente, en los casos en los que la enseñanza *online* ha funcionado adecuadamente se atribuye a la motivación del profesor.

En segundo lugar, los encuestados constatan que la tecnología interfiere negativamente en el aprendizaje y en la evaluación por distorsiones técnicas. No todos los alumnos estaban en igualdad de condiciones, los alumnos que seguían las clases en remoto no podían seguir la participación de los alumnos presentes en el aula, seguramente por cuestiones técnicas: micrófonos mal orientados, pocos micrófonos o mala calidad técnica.

Finalmente, también han puesto de manifiesto los encuestados una falta de correspondencia entre los materiales subidos a la plataforma y el modo de evaluar. Seguir un único modelo de docencia, todo presencial o todo *online*, facilita la organización.

En definitiva, se delinean cuatro conclusiones generales acerca del uso de herramientas:

1. El aprendizaje de la L2 en estado de confinamiento por la pandemia de la COVID-19 arroja, según el estudio, un resultado negativo, fundamentalmente, porque se ven afectadas las competencias más básicas: la expresión oral y la comprensión auditiva.
2. Los materiales usados para llevar a cabo la docencia no estaban originalmente diseñados para el nuevo medio, ni se habían podido adaptar a tiempo a este. En relación con ello, se debe señalar que la forma ha tenido un protagonismo sobredimensionado en relación con el fondo. El mensaje es importante, pero ahora, el medio de transmisión del mensaje es tanto o más importante. Esto dibujó una nueva relación comunicativa profesor-alumno que no hubo tiempo de planificar.
3. A pesar de lo anterior, al docente se le considera (a) razonablemente capaz de involucrarse en la docencia ante la nueva situación; (b) se le reconoce tener un nivel razonable de adaptación a la modalidad *online*; (c) se le reconoce haber hecho un esfuerzo razonable para adaptar los materiales docentes al medio *online*; y (d) se le reconoce estar razonablemente preparado para aplicar la tecnología a la enseñanza de L2.
4. Derivados de las entrevistas con los grupos focales, aparecen unos elementos que no se han considerado suficientemente en la encuesta: la motivación y la capacidad de autoorientación y autonomía del estudiante en relación con

los materiales didácticos ofrecidos por el profesor. La inmediatez del nuevo medio de comunicación, parecida a la de las redes sociales hoy día manejadas por los sujetos, tal vez levantara unas expectativas que no se podían cumplir, en buena parte, según los informantes, por la falta de motivación e impulso propios.

2.4. El profesorado

Quizá sea el profesorado quien haya sufrido las mayores tensiones durante este periodo: por un lado, continuas indicaciones por parte del Rectorado acerca de cómo impartir la docencia; por otro lado, la atención al estudiantado en situación de emergencia y la adaptación continua al nuevo medio. Lo cierto es que la relación profesor-estudiante-asignatura, basada en la interacción en el aula o en las sesiones de tutorías, de repente pasó a ser virtual. El acceso al docente se vio limitado a los medios virtuales. Este cambio, sin duda, no pudo ser absorbido de igual manera por todo el profesorado, que en parte no estaba preparado para mudarse a un entorno completamente *online* por diferentes motivos: el más evidente era la falta de formación en entornos virtuales formativos, aunque también han podido influir factores como la poca capacidad de adaptación del profesorado al entorno, que anteriormente, en contadas ocasiones, había sido utilizado.

En las encuestas se puede observar que el medio más común para la comunicación docente-estudiante ha sido, de largo, el correo electrónico (más del 90 %). Este medio ya se venía usando anteriormente, por lo que no ha requerido tiempo de adaptación. También se ha mantenido contacto con los docentes a través de las videoconferencias, tanto en clase (casi un 40 %), como en tutorías (poco más de un 15 %). El chat y el foro sin embargo son herramientas menos utilizadas, quizá también porque no se perciben tan adecuadas para la comunicación. De estos datos se evidencia un claro predominio de la comunicación asíncrona, con otras palabras, desaparece la posibilidad de establecer un diálogo ágil y espontáneo entre las partes. Solo el 15 % de los estudiantes ha tenido tutorías con el docente a través de la plataforma en las que se ha podido personalizar el contenido de la consulta. Aquí sí podemos hablar de comunicación síncrona, aunque muy reducida. Finalmente, chats y foros, también de comunicación síncrona, son medios muy poco comunes para tener un contacto con el docente.

Curiosamente, en relación con la calidad de la comunicación docente-estudiante, la encuesta ha revelado que casi un 60 % percibe que la clase a distancia le ha permitido comunicarse con el docente con menos reparo, es decir, no haber estado físicamente presente en el aula con el docente, ha permitido tener una actitud menos cohibida en su relación con este. Por el contrario, un

40 % no comparte esta perspectiva. Sería necesario ahondar en las causas de esta percepción que, sin duda, tiene que ver con la timidez que muestran muchos estudiantes a la hora de preguntar al docente.

En relación con las dudas de los estudiantes, se indica que casi un 40 % de los encuestados cree que la respuesta del docente a través del correo electrónico ha sido rápida o muy rápida. Un 43 % cree que la respuesta ha sido normal. Este dato se puede explicar porque el docente se ha visto, de repente, frente al ordenador durante varias horas al día para impartir docencia o preparar clases.

Por último, el campo acerca de la involucración de los docentes durante la pandemia ha dado lugar a diferentes reacciones: por un lado, poco más de una tercera parte de los encuestados cree que los docentes se han involucrado medianamente, incluso un 40 % cree que se han involucrado bastante o mucho. Por el contrario, solo una cuarta parte percibe que no se han involucrado suficientemente. Más concretamente, esa cuarta parte se corresponde con el 30 % que opina que la transformación de sus clases a la modalidad *online* ha sido uno de los puntos más críticos. Solo un 45 % es de la opinión de que se han adaptado bastante o mucho. Igualmente, esta pregunta está estrechamente relacionada con la formación adecuada al entorno virtual. El 38 % de los encuestados ha percibido que disponen de la formación necesaria para impartir sus clases de idiomas *online*, mientras que el 38 % sí cree que tienen formación adecuada. Finalmente, casi un 50 % cree que los docentes tienen un dominio normal de las tecnologías.

2.5. Sobre los resultados de aprendizaje

Aprender una lengua extranjera implica un recorrido largo y a veces muy complejo. Una evaluación correcta de los resultados permite detectar los puntos débiles, tanto de las estrategias de enseñanza de los profesores como del proceso de aprendizaje de los alumnos, y de esa forma subsanar las carencias que puedan surgir. Durante el confinamiento debido a la pandemia de la COVID-19, la modalidad a distancia ha aportado un cambio notable en el proceso de aprendizaje, que se ha reflejado en los resultados logrados y ha generado nuevas cuestiones.

Sobre la elección de tres ventajas de estudiar una lengua extranjera a distancia, la mayoría de los estudiantes ha elegido la opción "comodidad al trabajar desde casa" (80,1 %), seguido por "autonomía en el aprendizaje" (42,6 %) y "mayor uso de las nuevas tecnologías" (40,4 %). Sin embargo, la que se ha elegido como ventaja principal parece haber afectado negativamente a la concentración de los aprendientes. De hecho, la opción "falta de concentración al tener distracciones en casa" ha obtenido el 43,3 %, por lo que figura entre las desventajas mayormente elegidas junto a “pérdida de motivación” (55,1 %) y “excesiva dependencia de la tecnología” (47 %). Además, el 60,3 % de los estudiantes señala la dificultad encontrada al cursar las clases a distancia, debido a la facilidad con la que se pueden descolgar del ritmo de la clase. Ahora bien, si trabajar desde casa ha supuesto una ventaja en términos de comodidad, sobre todo para esa parte de la comunidad universitaria que vive fuera de Sevilla, está claro que la falta de un lugar físico dedicado exclusivamente al aprendizaje lleva, entre otras causas, a una mayor distracción y a una consecuente falta de motivación.

La sensación general de desconexión de las actividades de la clase se ha confirmado también a través de las intervenciones de la muestra de alumnos que ha participado en el grupo focal. Los aprendientes han afirmado que el aprendizaje en casa ha dificultado su participación y su interacción con los profesores, tanto por las distracciones presentes en su casa, como por una adaptación al medio virtual que ha implicado menos actividades interactivas.

A este respecto, resulta muy interesante el enfoque sobre las competencias que resultan más fáciles o difíciles de practicar desde casa. Mientras el vocabulario, la gramática y la comprensión lectora han resultado más fáciles en la situación a distancia, con respectivamente 57,3 %, 55,8 % y 47,8 %, la expresión oral, la comprensión auditiva y la expresión escrita predominan entre las destrezas más difíciles, con la opción “Expresión oral” elegida por el 91,1 % de la muestra. Como bien han explicado los aprendientes entrevistados, el aprendizaje a distancia ha afectado a la posibilidad de interactuar en la clase y, en la adaptación de las asignaturas al medio virtual, se han sacrificado las actividades con un nivel de interacción muy alto, que implicaban la práctica de expresión oral y comprensión auditiva.

Durante el confinamiento, los alumnos han experimentado también varios métodos de evaluación, dependiendo de la adaptación de cada asignatura a la modalidad *online*. En las preguntas sobre los métodos más comunes de evaluación continua y de examen final, el alumnado ha elegido principalmente el examen para descargar y enviar en un tiempo determinado, la entrega de un trabajo individual y un examen tipo cuestionario en la plataforma de Enseñanza Virtual (EV). Durante la entrevista en vivo, los alumnos han subrayado la dificultad mayor encontrada al realizar un examen final en la modalidad a distancia. Los requisitos técnicos necesarios, una conexión a internet estable, la cámara encendida y sin retraso en la trasmisión del video, podían perjudicar muy fácilmente la adecuada realización de un examen. Los métodos utilizados para evitar que los alumnos copiasen de alguna forma, muchas veces han comprometido la evaluación, generando mucho estrés tanto en el alumnado, como en los profesores.

En cambio, la mayoría de los estudiantes entrevistados ha lamentado una falta total de evaluación continua que, en su opinión, habría reflejado con mucha más calidad y exactitud su nivel de competencia en la lengua.

No sorprende, en este sentido, que los aprendientes se hayan demostrado tendencialmente en desacuerdo con la afirmación "Los medios de evaluación utilizados han reflejado con claridad mi nivel de competencia en la lengua extranjera, con un índice de 2,85 sobre 6".

En relación con su satisfacción con respecto a su rendimiento durante el periodo de clases a distancia, los estudiantes se han declarado tendencialmente poco satisfechos, con un índice de 2,83 sobre 6. Las carencias que la situación a distancia ha generado, desde el punto de vista de la interacción, de las competencias orales y de los métodos de evaluación, han dificultado mucho la dinámica del curso, afectando tanto el rendimiento de los alumnos, como la general eficacia de los métodos de enseñanza.

El camino del aprendizaje de lenguas se ha visto obstaculizado, según estos resultados, por la falta de interacción en persona y por la desconexión que el alumno ha percibido al cursar las clases *online*. El aprendizaje a distancia carece de ese lugar físico que, independientemente de las horas de viaje o de las dificultades logísticas, garantiza la desconexión de los estímulos externos, reservando esas horas exclusivamente a la asignatura cursada. Además, los idiomas son el medio principal de comunicación e interacción entre las personas. Sin la posibilidad de interactuar, los idiomas se ven privados de esa alma que está en la base de su misma existencia y que representa la razón principal por la que un estudiante quiere aprenderlas.

3. CONCLUSIONES Y DISCUSIÓN

El estudio llevado a cabo ha permitido destacar unas cuestiones fundamentales en el aprendizaje de las lenguas, especialmente cuando este se vea afectado por una situación tan extraordinaria y repentina como una pandemia global. El confinamiento y la modalidad de aprendizaje a distancia han hecho visibles los mecanismos de la enseñanza, y han dejado más claro que nunca cuáles son sus pilares y por qué esta modalidad ha repercutido negativamente. En el aprendizaje de L2 la motivación es uno de los factores preponderantes para el progreso y la satisfacción personal, y, de hecho, ha sido el primer elemento que ha sufrido cambios considerables debidos a la modalidad a distancia. La lengua es el medio principal de interacción entre las personas. Interactuar es, precisamente, la primera razón para aprender una lengua. Sin embargo, la posibilidad de comunicar y experimentar la lengua en primera persona se ha reducido considerablemente durante el confinamiento, dejando un déficit que se ha percibido muy claramente durante las clases.

La expresión oral y la comprensión auditiva son las competencias que han resultado más difíciles de practicar durante el confinamiento, debido a la dificultad de adaptación de las actividades más interactivas al medio digital. A este respecto, según la percepción de los estudiantes, la motivación de los profesores ha sufrido también un cambio negativo. Aunque se ha reconocido el esfuerzo de adaptación de los profesores al medio digital, una de las razones principales detectadas en la base de la falta de motivación del alumnado ha sido la desorganización por parte del profesorado. Este resultado revela quizás un patrón de docencia que todavía se centra completamente en el papel del profesor y no fomenta bastante el del estudiante en su propio aprendizaje.

En este sentido, los estudiantes han subrayado la percepción de excesiva autonomía experimentada durante las clases a distancia. Los materiales subidos y la adaptación de las clases no han logrado reemplazar la orientación y la guía que el docente proporciona durante las clases presenciales. La relación profesor-estudiante ha sufrido también un cambio perceptible. Sin tiempo para la adaptación, la comunicación fuera de las clases se ha vuelto completamente asíncrona, mediada por el correo electrónico. La posibilidad de un diálogo personal, ágil y orientado a cada estudiante ha desaparecido, por lo que ha convertido su interacción en una relación mediada. Esta interacción no ha logrado las ventajas de la relación presencial con los profesores.

Sin embargo, el 60 % de los estudiantes ha considerado las clases a distancia como algo positivo para su interacción con el docente, quizás porque este medio les ha permitido tener una actitud menos cohibida con los profesores. Otro lado positivo del aprendizaje a distancia ha sido la comodidad de trabajar desde casa, sobre todo para aquellos estudiantes que viven fuera de Sevilla.

A pesar de las posibles ventajas, el aprendizaje a distancia ha generado una consecuencia que hay que considerar muy seriamente: la desconexión del alumnado de las actividades de aprendizaje. La falta de un lugar físico dedicado exclusivamente a las clases ha afectado muy negativamente su capacidad de concentración. A pesar de las dificultades logísticas y económicas que puedan surgir al acudir a la Universidad, el aula sigue siendo el lugar que garantiza la desconexión de los estímulos externos y el aprovechamiento completo de las actividades de las asignaturas. Aun disponiendo de todos los requisitos técnicos necesarios (conexión a internet estable, ordenador de última generación) y de una habitación propia, la clase en presencia garantiza una interacción y concentración que la interacción a través del ordenador no parece lograr.

Ana Sevilla-Pavón
IULMA/Universitat de València, España

Kyria Rebeca Finardi
Universidade Federal do Espírito Santo, Brasil

Capítulo XI: El aprendizaje de lenguas en la Universitat de València durante y tras el confinamiento

1. INTRODUCCIÓN

1.1. Características propias de la Universitat de València y de la Facultat de Filologia, Traducció i Comunicació de la Universitat de València

De acuerdo con la información que figura en su página web institucional[1], la Universitat de València-Estudi General se fundó en 1499 con el nombre de Estudi General, lo cual la convierte en una de las universidades públicas más antiguas de España. Está orientada a la docencia e investigación en casi todos los ámbitos del saber y tiene cuatro campus principales: Blasco Ibáñez, Los Naranjos-Tarongers, Onteniente y Burjassot-Paterna. En su portal de transparencia[2] recoge que el número total de estudiantes es de 58390. Esto supone el 35 % del total de las matrículas en títulos oficiales y el 40,7 % de los graduados y graduadas del Sistema Universitario Público Valenciano, lo cual convierte a la Universitat de València (UV) en la primera de las universidades valencianas por número de alumnos[3].

Además, la mayor parte de la matrícula del alumnado se concentra en los 20 títulos de grado oficial que ofrece la Universitat de València, que corresponde al 76,64 % del total del alumnado. Por su parte, la matrícula en los 102 másteres oficiales asciende al 7,69 % del total de la matrícula de la Universitat.

---

1 Más información en: https://www.uv.es, consultada el 05.02.2021.
2 Más información en: https://www.uv.es/uvweb/transparencia-uv/es/personas/estudiantes/informacion-general-1285924943155.html, consultada el 05.02.2021.
3 Fuente: https://www.uv.es/uvweb/transparencia-uv/es/personas/estudiantes/informacion-general-1285924943155.html, consultada el 05.02.2021.

Asimismo, los 321 programas de posgrado propio suponen el 9,95 % de la matrícula, mientras que los 74 programas de doctorado cuentan con un 5,73 % del total del alumnado matriculado. Actualmente la UV posee 18 facultades y escuelas localizadas en sus cuatro campus, con un total de 92 departamentos que ofrecen diversas titulaciones de grado, másteres oficiales y programas de doctorado.

Según la información proporcionada por el sitio web institucional[4], de la Facultat de Filologia, Traducció i Comunicació (FFTiC), de donde provienen la mayor parte de los de los participantes en el estudio, dependen en estos momentos los siguientes grados: en Comunicación Audiovisual, en Periodismo, en Estudios Ingleses, en Estudios Hispánicos, en Filología Catalana, en Filología Clásica, en Lenguas Modernas y sus Literaturas, en Traducción y Mediación Interlingüística. También dependen de esta Facultad los siguientes títulos en extinción: Licenciaturas de Filología Alemana, Filología Catalana, Filología Clásica, Filología Francesa, Filología Hispánica, Filología Italiana y Filología Inglesa, así como las Licenciaturas de Comunicación Audiovisual y Periodismo.

1.2. Adaptación de la universidad durante el confinamiento

Poco antes de que el virus de la COVID-19 llegara a España, en marzo de 2020, la UV activó una sección en su página web institucional[5] dedicada a informar sobre la entonces incipiente pandemia y sobre las medidas a tomar en el caso de presentar síntomas. Incluye resoluciones e instrucción de gestión de la UV; información sobre el coronavirus proporcionada por el Ministerio de Sanidad y por la Generalitat Valenciana (GVA); y enlaces a la sección de la web de la GVA, web de ayuda en caso de presentar síntomas y a la subscripción para recibir más noticias relacionadas con la pandemia.

A nivel de facultades y centros, también se puede encontrar en sus páginas webs respectivas información relativa a la pandemia ocasionada por la COVID-19, por ejemplo explicación de las medidas adoptadas frente a la COVID-19; instrucciones y recomendaciones de salud individual y colectiva; planificación de acceso al centro y a las aulas; petición de certificado de movilidad (alumnado);

---

4 Más información en: https://www.uv.es/uvweb/filologia-traduccion-comunicacion/es/facultad/presentacion-1285848125136.html, consultada el 16.10.2021.

5 Disponible en: https://www.uv.es/uvweb/universidad/es/coronavirus-1286119460428.html, consultada el 16.10.2021.

preguntas frecuentes; y certificado de matrícula para justificar desplazamiento por motivo de exámenes desde municipios confinados.

2. METODOLOGÍA

El objetivo de este estudio, como se ha indicado anteriormente, es conocer el efecto del confinamiento causado por la pandemia de la COVID-19 y de la etapa inmediatamente posterior a dicho confinamiento en el aprendizaje de lenguas extranjeras en la UV, a partir de las opiniones y valoraciones realizadas por los propios estudiantes, para tratar de mejorar la respuesta del profesorado y de la institución en su conjunto. Para ello, se adoptó un método mixto, combinando datos de tipo cualitativo y cuantitativo, a través de dos instrumentos principales: un cuestionario con preguntas abiertas y cerradas, y una entrevista a grupos focales, que se describen a continuación.

2.1. Instrumentos de recogida de datos

Los instrumentos utilizados para llevar a cabo el estudio consistieron, por un lado, en un cuestionario que constaba tanto de preguntas abiertas como cerradas; y en una entrevista a grupos focales establecidos a partir de una selección aleatoria de los participantes que respondieron el cuestionario, con el fin de profundizar en sus respuestas al mismo.

2.2. Adaptación del cuestionario y difusión

El cuestionario se adaptó del proporcionado por los profesores Acosta y García, de la Universidad Autónoma de Madrid, en el marco del estudio global en que participaban alrededor de 12 universidades de todo el territorio español (además de algunas universidades extranjeras, como la Universidad Estatal de Espíritu Santo, en Brasil), teniendo en cuenta el contexto y características específicas de la UV.

Se mantuvieron la estructura y contenidos generales de dicho cuestionario, con el fin de garantizar la validez y fiabilidad del mismo en el contexto más amplio. Sin embargo, a sugerencia de los propios autores e impulsores de la iniciativa del estudio, se realizaron algunas modificaciones leves con el fin de adaptar el cuestionario al contexto específico de la UV. Así, se mantuvieron las secciones de perfil demográfico del alumnado, situación de convivencia y tipo de tecnología empleada para acceder a internet; motivación para el aprendizaje en general y para el aprendizaje de lenguas en particular; las herramientas utilizadas para el aprendizaje; valoración de la actuación/respuesta del profesorado y de su nivel de dominio de las diferentes herramientas; los resultados de aprendizaje de lenguas extranjeras y cómo se han visto afectados por el confinamiento y por la adopción de la enseñanza híbrida y/o en línea, y la valoración global del estado actual de semipresencialidad en las asignaturas de lenguas extranjeras respecto a las experiencia en línea del confinamiento (incluyendo tanto una pregunta cerrada más específica como una de respuesta abierta más general).

Las adaptaciones y modificaciones realizadas tuvieron que ver, en primer lugar, en la sección correspondiente al perfil demográfico de los participantes, con las lenguas que se enseñan en la UV: se añadió la lengua catalana pues, a pesar de que en el contexto local no se la considera una lengua extranjera sino una lengua cooficial, en la UV hay estudiantes de intercambio que cursan catalán como lengua extranjera. En segundo lugar, en la misma sección se añadieron los grados ofrecidos por la UV en los que las lenguas extranjeras tienen una mayor relevancia, como son los grados ofrecidos por la Facultad de Filología, Traducción y Comunicación; la Facultad de Economía; y la Facultad de Magisterio.

2.3. Métodos de análisis cuantitativo y cualitativo

Los datos de tipo cuantitativo, procedentes del cuestionario, se analizaron mediante el *software* SPSS. Por su parte, los datos de tipo cualitativo obtenidos a partir de las respuestas abiertas del cuestionario y de las entrevistas a grupos focales, se analizaron con el programa *NVivo*, lo cual permitió detectar y clasificar las principales unidades temáticas.

3. ANÁLISIS DE LOS RESULTADOS

3.1. Características de los informantes

Los participantes fueron 86 estudiantes de diversos grados ofrecidos por la UV en los que las lenguas extranjeras tienen una gran importancia. Sus edades estaban comprendidas fundamentalmente entre los 18 y los 35 años, habiendo, además, un pequeño porcentaje de informantes de más de 36 años. La mayor parte de los participantes, de acuerdo con la información recabada a partir de las once preguntas iniciales sobre el perfil demográfico de los participantes, el 87,2 %, se encontraba en el rango de edad de entre 18 y 23 años, siendo el rango de entre los 26 y los 35 años el siguiente grupo de edad más numeroso, al que pertenecían el 9,3 % de los informantes. En relación con el sexo el 72,1 % fueron mujeres y el 24,4 % hombres, mientras que el porcentaje restante prefirió no indicarlo.

Los encuestados afirmaron residir en la Comunitat Valenciana (a excepción de su capital) en el 54,7 % de los casos durante el período no lectivo, mientras que el 37,2 % reside habitualmente en Valencia capital y el 8,1 % restante vive fuera de la Comunitat. Además, el 70,9 % de los estudiantes afirmó residir en el domicilio familiar, el 25,6 % lo hace en un piso compartido, el 1,2 % vive en una residencia de estudiantes y el 2,3 % eligió la opción "otro".

Respecto al confinamiento, el 89,5 % de los estudiantes lo pasaron en el domicilio familiar, el 7 % lo hicieron en un piso compartido y el 3,5 % escogieron la opción "otro". El 96,5 % de ellos posee un dispositivo informático de uso personal, mientras que el 3,5 % de ellos tiene acceso a un dispositivo de uso compartido en su lugar de residencia. Por su parte, el 94,2 % tuvo acceso a la red wifi en su domicilio durante el confinamiento, el 4,7 % tuvo acceso a internet a través de su dispositivo móvil y el 1,2 % restante no tuvo acceso a internet.

En relación con los ingresos mensuales de las familias de los encuestados, estos son superiores a 2000 euros en el 46,5 % de los casos; Entre 1000 y 2000 euros en el 16,3 % de los casos; e inferiores a 1000 euros en el 37,2 % de los casos.

En cuanto a los grados cursados por los participantes en la encuesta, 47,7 % de ellos estaban cursando el Grado en Traducción y Mediación Interlingüística; 24,4 % estaban estudiando Lenguas Modernas y sus Literaturas; 19,7 % estaban cursando el Grado en Negocios Internacionales/International Business; 4,7 % estaban realizando el Grado en Estudios Ingleses; y el porcentaje restante consistía principalmente en estudiantes de los siguientes grados: Grado de Maestro/Maestra de Educación Primaria (1,2 %), Máster Universitario del Profesorado de Educación Secundaria, especialidad en inglés (1,2 %) y Máster en Estudios Ingleses Avanzados (1,2 %).

Las lenguas estudiadas por los encuestados fueron, en la mayoría de los casos, dos o más por informante, dichas lenguas han sido ordenadas de las más a las menos estudiadas: inglés (64 estudiantes, el 74, 4 % de la muestra), alemán (45 estudiantes, el 52,3 %), francés (29, el 33,7 %), catalán (20 estudiantes, el 23,3 %), italiano (12 estudiantes, el 14 %), portugués (5 estudiantes, el 5,8 %), chino (4 estudiantes, el 4,7 %), ruso (4 estudiantes, el 4,7 %), japonés (2 estudiantes, el 2,3 %), castellano (1 estudiante, el 1,2 %) y otros idiomas no especificados (1 estudiante, el 1,2 %).

3.2. Sobre la motivación para aprender

En la sección correspondiente a "Sobre la motivación para aprender", que incluía ocho preguntas de opción múltiple (más una pregunta adicional de control), se observa, en primer lugar, que fuera de la pandemia el alumnado dice estar motivado para aprender, pues el 51,2 % afirmaron estar "bastante motivados", el 30,2 % dijeron estar "medianamente motivados" y el 11,6 % consideran que están "muy motivados". Por su parte, el 5,8 % están "poco motivados" y el 1,2 % no están "nada motivados". Estos resultados contrastan con los niveles de motivación durante la pandemia, los cuales se desplomaron, llegando a afirmar estar "poco motivados" y "nada motivados" el 43 % y el 26,7 %, respectivamente. Se aprecia, pues, un descenso en los porcentajes correspondiente al alumnado "muy motivado", que baja hasta el 2,3 %; y en el alumnado que afirma haber estado "bastante motivado" (10,5 %) o "medianamente motivado" (17,4 %).

Un contraste similar se aprecia en las respuestas al siguiente par de preguntas, en relación con el nivel de motivación del profesorado. Así, de acuerdo con la percepción del alumnado, en circunstancias normales el 16,3 % del profesorado se muestra "muy motivado", el 32,6 % se muestra "bastante motivado" y el 36 % se muestra "medianamente motivado", siendo menores los porcentajes correspondientes a "poco motivado" (10,5 %) y "nada motivado" (4,7 %). Estas percepciones cambian a la hora de valorar el nivel de motivación del profesorado durante el confinamiento, pues los porcentajes de profesorado que se muestra "muy motivado", "bastante motivado" y "medianamente motivado" bajan al 8,1 %, 10,5 % y 34,9 %, respectivamente. Del mismo modo, se aprecia un aumento en la percepción del alumnado en cuanto a los niveles de profesorado "poco motivado" y "nada motivado", que suben al 23,3 % en ambos casos.

Entre los principales factores que, de acuerdo con los encuestados informantes, tienen una influencia negativa en la motivación se encuentran, ordenados de mayor a menor: desorganización del profesorado (68,6 %), dificultad para mantener una rutina (50 %), distracciones en el domicilio (48,8 %), falta de contacto con las compañeras y los compañeros (46,5 %), falta de comunicación con el profesorado (38,4 %), soledad (24,4 %), falta de autonomía (19,8 %), poca capacidad de organización propia (16,3 %) y otros factores (8,1 %).

En cuanto al nivel de acuerdo o desacuerdo de los encuestados informantes con la afirmación "Durante el periodo de clases a distancia, prefiero trabajar de manera individual porque así organizo mejor mi tiempo", las respuestas muestran que la mayoría de los estudiantes afirmaron estar "Totalmente" o "Bastante de acuerdo", con un 36 % y un 32,6 %, respectivamente. El valor intermedio fue escogido por el 20,9 % de los encuestados, quienes afirmaron estar "Medianamente de acuerdo" con la afirmación. Finalmente, el 7 % y 3,5 % afirmaron estar "Poco" o "Nada de acuerdo", respectivamente.

También respecto a la afirmación: "En las clases de lenguas extranjeras a distancia echo de menos la interacción con los compañeros" la mayoría de los participantes escogieron los valores máximos, por lo que se mostraron "Totalmente" o "Bastante de acuerdo" con dicha afirmación, el 41,9 % y el 33,7 % de la muestra, respectivamente. El resto de valores fueron escogidos, en el caso de "Medianamente de acuerdo", por un 12,8 % y, en el caso de "Poco" o "Nada de acuerdo", por un 5,8 % en ambos casos.

Respuestas similares, aunque con mayor nivel de acuerdo en los valores intermedios, se obtuvieron en cuanto al nivel de acuerdo o desacuerdo con la afirmación: "En las clases de lenguas extranjeras a distancia echo de menos poder seguir realizando actividades en parejas/grupos", pues el 23,3 % de los encuestados afirmaron estar "Medianamente de acuerdo", 22,1 % dijeron estar "Bastante de acuerdo", y se obtuvieron porcentajes muy similares en ambos extremos del espectro, pues en ambos valores del extremo inferior el 18, 6 % de los encuestados informantes se mostraron "Poco" o "Nada de acuerdo", mientras que un porcentaje ligeramente inferior se aprecia en los valores del extremo superior, por lo que se mostraron "Totalmente de acuerdo" el 17,4 % de los encuestados informantes.

3.3. Sobre las herramientas para el aprendizaje

En la sección "Sobre las herramientas para el aprendizaje", los encuestados respondieron informantes respondieron siete preguntas de opción múltiple. Se aprecia, en primer lugar, que la herramienta más usada durante el período de confinamiento fue el Moodle de la UV, Aula Virtual, pues el 87,2 % del alumnado participante utilizó materiales subidos a dicha plataforma, 25,6 % utilizó cuestionarios y 12,8 % utilizó los foros de interacción en línea de dicha plataforma. De estas herramientas, los foros en línea se percibieron como menos útiles por parte de algo más de la mitad de los encuestados (52,3 %), seguidos por los cuestionarios en Moodle/Aula Virtual (24, 4 %) y los materiales subidos a dicha plataforma (17,4 %). No obstante, el 75,6 % de los encuestados informantes consideraron que los materiales subidos a Moodle/Aula Virtual fueron los de mayor utilidad para el aprendizaje de lenguas extranjeras (75,6 %), seguidos por las clases síncronas (40,7 %), las grabaciones docentes (22,1 %), las tutorías en Blackboard Collaborate o Teams (12,8 %), los cuestionarios en Moodle/Aula Virtual (10,5 %) y los foros de Moodle/Aula Virtual (2,3 %). Sin embargo, algunas de estas herramientas fueron consideradas como las de menor utilidad por una parte de los encuestados informantes: las grabaciones propias del/de la docente (16,3 %), las grabaciones de canales o repositorios (14 %), las clases síncronas y la tutorías a través de Teams o Blackboard Collaborate (12,8 % en ambos casos).

El resto de herramientas, algunas de ellas sugeridas por los propios los participantes en la encuesta, obtuvieron en cada caso tan solo el 1,2 % de la puntuación como herramientas de más utilidad: grabaciones de canales o repositorios, materiales de años anteriores, tándem con hablantes nativos de la lengua o lenguas meta, vídeos y series de diferentes plataformas, información encontrada de manera independiente en internet, y "ninguna". Además, dos de las respuestas enfatizan el hecho de que sus profesores se habían limitado a subir materiales a Moodle/Aula Virtual, por lo que no fueron relevantes, pues, el resto de las opciones. Por su parte, una herramienta adicional que una pequeña parte de los participantes consideraron de menor utilidad fue el libro de gramática (1,2 %).

Las siguientes herramientas más usadas fueron las clases síncronas a través de Blackboard Collaborate o Microsoft Teams (65,1 %), las clases en *streaming* (10,5 %), las tutorías en Blackboard Collaborate o Microsoft Teams, y las grabaciones por parte de los propios docentes (20,9 % en ambos casos), así como grabaciones de canales o repositorios de materiales didácticos (1,2 %).

El 44,2 % de los encuestados informantes consideró que las anteriores herramientas les habían ayudado "moderadamente" a estar en contacto con el profesorado, mientras que el 24,4 % consideraron que les habían ayudado "poco", al tiempo que un porcentaje menor de muestra escogió la opción de "bastante" (16,3 %) o "nada" (10,5 %), y tan solo un 4,7 % consideró que les habían ayudado "mucho".

En relación con el nivel de dificultad de desarrollar diferentes competencias lingüísticas a través de las herramientas anteriores, las competencias que los encuestados consideraron informantes consideraron de mayor dificultad fueron, principalmente, la competencia de expresión oral (80,2 %), comprensión auditiva (47,7 %), vocabulario (22,1 %), competencia virtual (19,8 %), gramática (18,6 %) y expresión escrita (15,1 %), mientras que tan solo una pequeña parte de la muestra consideró como de gran dificultad la competencia de comprensión lectora (2,3 %).

Por su parte, ante la pregunta "¿Qué destreza lingüística consideras que se ha trabajado correctamente con las herramientas de las que disponemos?", la gramática obtuvo la mayor puntuación, el 36 %; seguida por la comprensión lectora, que obtuvo un 25,6 %. Los componentes de la lengua que los encuestados afirmaron informantes afirmaron haber desarrollado en menor medida fueron las siguientes: la expresión escrita, que recibió una puntuación de 11,6 %; el vocabulario, que recibió 10,5 %; y, ocupando las últimas posiciones, la comprensión auditiva (8,1 %), la competencia cultural (5,8 %) y la expresión oral (2,3 %).

Para concluir esta sección, los estudiantes afirmaron que, con el fin de realizar trabajos en grupos y mantener el contacto con sus compañeros, utilizaban fundamentalmente WhatsApp, en el 82,6 % de los casos, seguido por Skype

(40,7 %), Blackboard Collaborate (26,7 %), Zoom (23,3 %), Facetime (14 %), Meet (9,3 %), y herramientas como Teams, Discord y Hangouts (1,2 % en los tres casos), así como otras herramientas (1,2 %) o ninguna (3,5 %).

3.4. Sobre el profesorado

En la siguiente sección, "Sobre el profesorado", el alumnado manifestó en sus respuestas a las ocho preguntas de opción múltiple, en primer lugar, que el principal modo de mantenerse en contacto con el profesorado había sido el correo electrónico (89,5 %), seguido de las clases síncronas mediante videoconferencia (48,8 %), las tutorías por videoconferencia (14 %), el chat de Moodle/Aula Virtual (11,6 %), y los foros en Moodle/Aula Virtual (4,7 %).

El nivel de acuerdo con la afirmación "Durante el periodo de clases a distancia, tengo menos reparo a la hora de hacerle llegar mis dudas y dificultades al docente que si la clase fuera presencial" fue bajo, pues el 27,9 % se mostró poco de acuerdo, el 22,1 % manifestó estar "nada de acuerdo", 20,9 % estuvo "medianamente de acuerdo", 16,3 % afirmó estar "totalmente de acuerdo" y 12,8 % dijo estar "bastante de acuerdo".

La siguiente pregunta se refería a la respuesta de los docentes ante las dudas los docentes ante las dudas planteadas por el alumnado a través de las herramientas anteriormente mencionadas. El 36 % de los encuestados informantes opina que la velocidad de respuesta fue "normal", el 32,6 % considera que fue "rápida", 19,8 % encuentra que la respuesta fue "lenta", el 9,3 % considera que la respuesta fue "muy lenta" y el 2,3 % afirma que fue "muy rápida". Además, la mayoría de mayoría de los participantes considera que el profesorado estuvo "medianamente involucrado" (40,7 %) en la atención al alumnado durante el confinamiento, mientras que el resto de opciones se reparten del siguiente modo, ordenados de mayor a menor puntuación: "bastante involucrado" (22,1 %), "poco involucrado" (18,6 %), "nada involucrado" (11,6 %) y "muy involucrado" (7 %). Valores muy similares, aunque con un nivel de implicación docente algo menor, se observan en la pregunta referida a si el profesorado se involucró en la adaptación y transformación de sus clases a la modalidad en línea, con un 36 % de la muestra que considera que el profesorado estuvo "medianamente involucrado", y un empate al 22,1 % entre los encuestados que informantes que consideran que el profesorado estuvo "bastante involucrado" y quienes consideran que estuvo "poco involucrando", y concluyeron con los valores extremos de la escala: 11,6 % manifiestan que no estuvo "nada involucrado" y el 8,1 % restante considera que estuvo "muy involucrado".

En cuanto a si el profesorado preparó materiales nuevos de cara a impartir las clases en línea durante el confinamiento, el 31,4 % de los encuestados informantes se muestra poco de acuerdo con esa afirmación, 26,7 % se encuentra "medianamente de acuerdo", 18,6 % no está "nada de acuerdo", 17,4 % está "bastante de acuerdo" y el 5,8 % restante dice estar "muy de acuerdo". Además, en relación con la afirmación en cuanto al grado de formación del profesorado para impartir sus clases en la modalidad en línea, los encuestados muestran un nivel de acuerdo mayor, pues el 38,4 % está "medianamente de acuerdo", el 22,1 % está "bastante de acuerdo" y el 17,4 % está "poco de acuerdo". Por su parte, en los valores extremos encontramos que en el valor más bajo hay un 12,8 % que dice no estar "nada de acuerdo", mientras que en el valor más alto se observa que el 9,3 % está "totalmente de acuerdo". Asimismo, dichos porcentajes aumentan aún más en la pregunta final de esta sección, acerca del nivel de competencias digitales aplicadas a la enseñanza que posee el profesorado, pues el 43 % opta por un valor intermedio (3 puntos sobre una escala Likert de 5 puntos), el 30,2 % le otorga al profesorado un valor de 4 sobre 5, el 17,4 % les da un 2 sobre 5, el 7 % escoge el valor más bajo (1 sobre 5) y tan solo el 2,3 % les otorga el valor más alto (5 sobre 5).

3.5. Sobre los resultados de aprendizaje

La última sección, "Sobre los resultados de aprendizaje", constaba de nueve preguntas de selección múltiple, una pregunta abierta y una pregunta adicional de control. A la primera pregunta, referente a las ventajas de estudiar una lengua extranjera desde casa, para el 70,9 % del alumnado, la principal ventaja es la comodidad de poder trabajar desde casa, seguida de la autonomía para el aprendizaje, con el 39,5 % de los votos; la desconexión de la dura realidad de la pandemia y la cuarentena, que obtuvo una puntuación del 34,9 %; el mayor uso de las TIC, escogida por el 27,9 % de los encuestados; y la amplia disponibilidad de material para el estudio, que fue escogida por el 23,3 %. El resto de opciones obtuvieron porcentajes menores. Así, la afirmación "me ayuda a mantener una rutina" fue escogida por 12,8 %, mientras que la opción de "evito distracciones con mis compañeros y compañeras" la eligió el 9,3 %.

4. CONSIDERACIONES FINALES

El estudio descrito en el presente informe ha permitido examinar, de manera eminentemente cualitativa, los efectos que tuvo (y sigue teniendo) la pandemia de la COVID-19, en especial en las etapas de confinamiento (de marzo a mayo de 2020) y posconfinamiento (desde septiembre de 2020 hasta el momento de redacción del presente trabajo, en febrero de 2021), en el aprendizaje de lenguas extranjeras en los distintos grados de la UV. Las valoraciones realizadas por los

86 participantes a partir de sus respuestas al cuestionario administrado entre septiembre y octubre de 2020 arrojan luz sobre diferentes aspectos, como son su motivación para el aprendizaje, las herramientas utilizadas tanto por el estudiantado como por el profesorado, la respuesta docente ante los cambios acarreados por el confinamiento y por las medidas de distanciamiento social, y los resultados de aprendizaje obtenidos.

En primer lugar, cabe destacar que el perfil demográfico de los participantes es el de estudiantes universitarios, en su mayoría de género femenino y de edades comprendidas entre los 18 y los 23 años, de nivel socioeconómico medio-alto, residentes en el domicilio familiar, situado en la mayoría de los casos fuera de la ciudad de Valencia pero en una localidad de la Comunitat Valenciana, donde pasaron el período de confinamiento que se inició en marzo de 2020. Se trata de estudiantes de grados en que las lenguas (principalmente y, como cabía esperar, el inglés, pero también otros idiomas como alemán, francés, catalán, italiano, portugués, chino, ruso, japonés, español como lengua extranjera y otros idiomas no especificados) tienen una gran importancia (Traducción y Mediación Interlingüística; Lenguas Modernas y sus Literaturas; Negocios Internacionales/International Business; y Estudios Ingleses; además de Maestro/Maestra de Educación Primaria, Máster Universitario del Profesorado de Educación Secundaria, especialidad en inglés y Máster en Estudios Ingleses Avanzados). La inmensa mayoría de los encuestados afirmó informantes afirmó, además, tener acceso a dispositivos informáticos de uso personal y acceso a la red wifi (o, en su defecto, a internet) en sus domicilios.

Las percepciones y sentimientos negativos de gran parte del alumnado, manifestadas en algunas de sus respuestas en relación con la actitud de parte del profesorado de la UV ante la pandemia de la COVID-19 y las dificultades en torno al paso de la docencia presencial a la docencia en las modalidades en línea e híbrida, coinciden con sentimientos afines a los expresados por el profesorado en otros estudios en torno a cómo el drástico cambio a enseñanza en línea/remota de idiomas motivado por la pandemia de la COVID-19 ha afectado al proceso de enseñanza-aprendizaje (Finardi y Guimarães, 2020; Finardi y Sevilla-Pavón, en prensa). En el caso de una gran parte del alumnado de la UV participante en este estudio, la figura docente se identifica como principal causa de las experiencias y sentimientos negativos, mientras que en las respuestas del profesorado el descontento se dirige principalmente hacia la falta de apoyo y recursos proporcionados por sus instituciones. Ello refleja la gran complejidad de la situación, por el gran número de agentes afectados por ella e implicados en tratar de encontrar soluciones a los problemas generados por las medidas de distanciamiento social exigidas por la pandemia de la COVID-19.

5. REFERENCIAS

Finardi, K. R., & Guimarães, F. F. (2020). Internationalization and the Covid-19 Pandemic: Challenges and Opportunities for the Global South. *Journal of Education, Teaching and Social Studies, 2* (4), 1–15.

Finardi, K. Sevilla-Pavón, A. (En prensa). Pandemic language teaching: insights from Brazilian and international teachers on the pivot to emergency remote instruction. *Language & Education-Special issue: Current trends in ELT educational communication during crises.* Eds.: J. García Laborda & S. Montaner Villalba.

Carmen Gierden Vega (coord.)
Universidad de Valladolid

Emma Bahíllo Sphonix-Rust
Universidad de Valladolid

Beatriz Burgos Cuadrillero
Universidad de Valladolid

Elena González-Cascos Jiménez
Universidad de Valladolid

Capítulo XII: El aprendizaje de lenguas extranjeras en la Universidad de Valladolid durante el confinamiento

1. INTRODUCCIÓN: ADAPTACIÓN DE LA FACULTAD DE FILOSOFÍA Y LETRAS DURANTE EL PERIODO DE CONFINAMIENTO

La declaración del estado de alarma a raíz de la emergencia sanitaria provocada por el SARS-CoV-2 volcó, inesperadamente, la modalidad de enseñanza presencial, pasando a ser esta íntegramente virtual. La Universidad de Valladolid (UVa) facilitó a los profesores instrucciones para realizar una adenda que se anexara a las guías docentes de las asignaturas con las siguientes líneas esenciales: el programa de la asignatura, el método formativo de la docencia no presencial, la tutela de estudiantes y el proceso de evaluación. En un primer momento se utilizaron métodos de comunicación inmediatos entre profesor y estudiante como son los correos electrónicos y los foros de dudas. La Universidad de Valladolid, poniendo de relieve la importancia en torno a cualquier cuestión relacionada con la docencia digital, crea un Vicerrectorado propio de Innovación Docente y Transformación Digital dirigido por el catedrático de Inmunología, Dr. Alfredo Corell, quien hasta ese momento asumía la Dirección del Campus Virtual de la UVa. Así, desde VirtUVa se ofreció formación al profesorado sobre herramientas virtuales para favorecer el desarrollo de la docencia; en el caso de las videoconferencias, se ofertaron webinarios para los programas Blackboard Collaborate, Microsoft Teams, Lifesize, Skype Empresarial, Cisco Webex, Zoom o Google Meet. Además, se recomendó el uso de Kaltura como herramienta virtual de apoyo al material docente ubicado en el aula virtual a través de la plataforma Moodle.

En cuanto al sistema de evaluación, se recomendó la evaluación continua basada en herramientas como, entre otras, tareas para un bloque de temas, trabajos individuales, trabajos en equipo, evaluación por pares, cuestionarios de evaluación a través de Moodle, ejercicios de redacción o presentaciones orales con vídeo. Asimismo, los estudiantes contaron con todos los recursos electrónicos que ofrece la biblioteca de nuestra universidad.

2. ANÁLISIS DE LOS RESULTADOS

2.1. Instrumentos de recogida de datos para la elaboración de las encuestas

El conjunto de la población encuestada entra en las proporciones de muestra más representativas al ser el alemán, el francés y el inglés los idiomas más estudiados en toda la Facultad de Filosofía y Letras de Valladolid; de modo que las encuestas cumplimentadas por un total de 126 participantes nos permitirán realizar una fotografía de la situación muy cercana a la realidad y extraer las conclusiones que expondremos en el apartado 2.2. Las técnicas de investigación utilizadas en nuestro estudio son el método cuantitativo y cualitativo (recolección de datos de grupos focales); con la asociación de estos dos procedimientos pretendemos conseguir la mayor fiabilidad y relevancia en el análisis de datos y conocer opiniones o comportamientos concretos en el contexto estructural de la pandemia (vid. Tabla I).

Tabla 1: Ficha técnica del estudio

<table>
<tr><td rowspan="1">1. Ámbito de estudio</td><td colspan="2">Títulos oficiales de Grado de la UVa, en la Facultad de Filosofía y Letras:
• Grado en Lenguas Modernas y sus Literaturas
• Grado en Estudios Ingleses
• Grado en Periodismo</td></tr>
<tr><td>2. Población objeto de estudio</td><td colspan="2">Alumnos de los Títulos Oficiales de Grado de la UVa:
• Grado en Lenguas Modernas y sus Literaturas: 81 alumnos.
• Grado en Estudios Ingleses: 333 alumnos.
• Grado en Periodismo: 58 alumnos.</td></tr>
<tr><td rowspan="2">3. Metodología</td><td>Técnica de investigación</td><td>Encuestas y entrevistas</td></tr>
<tr><td>Procedimiento de muestreo</td><td>No aleatorio:
• Alumnos matriculados en los cuatro cursos del Grado en Lenguas Modernas y sus Literaturas durante el curso académico 2019–2020.
• Alumnos matriculados en los cuatro cursos del Grado en Estudios Ingleses durante el curso académico 2019–2020.
• Alumnos de la Facultad de Filosofía y Letras que estudian inglés como lengua extranjera.</td></tr>
<tr><td rowspan="2">4. Controles de validación</td><td>Control de correspondencia con la muestra y la población objeto de estudio - marco</td><td>Listas de alumnos realizadas por la Coordinación del Grado.</td></tr>
<tr><td>Validaciones manuales y automáticas de coherencia interna de la información y tratamiento de la falta de respuesta (si procede)</td><td>Encuestas realizadas in situ a los estudiantes.</td></tr>
<tr><td>5. Fecha de realización del trabajo de campo</td><td colspan="2">19 de diciembre de 2020 – 25 de marzo de 2021</td></tr>
</table>

2.2. Interpretación de los datos

Primeramente, procedemos a escrutar los datos relativos a las características de los informantes para, a continuación, considerar las distintas variables objeto de estudio[1]. En cada apartado, y tras realizar los escrutinios pertinentes en cada una de las variables, ofreceremos los resultados más destacados en forma de "conclusiones sumarias".

Finalmente, y con afán de apoyar y completar la investigación cuantitativa, realizamos adicionalmente un estudio cualitativo que abordaremos de forma diferenciada en el apartado 3. Recopilamos datos interesantes de entrevistas llevadas a cabo en profundidad con dos grupos focales de segundo y tercer curso de Lenguas Modernas y sus Literaturas formados por unos 10 alumnos cada grupo. Como veremos, los datos que emanan de estos dos grupos entrevistados explicarán y complementarán los comportamientos del análisis cuantitativo.

2.3. Datos de la población objeto de estudio: características de los informantes

La población considerada en la investigación suma un total de 126. La práctica totalidad, el 94,4 %, se reparte equitativamente entre Estudios Ingleses con un 46,8 % y Lenguas Modernas con un 47,6 %. El porcentaje restante es meramente residual.

En relación con los idiomas considerados individualmente dentro del conjunto de los grados destacan por orden: el inglés con un 61,1 %, seguido del francés con un 33,3 % y del alemán con un 30,2 % y, en última posición, el italiano con un 10,3 %. Estos datos vienen a confirmar que el alemán, el francés y el inglés son los idiomas más estudiados en toda la Facultad de Filosofía y Letras de la UVa.

El 90,5 % de los informantes pertenece a esa franja de edad habitual de entre 18 y 23 años en la que se emprenden estudios universitarios. De las franjas restantes, las edades comprendidas entre 24 y 35 suponen un 7,1 % y los mayores de 36 tan solo un 2,4 %. Los mayores de 36 son realmente el *outlier* del arquetipo estudiantil.

En relación con el sexo, la mayor parte del conjunto de estudiantes es femenino con un 79,4 %, y el 19,8 % es masculino.

1 Cómo son la motivación para aprender, las herramientas para el aprendizaje, el profesorado y los resultados de aprendizaje.

La mitad de los estudiantes proceden de Valladolid capital, un 51,6 %, y la otra mitad de la Comunidad Autónoma de Castilla y León con un 44,4 %. Estos datos confirman que la mayoría absoluta (96 %) son estudiantes de Castilla y León y tan solo el 4 % procede del exterior.

En relación con el lugar de residencia durante el curso, la gran mayoría, un 61,1 %, vive en el domicilio familiar. El resto se reparte entre diferentes modalidades, fundamentalmente, entre pisos compartidos, un 24,6 %, y residencias estudiantiles, un 9,5 %. Un porcentaje residual (4,8 %) lo hace en otra modalidad sin especificar.

Mientras tuvo lugar el periodo de confinamiento, la gran mayoría de los estudiantes regresó a casa. Ningún estudiante de residencias permaneció en ellas y tan solo el 9,5 % pasó el confinamiento en pisos compartidos. El porcentaje de los que declararon vivir en otro tipo de alojamientos se mantiene exactamente igual en el 4,8 %.

La aplastante mayoría de los estudiantes (93,7 %) dispuso de equipos informáticos propios. El resto (6,3 %) hizo un uso compartido.

De modo que durante todo el confinamiento el 96,8 % accedió a internet a través de wifi frente al 3,2 % que lo hizo a través del dispositivo móvil. Por lo tanto, resulta significativo el hecho de que nadie declarara no haber tenido ordenador o conexión a internet a su disposición. La mayoría tuvo acceso a una enseñanza *online*.

En cuanto a la posición socioeconómica familiar, la mitad (50,8 %) declara unos ingresos mensuales entre los 1000 y 2000 euros. El resto se reparte de forma paritaria entre el 27,8 % que declara unos ingresos superiores a 2000 euros y el 21,4 % que declara unos ingresos inferiores a 1000 euros.

Como la gran mayoría de los estudiantes regresó a su domicilio familiar, el 93,6 % pasó el confinamiento rodeado de familiares; de los cuales, el 61,1 % lo pasó rodeado de familiares que teletrabajaron, el 32,5 % estuvo rodeado de familiares que no realizaron teletrabajo, el 11,1 % estuvo rodeado de compañeros de piso y el 1,6 % lo pasó solo en la vivienda.

2.3.1. Conclusión sumaria de la variable "estudiante tipo"

El estudiante objeto de estudio reúne las siguientes características: es un joven adulto de entre 18 y 23 años de edad, de sexo femenino y procedente de la Comunidad Autónoma de Castilla y León. Mayoritariamente cursa los grados de Estudios Ingleses y Lenguas Modernas y sus Literaturas, siendo el inglés el idioma más estudiado. Durante el periodo lectivo habitual reside en la ciudad de Valladolid y durante la pandemia se confina en el domicilio familiar donde accede sin dificultad a internet y a equipos informáticos y donde sus familiares asimismo teletrabajan. En el estudiante tipo no se observa una relación inversa de su situación económica con los equipos informáticos y el acceso a internet, por lo que no se puede hablar, en este caso, de una estratificación digital.

2.4. Sobre la motivación para aprender

En una situación de estudio normal fuera de pandemia, los estudiantes que se muestran muy motivados representan el 15,9 % y bastante motivados el 38,9 % (un total de 54,8 %) frente a los que se declaran poco motivados 10,3 %; siendo los *outliers* los que se muestran nada motivados con un 1,6 %.

Todos estos datos experimentan un vuelco drástico durante la etapa de confinamiento donde los estudiantes muy motivados se desploman al 2,4 % y los bastantes motivados al 13,5 %. Si sumamos estos dos sectores obtenemos un 15,9 % de motivados frente al 54,8 % de los motivados de la etapa anterior. Este cambio brusco asimismo se refleja en el elevado número de los nada motivados (24,6 %) y en los pocos motivados (38,1 %).

Hasta la fecha del confinamiento y desde la óptica del estudiante, un amplio porcentaje del profesorado se muestra muy motivado (11,9 %) y bastante motivado (58,7 %). El grupo restante es residual donde los poco motivados representan solo el 3,2 % y los nada motivados son los *outliers* con un 0,8 %.

La percepción sobre el profesorado cambia visiblemente en la etapa de confinamiento. Los profesores muy motivados decrecen drásticamente a un 5,6 %, es decir, a menos de la mitad, y los bastante motivados del 58,7 % al 19 %; mientras que los medianamente motivados suben al 36,5 %, los poco motivados al 27,8 %, pero los nada motivados suben significativamente del 0,8 % al 11,1 %.

Entre los factores desencadenantes de la desmotivación estudiantil anterior, se dan 5 factores de entre 9 que destacan sobremanera; estos 5 factores superan el 30 %. Los dos más sobresalientes afectan en primer lugar a la dificultad para mantener una rutina (56,3 %) y, en segundo lugar, a la desorganización del profesorado (50,8 %). De soslayo se apuntan en tercer lugar las distracciones en el domicilio (38,9 %), en cuarto lugar, la falta de comunicación con el profesorado (37,3 %) y, en quinto lugar, la falta de contacto con los compañeros (32,5 %). El resto de factores analizados no supera el 30 % y se distribuye de forma más equitativa sin sobresalir ninguno en especial.

Durante el proceso de enseñanza-aprendizaje, la gran mayoría de los estudiantes se muestra totalmente de acuerdo (27,8 %) y bastante de acuerdo (26,2 %)

con la situación de trabajar individualmente y en solitario. Sin embargo, este hecho va a contrastar con los datos obtenidos en la siguiente pregunta.

Aquí se destaca que los alumnos echan de menos la interacción con sus compañeros de estudio, con un 48,4 % que está totalmente de acuerdo y un 27 % que está bastante de acuerdo. De aquí concluimos que las tres cuartas partes del total reclaman la presencialidad a la hora de trabajar e interactuar.

De hecho, la presente pregunta realizada corrobora y apoya la afirmación anterior: el 26,2 % se muestra totalmente de acuerdo con realizar actividades en pareja o grupo; el 27,8 % se muestra muy de acuerdo y el 22,2 % medianamente de acuerdo frente al poco de acuerdo (11,9 %) y nada de acuerdo (11,9 %). Las tres cuartas partes de los estudiantes reclaman presencialidad.

Estas últimas tres preguntas enlazan con la siguiente variable "las herramientas para el aprendizaje".

2.4.1. Conclusión sumaria de la variable "motivación de aprendizaje"

Al inicio del curso académico, el estudiante tipo se muestra altamente motivado con un 54,8 %. Sin embargo, durante la etapa de confinamiento se produce un cambio radical. Los estudiantes altamente motivados se desplazan a las filas de los que muestran muy bajos niveles de motivación por lo que engrosan el porcentaje en un 62,7 % (frente al 11,9 % anterior). Idéntico proceso se observa en el comportamiento del profesorado donde cabe reseñar el grupo de los nada motivados que muestra una subida espectacular en una proporción de 13 veces más. El detonante del cambio radical experimentado en la desmotivación de los estudiantes durante el confinamiento se manifiesta en dos factores: en la dificultad de mantener una rutina por parte del estudiantado y en la desorganización por parte de los profesores. La situación novedosa impacta de forma generalizada en la población estudiada y la improvisación con los medios tecnológicos afecta a alumnos y docentes con cierto sesgo hacia el profesorado. Para el estudiante la interacción con el profesor y los compañeros es fundamental. El contraste llamativo de preferir trabajar solo, por un lado, y demandar mayor presencialidad junto con trabajo en grupo, por el otro, es debido a que la carga de trabajo individual (entrega de trabajos, ejercicios, redacciones, etc.) ha sido excesivamente elevada. El alumno se ha visto forzado a trabajar solo de forma rutinaria, aun deseando más actividades en grupo y mayor contacto con el profesor.

2.5. Sobre las herramientas para el aprendizaje

La plataforma digital más usada fue Moodle. Al contar con el soporte del centro de enseñanza *online*, formación e innovación docente (VirtUVa) no es de extrañar que la mayoría absoluta, el 88,9 %, haya utilizado el campus virtual para subir el material y las actividades docentes. En comparación con esta herramienta digital, las clases síncronas descienden al 48,4 % y las grabaciones propias del docente en diferentes plataformas al 40,5 %.

Las tres herramientas que más útiles le han resultado al estudiante han sido los materiales subidos a Moodle con un 62,7 %, las grabaciones propias del docente con un 47,6 % y las clases síncronas a través de distintas plataformas con un 42,1 %.

Las herramientas de menor utilidad se aprecian en los foros con un 50 % y los cuestionarios de Moodle con un 35,7 %.

A la hora de valorar estas mismas herramientas en su interacción con el profesor, se observa mucha dispersión en los resultados. El 38,9 % de los encuestados las valora como medianamente útiles, por lo que es la respuesta más amplia. Al 11,9 % de los estudiantes les ha servido mucho y al 28,6 % bastante, frente al 17,5 % que les ha servido poco y al 3,2 % nada.

De entre las destrezas lingüísticas más difíciles de trabajar han sido, por orden de prelación, la expresión oral con un 73 % y la comprensión auditiva con un 37,3 %. Cabe señalar que la adquisición de la destreza gramatical, con un significativo 27 %, ha sido señalada como difícil de adquirir en estos entornos digitales a pesar de ser una materia más teórica. La dificultad en el resto de las destrezas es valorada por igual sin destacar ninguna.

En lo que al trabajo correcto de las destrezas lingüísticas se refiere, también aquí observamos una gran dispersión, de modo que no podemos señalar ninguna sobremanera. Sin embargo, sí vemos que las respuestas obtenidas guardan una relación de coherencia con respecto a las preguntas anteriores al valorar la expresión escrita con un 27 % y la expresión oral con un 7,1 %.

Las herramientas digitales más utilizadas para la comunicación grupal entre los propios estudiantes han sido WhatsApp con un 66,7 %, seguido de Skype con un 48,4 % y de Zoom con un 34,9 %.

2.5.1. Conclusión sumaria de la variable "herramientas para el aprendizaje"

La plataforma digital más usada fue Moodle, al estar ya gestionada como tecnología educativa con infraestructura previa por la Universidad de Valladolid. Las tres herramientas más útiles para el estudiante han sido los siguientes: los materiales subidos a Moodle, las grabaciones propias del docente y las clases síncronas a través de distintas plataformas. Sin embargo, a la hora de valorar estas mismas herramientas en su interacción con el profesorado, se observa mucha dispersión en las respuestas y aunque el sesgo se incline a la utilidad de estas herramientas, no lo podemos considerar como significativo. En relación con las herramientas utilizadas para contactar con los compañeros (WhatsApp, Skype, Zoom) se aprecia que estas son a su vez las más extendidas en nuestra vida cotidiana. Las destrezas más difíciles de trabajar y, además con corrección, han sido la expresión oral, la comprensión auditiva y, con un porcentaje también muy significativo, la competencia gramatical. De los datos se concluye que la enseñanza de idiomas a través de plataformas digitales sin un contacto directo con el profesor, es decir, sin presencialidad, ha demostrado ser insuficiente e ineficaz. La ausencia de interacción profesor-alumnos se revela como una de las grandes debilidades durante el proceso virtual lo que trae consigo niveles más bajos en el aprovechamiento de las materias.

2.6. Sobre el profesorado

La mayoría absoluta, un 94,4 %, de los estudiantes han contactado con el profesorado a través del correo electrónico.

El alumnado, sin embargo, muestra cierto reparo en el uso de esta vía para hacerle llegar al profesor sus preguntas y dudas. Esto se manifiesta en que un 34,1 % está poco de acuerdo; un 16,7 % está nada de acuerdo; un 19,8 %, medianamente de acuerdo; un 19 %, bastante de acuerdo y un 10,3 %, totalmente de acuerdo.

La respuesta de los docentes a las dudas ha sido valorada por el 50,8 % como normal. La otra mitad (49,2 %) se divide entre los que consideran que la respuesta ha sido rápida (24,6 %) y muy rápida (9,5 %), frente al polo opuesto que considera que la respuesta ha sido lenta (11,1 %) y muy lenta (4 %).

El compromiso y la involucración del profesorado, a lo largo de todo el periodo analizado, han sido valorados positivamente por los alumnos. El 9,5 % considera que el profesorado ha estado muy involucrado, el 31 % bastante involucrado frente al 1,6 % nada involucrado y el 20,6 % poco involucrado. La suma total de los porcentajes en la balanza inclina la valoración positiva al 40,5 % frente a la negativa al 22,2 %. Entre los dos polos se sitúan los que piensan que el profesorado ha estado medianamente involucrado con un 37,3 %.

En cuanto a la transformación y adaptación del profesorado a sus clases *online*, este ha intentado involucrarse en mayor o menor medida. Los alumnos estimaron que el 8,7 % se involucró mucho y el 23 % bastante, mientras que el 19,8 % se involucró poco y el 5,6 % nada. En el centro se reiteran con un amplio porcentaje (42,9 %) los que consideran que el profesor se involucró medianamente.

En relación con la preparación de los materiales *online*, el profesorado obtiene una valoración de conjunto más bien negativa, si bien es cierto que los datos arrojan bastante dispersión en las opiniones. En este caso, el porcentaje más elevado se sitúa en el "poco de acuerdo" con un 34,1 % y el "nada de acuerdo" con el 9,5 %, mientras que el "totalmente de acuerdo" solo alcanza un modesto 7,9 %.

Del mismo modo hay diversidad de opiniones encontradas en torno a la formación necesaria por parte del profesorado para impartir clases en línea. El 12,7 % está totalmente de acuerdo con que los profesores poseen la formación necesaria, frente al 11,1 % que no está nada de acuerdo. Idéntico caso se reproduce de forma polarizada entre el bastante de acuerdo con un 21,4 % frente al poco de acuerdo con un 24,6 %. En el centro se sitúan los que están medianamente de acuerdo con esta opinión sumando un 30,2 %.

Los alumnos consideran que el profesorado posee un nivel medio en el uso de las tecnologías. En una escala del 1 al 5, el mayor porcentaje se ubica en el 3 con un 44,4 %. El resto se fracciona claramente en dos polos opuestos: el 30,9 % se posiciona en el 4 y 5 y el 24,6 % en el 1 y 2. La gran mayoría del profesorado se sitúa en el centro y los dos extremos se compensan recíprocamente por lo que los resultados son muy similares.

2.6.1. Conclusión sumaria de la variable "profesorado"

El correo electrónico sigue siendo el medio de comunicación más utilizado por todos los miembros de la comunidad universitaria, al facilitar la universidad cuentas licenciadas a todos sus usuarios. Sin embargo, el uso de esta herramienta influye significativamente a peor a la hora de realizar consultas y plantear dudas al profesor. Este repunte mengua de nuevo la eficacia de una enseñanza de idiomas vía digital.

En lo que a la velocidad de respuesta del profesorado a las consultas se refiere, el sesgo general se inclina a que este ha atendido con celeridad a sus alumnos, aunque el porcentaje no sea especialmente significativo. En relación con su compromiso y su involucración durante el proceso de enseñanza, este es valorado positivamente. En su transformación y adaptación a las clases *online*, el sesgo se inclina a que el profesorado lo ha intentado hacer bien, aunque sin obtener grandes resultados. Sin embargo, en otras acciones (preparación de los materiales didácticos, manejo de las nuevas tecnologías), el profesorado obtiene una valoración de conjunto negativa. Todos estos datos son lo suficientemente significativos como para considerar que la valoración final otorgada al profesorado en competencia y capacidad tecnológica es un aprobado raspado.

2.7. Sobre los resultados de aprendizaje

Entre las ventajas señaladas para el estudio de la lengua extranjera a distancia, las tres más representativas aluden a la comodidad de trabajar desde casa con un 68,3 %, a la autonomía en el aprendizaje con un 42,9 % y al mayor uso de las nuevas tecnologías con un 42,9 %.

Entre los inconvenientes señalados se encuentran la pérdida de motivación (53,2 %), la excesiva dependencia tecnológica (46 %), los problemas con los equipos informáticos (42,1 %) y la desorganización por parte del profesorado como uno de los inconvenientes más destacados con un 39,7 %.

La enseñanza a distancia dificulta la participación en clase y obstaculiza el aprovechamiento de la asignatura. Los argumentos esgrimidos que muestran estas adversidades son el hecho de que resulta más fácil descolgarse del ritmo de clase (66,7 %), los requisitos técnicos necesarios suponen una desventaja (20,6 %) y tan solo el 12,7 % opina que favorece su participación en clase.

Las destrezas que resultaron ser más fáciles a la hora de abordar y practicar a distancia fueron la comprensión lectora (51,6 %), seguida del estudio del vocabulario (47,6 %) y de la gramática (33,3 %) y, finalmente, la expresión escrita con un 31,7 %.

Del mismo modo, las que mayor grado de dificultad presentaron fueron la expresión oral con un 73,8 % y la comprensión auditiva con un 46,8 %. Las restantes no merecen especial mención. Sin embrago no pasa desapercibido el rango que ocupa la gramática en todo el proceso a distancia ya que porcentualmente destaca con un 27,8 % de entre todas las restantes opciones. Este hecho corrobora significativamente el resultado obtenido en la pregunta 25, donde la gramática también ocupa el tercer lugar.

De entre los medios de evaluación utilizados destaca, de forma sobresaliente, la entrega de un trabajo individual a través de Moodle con el 86,5 %, y, en segundo lugar, la entrega de grabaciones audio y vídeo con el 49,2 %. En tercer lugar, se hallan en una clara relación de empate, los exámenes tipo cuestionario en Moodle y los exámenes para descargar y enviar en un tiempo determinado, ambos con el 46,8 % de representatividad.

En relación con la idoneidad de los medios de evaluación como reflejo del nivel de competencia en lengua extranjera, hay una división en las opiniones encontradas. Por una parte, están los alumnos que están "totalmente de acuerdo" con que estos medios reflejan su nivel de competencia adquirido con un 7,1 %, "bastante de acuerdo" un 27 %, "medianamente de acuerdo" un 36,5 %, "poco de acuerdo" un 21,4 % y "nada de acuerdo" un 7,9 %. Resultados todos ellos muy similares tanto entre los que están de acuerdo y los que no lo están.

El porcentaje de los alumnos que aprecian claramente lagunas y carencias en los conocimientos adquiridos es ciertamente elevado con un 60,3 %, de los que el 24,6 % se muestra "totalmente de acuerdo" y el 35,7 % "bastante de acuerdo".

En relación con los resultados de aprendizaje no es evidente que los alumnos estén satisfechos con su rendimiento académico. Solo el 9,5 % se muestra "muy satisfecho" y el 24,9 % "bastante satisfecho"; ambos suman un total de 34,4 %. En el centro se ubican los "medianamente satisfechos" con un 27 %. En el extremo opuesto se sitúan los "poco satisfechos" (23,8 %) y los "nada satisfechos" (10,3 %) que suman un total de 34,1 %, lo cual equilibra la balanza. Los resultados se hallan totalmente divididos, por lo que las conclusiones quedan neutralizadas.

La gran mayoría (73,8 %) aprecia más la semipresencialidad que la enseñanza estrictamente *online* (58,7 %), si bien admiten también que esta última muestra carencias (15,1 %). De estos datos se concluye de forma sostenida que los alumnos siguen prefiriendo la enseñanza presencial. A este hecho cabe añadir la existencia, nada desdeñable, de un 11,9 % que solo recibe clase presencial. De no existir este porcentaje, las respuestas de semipresencialidad aumentarían y el resultado presente podría verse afectado y modificado sustancialmente.

2.7.1. Conclusión sumaria de la variable "resultados del aprendizaje"

La conclusión fundamental que emana del análisis de esta variable es que no estuvimos lo suficientemente preparados como para afrontar la súbita eventualidad a la hora de escalar y estabilizar la enseñanza *online*. Las plataformas y los sistemas de gestión del aprendizaje no alcanzaron el nivel de satisfacción deseado en el aprendizaje de la lengua extranjera. El cambio drástico a una enseñanza completamente *online* afectó tanto a alumnos como a profesores en su forma de organizarse y saberse desenvolver. El 87,3 % de los encuestados no ve adecuada la clase de lengua extranjera a distancia. Los resultados obtenidos en esta variable vuelven a incidir en el hecho de que Moodle ha sido la herramienta más utilizada junto con el correo electrónico, pero ahora con una desventaja sobreañadida, la exacerbación de la carga de trabajo en el alumno por la entrega de trabajos individuales como medios de evaluación principal (86,5 %). El porcentaje de los alumnos que aprecian claramente lagunas y carencias en los conocimientos adquiridos es muy elevado (60,3 %). De los datos numéricos concluimos que los alumnos mantienen su preferencia por la enseñanza presencial.

3. ANÁLISIS CUALITATIVO: CONCLUSIONES Y RESULTADOS MÁS RELEVANTES

En las entrevistas que realizamos a los 2 grupos focales se trataron secuencialmente los siguientes puntos: ventajas y desventajas; grado de motivación de estudiantes y profesores; ¿se puede enseñar lenguas desde la distancia, sin contacto físico con el profesor?; ¿se ha aprendido durante el confinamiento?, y exámenes.

Con el propósito de simplificar las notas de campo centramos nuestra atención en los puntos de intersección comunes arrojados por los dos grupos de discusión: "la enseñanza a distancia es peor que la enseñanza presencial", no les gustó el aprendizaje de forma virtual; echaban en falta el estar con otros compañeros y el ambiente que se genera en clase; les da más confianza el hecho de tener contacto físico con el profesor; durante el confinamiento tenían más autonomía, pero la figura del profesor es fundamental porque los va orientando; durante el confinamiento se encontraban "deprimidos, agobiados, saturados"; resulta importante separar el lugar de trabajo de la vivienda y "durante el confinamiento era todo lo mismo"; la motivación del estudiante era poca porque "no ves el final del túnel"; carga de trabajo excesiva; si esta carrera fuera bimodal o a distancia, no la harían; no les gustó el aprendizaje de forma virtual; en cuanto a los exámenes, la mayoría fue con evaluación continua; algunos tuvieron la sensación de que "les regalaron la nota" y otros se quejaron de la carga excesiva de trabajo; durante el confinamiento, un factor a tener en cuenta y que influyó en el aprendizaje también fue el manejo que tenía el profesor de las herramientas TIC; durante las clases *online* "hay más distracción que en las clases presenciales".

La transcripción literal de las cuestiones clave presentadas aquí retroalimentan de forma constructiva los datos del análisis cuantitativo tanto en sus debilidades como en sus fortalezas. Asimismo, los resultados del análisis cualitativo revelan coherencia con respecto a las valoraciones porcentuales.

María José Corvo Sánchez
Universidad de Vigo

Capítulo XIII: Estudio empírico sobre la influencia del confinamiento por la COVID-19 en la enseñanza de lenguas extranjeras en la Universidad de Vigo

1. INTRODUCCIÓN

La situación general de la enseñanza de las lenguas extranjeras (LE) en la Universidad de Vigo (UVigo) durante el confinamiento sufrido en el segundo cuatrimestre del curso 2019/20 puso de manifiesto dos cosas, fundamentalmente: (1) que ni las universidades ni el profesorado estaban preparados para ello y (2) la necesidad de actualizar la enseñanza universitaria.

El camino de adaptación recorrido por la UVigo arrancó un mes antes del 14 de marzo de 2020, fecha a partir de la cual cada una y cada uno de sus trabajadoras y trabajadores tuvo que quedarse en casa, en cumplimiento con el estado de alarma declarado por el Gobierno de España. El pistoletazo de salida lo dio la cancelación, por la crisis del coronavirus, de la mayor feria de móviles del mundo: el Mobile World Congress de Barcelona. Se comenzó entonces la laboriosa carrera de creación y mejora continua de su campus remoto, que consiguió culminar la primera fase con su puesta en funcionamiento ya a finales del mes de marzo, lo que conllevó un arduo trabajo de creación de un número cada vez mayor de salas, al mismo tiempo que se ofrecía servicio telefónico de apoyo sobre el manejo de las herramientas que se iban creando y usando: salas, Teams, Zoom, etc.

El campus remoto es un servicio que centraliza las distintas herramientas de teledocencia de la universidad: MooVi, plataforma basada en Moodle creada para sustituir a Faitic y estrenada como nuevo portal de teledocencia en septiembre de 2020; Faitic, plataforma que tras el curso 2020–2021 fue sustituida completamente por MooVi; las aulas virtuales "en directo", que posibilitan la docencia mediante videoconferencia, con funcionalidades adicionales, como compartir pantalla y presentaciones, chat o grabación; y el foro del profesorado. A mediados de abril de 2021 se habían creado ya 5793 salas de videoconferencias y 2877 despachos de profesores, cada sala con una capacidad máxima de 100 personas, y se contaba con más de 80 servidores, que permitían unos 20 000 flujos de vídeos, y con un edificio virtual o palacio de congresos.

2. ANÁLISIS DE LOS RESULTADOS

La muestra recogida ha sido de 124 cuestionarios, con una validez del 98,4-99,2 %.

El acceso al alumnado se realizó por dos vías: (1) de forma conjunta, a través del espacio de coordinación de MooVi y (2) de forma individual, a través del profesorado del Departamento de Filología Inglesa, Francesa y Alemana, quienes informaron y solicitaron la participación del alumnado tanto a través de los espacios de MooVi de sus materias, como personalmente en sus clases.

A continuación, se exponen los resultados cuantitativos obtenidos; los resultados cualitativos se recogen en el apartado final de conclusiones y discusión.

2.1. Dónde se ha aplicado el estudio y características de los informantes

La Tabla 1 recoge en orden descendente la representación del alumnado por grados y lenguas estudiadas. También refleja qué grados no están representados en este estudio.

Tabla 1: Ámbito de aplicación del estudio

<table>
<tr><th>Grados</th><th>Personas (%)</th><th>Lenguas</th><th>Personas (%)</th></tr>
<tr><td>Traducción e Interpretación</td><td>38 (30,6)</td><td>Inglés</td><td>108 (87,1)</td></tr>
<tr><td>Lenguas Extranjeras</td><td>36 (29)</td><td>Francés</td><td>50 (40,3)</td></tr>
<tr><td>Educación Infantil</td><td>19 (15,3)</td><td>Alemán</td><td>38 (30,6)</td></tr>
<tr><td>Turismo</td><td>12 (9,7)</td><td>Portugués</td><td>35 (28,2)</td></tr>
<tr><td>Comercio</td><td>8 (6,5)</td><th colspan="2" rowspan="2">Grados sin representación</th></tr>
<tr><td>Geografía e Historia</td><td>4 (3,2)</td></tr>
<tr><td>Educación Primaria</td><td>2 (1,6)</td><td colspan="2" rowspan="5">Administración y Dirección de Empresas, Trabajo Social, Ingeniería Química Industrial, Ingeniería Electrónica Industrial y Automática, Ingeniería en Organización Industrial, Ingeniería Eléctrica, Bellas Artes.</td></tr>
<tr><td>Fisioterapia</td><td>2 (1,6)</td></tr>
<tr><td>Ciencias del Lenguaje y Estudios Literarios</td><td>1 (0,8)</td></tr>
<tr><td>Ingeniería Técnica Industrial</td><td>1 (0,8)</td></tr>
<tr><td>Ingeniería Mecánica</td><td>1 (0,8)</td></tr>
</table>

Las características de los informantes se resumen en la Tabla 2.

Tabla 2: Características de los informantes

Datos personales	Variables	Personas (%)
Edad	18–23	96 (77,4)
	24–35	21 (16,9)
	36 o más	7 (14,5)
Sexo	Masculino/ Femenino	18 (14,5)/ 103 (83,1)
	Prefiero no decirlo	3 (2,4)
Domicilio en periodo no lectivo	Vigo	33 (26,6)
	Provincia Pontevedra	53 (42,7)
	Comunidad Galicia/ Otro	33 (26,6)/ 5 (4)
Domicilio durante el curso	Familiar	74 (59,7)
	Vivienda compartida	40 (32,3)
	Residencia de estudiantes/ Otro	6 (4,8)/4 (3,2)
Domicilio durante el confinamiento	Familiar	112 (90,3)
	Vivienda compartida	7 (5,6)
	Residencia de estudiantes	1 (0,8)
	Otro	4 (3,2)
Equipamiento informático	Uso personal	120 (96,8)
	Uso compartido	4 (3,2)
Conexión a internet	Wifi	117 (94,4)
	Con dispositivo móvil	7 (5,6)
Ingresos mensuales familiares	1000€ o menos	34 (27,4)
	Entre 1000€ y 2000€	57 (46)
	Más de 2000€	33 (26,6)

En su mayoría, este alumnado vivió el confinamiento junto a sus familiares – 90 con familiares sin teletrabajo y 35 con familiares con teletrabajo –; nueve personas optaron por continuar en una vivienda compartida, una por seguir en la residencia de estudiantes y también solo una lo pasó sin compañía.

2.2. Sobre la motivación para aprender

En este apartado el interés se centra en la motivación para aprender en las dos realidades, fuera y dentro del tiempo de la pandemia, y tanto en la situación del alumnado como en la percepción de este sobre el profesorado.

La Figura 1 muestra la tendencia hacia la desmotivación del alumnado durante el tiempo del confinamiento. La Figura 2, por su lado, presenta la motivación del profesorado fuera y en tiempo de pandemia.

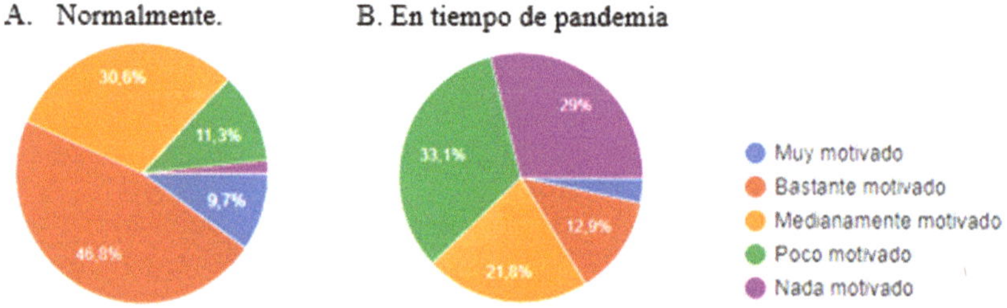

Figura 1: Motivación del alumnado fuera y en tiempo de pandemia

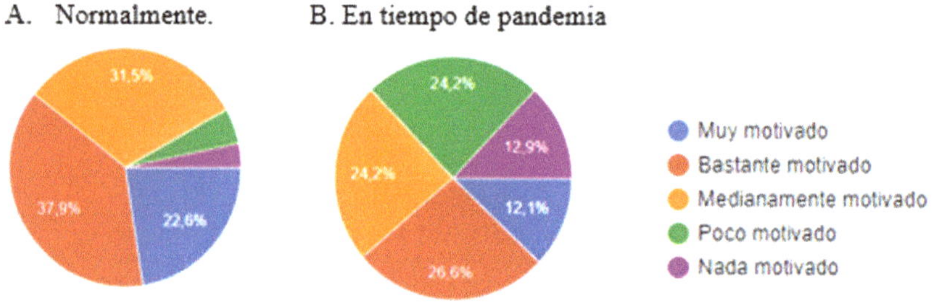

Figura 2: Motivación del profesorado fuera y en tiempo de pandemia

La Tabla 3 recoge, en orden de mayor a menor representatividad, los factores más influyentes en la motivación del alumnado.

Tabla 3. Factores influyentes en la motivación del alumnado

Factores	Personas (%)
Dificultad para mantener una rutina	71 (57,3)
Distracciones en el domicilio	67 (54)
Falta de contacto con los compañeros	56 (45,2)
Desorganización del profesorado	54 (43,5)
Falta de comunicación con el profesorado	45 (36,3)
Soledad	38 (30,6)
Poca capacidad de organización propia	29 (23,4)
Otros	27 (21,8)
Autonomía	21 (16,9)

La Figura 3 muestra la valoración sobre lo siguiente: a) preferencia por trabajar de manera individual para organizar mejor el tiempo, b) añoranza de la interacción con los compañeros y c) añoranza de las actividades en parejas/grupos.

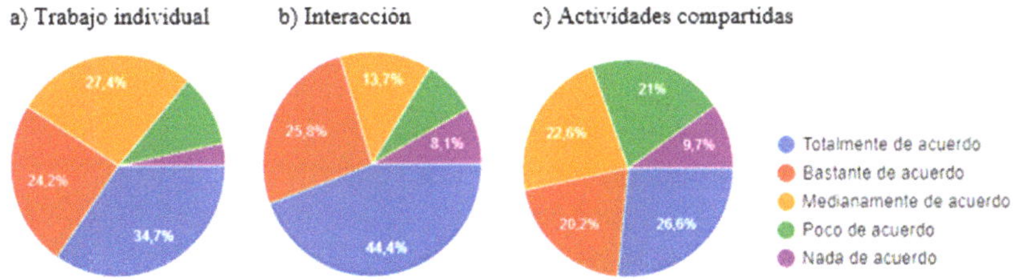

Figura 3: Grados de conformidad: trabajo individual, interacción y actividades compartidas en el aula

Solo un 10,5 % y un 3,2 % manifestaron, respectivamente, estar poco de acuerdo y nada de acuerdo con la opción a); y un 8,1 % señaló estar poco de acuerdo con la opción b).

2.3. Sobre las herramientas para el aprendizaje

Las variables contempladas fueron las siguientes: a) materiales subidos en Faitic, b) cuestionarios en Faitic, c) foros en Faitic, d) clases *online* por campus remoto,

Zoom o similar, e) clases en *streaming* en diferido, f) tutorías *online* por campus remoto, Zoom o similar. g) grabaciones propias del docente y h) grabaciones de canales o repositorios. A los participantes se les pidió que escogieran las dos opciones más usadas, las dos de mayor utilidad y la dos de menor utilidad, además que las valoraran como herramientas útiles para el contacto con el profesorado. Los datos resultantes se recogen en la Tabla 4.

Tabla 4. Elección de las herramientas para el aprendizaje de LE

Variables	Las dos más usadas	Las dos más útiles	Las dos menos útiles
A	109 (87,9 %)	71 (57,3 %)	25 (20,2 %)
B	22 (17,7 %)	12 (9,7 %)	32 (25,8 %)
C	12 (9,7 %)	2 (1,6 %)	60 (48,4 %)
D	96 (77,4 %)	84 (67,7%)	14 (11,3 %)
E	3 (2,4 %)	3 (2,4 %)	15 (12,1 %)
F	25 (20,2 %)	22 (17,7 %)	10 (8,1 %)
G	26 (21 %)	25 (20,2 %)	18 (14,5 %)
H	3 (2,4 %)	6 (4,8 %)	24 (19,4 %)

La valoración de la utilidad de las herramientas elegidas para el contacto con el profesorado de LE se muestra en la Figura 4. Seis personas -equivalentes al 4,8 % de las respuestas obtenidas- declararon que estas herramientas no les ayudaron a estar en contacto con el profesorado de LE.

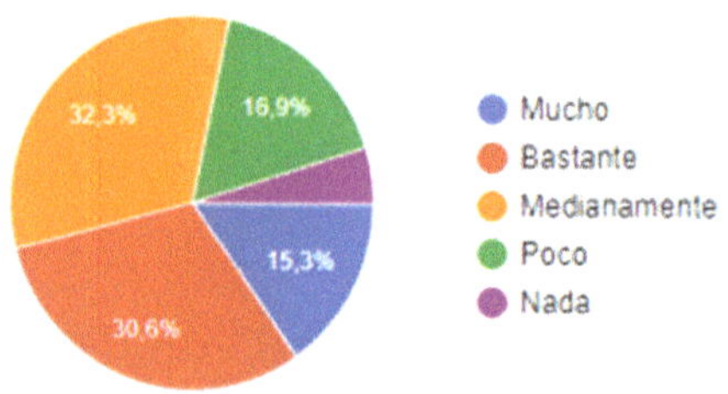

Figura 4: Valoración de la utilidad de las herramientas para estar en contacto con el profesorado

La Tabla 5 recoge las respuestas obtenidas en relación con las dos actividades o destrezas lingüísticas que resultaron especialmente difíciles de trabajar durante el confinamiento, así como la valoración de las destrezas lingüísticas trabajadas correctamente con las herramientas digitales de las que se disponía.

Tabla 5. Destrezas lingüísticas: grados de dificultad y corrección del trabajo con ellas

Destrezas lingüísticas	Grado de dificultad	Grado de corrección
Gramática	22 (17,7 %)	40 (32,3 %)
Vocabulario	18 (14,5 %)	30 (24,2 %)
Comprensión lectora	20 (16,1 %)	15 (12,1 %)
Expresión escrita	16 (12,9 %)	10 (8,1 %)
Comprensión auditiva	68 (54,8 %)	14 (11,3 %)
Expresión oral	96 (77,4 %)	10 (8,1 %)
Competencia cultural	19 (15,3 %)	5 (4 %)

La Figura 5 muestra que WhatsApp (107 personas) y Zoom (40 personas) fueron las dos herramientas digitales más usadas entre el estudiantado.

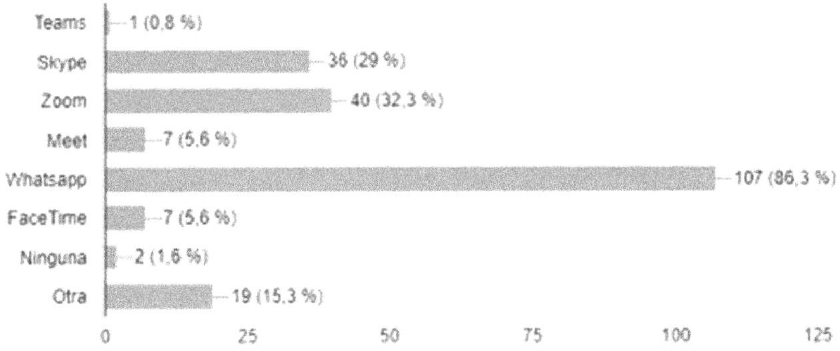

Figura 5: Herramientas digitales utilizadas para el trabajo en grupo y el contacto entre el estudiantado

2.4. Sobre el profesorado

Para mantenerse en contacto con los docentes, el correo electrónico fue la vía de contacto elegida por la mayoría -118 personas (95,2 %)-, seguida por las clases por videoconferencia -66 personas (53,2 %)-. Otras vías fueron las tutorías por videoconferencia (12,9 %), los chats en Moodle (6,5 %) y los foros en Moodle (3,2 %).

El alumnado mayoritariamente ha considerado que la respuesta de los docentes a sus dudas fue rápida (37,1 %) o normal (37,9 %), muy rápida para un 8,1 %, lenta para un 11,3 % y muy lenta para un 5,6 %.

El dominio de las tecnologías mostrado por el profesorado en sus clases *online* ha obtenido una valoración mayoritaria de 3 y 4 sobre 5 (40 y 29 personas, respectivamente). Solo 15 personas dieron la nota máxima, 17 lo puntuaron con un 2 y 8 con la nota mínima. 15 personas declararon no tener suficiente criterio para opinar.

Los valores de la Figura 6 muestran la implicación del profesorado de LE.

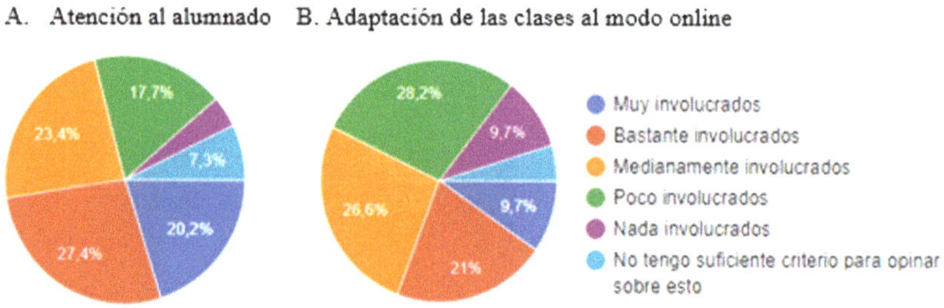

Figura 6: Implicación del profesorado

2.5. Sobre los resultados de aprendizaje

Las tres ventajas principales señaladas a la hora de estudiar LE a distancia han sido las siguientes: la comodidad (72,6 %), la autonomía en el aprendizaje (38,7 %) y el mayor uso de las nuevas tecnologías (36,3 %). Otra respuesta en un porcentaje destacable ha sido la desconexión de la realidad de la cuarentena (35,5 %). Las opciones marcadas como menos ventajosas fueron la amplia disponibilidad de material para el aprendizaje (22,6 %), el hecho de que con la docencia *online* se evita la distracción con los compañeros (14,5 %) y la ayuda que esta modalidad de clases brinda a la hora de mantener una rutina (13,7 %).

En cuanto a los inconvenientes, los tres principales fueron la pérdida de motivación (46,8 %), los problemas con los equipos informáticos o la conexión (40,3 %) y la falta de concentración al tener distracciones en casa (39,5 %). Otros inconvenientes señalados en un porcentaje importante fueron la desorganización por parte del profesorado (33,1 %), la pérdida de contacto con los compañeros en clase y la excesiva dependencia de la tecnología -ambos con un 29,8 %-, la soledad (28,2 %), la dificultad en la adquisición de contenidos (26,6 %) y la desorganización personal (24,4 %). El menor de los inconvenientes fue la dificultad para acceder a los recursos bibliográficos (14,5 %).

La Figura 7 muestra los porcentajes obtenidos en la valoración de la participación en clase y el aprovechamiento de la asignatura.

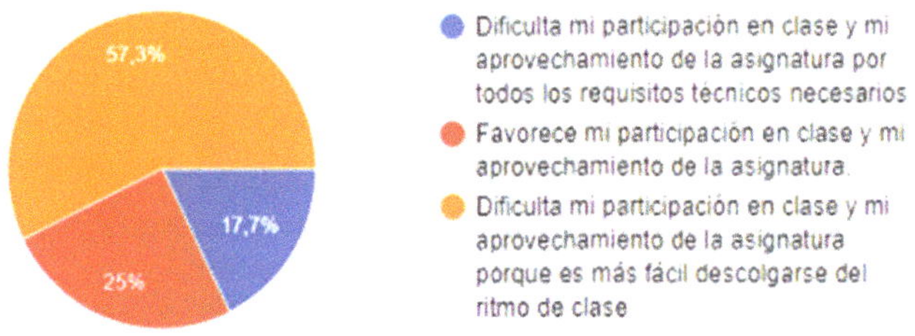

Figura 7: Valoración de la participación en clase y aprovechamiento de la asignatura

La Tabla 6 recoge la representación obtenida a partir de la elección de las dos destrezas o componentes de lengua más fáciles y las dos más complicadas de practicar desde casa.

Tabla 6. Destrezas o componentes de lengua más fáciles y más difíciles de practicar desde casa

Variables	**Destrezas más fáciles**	**Destrezas más complicadas**
Gramática	61 (49,2 %)	29 (23,4 %)
Vocabulario	68 (54,8 %)	11 (8,9 %)
Comprensión lectora	40 (32,3 %)	9 (7,3 %)
Expresión escrita	30 (24,2 %)	21 (16,9 %)
Comprensión auditiva	32 (25,8 %)	64 (51,6 %)
Expresión oral	12 (12,1 %)	99 (79,8 %)
Competencia cultural	10 (8,1 %)	18 (14,5 %)

Las repuestas sobre los tres medios de evaluación empleados más frecuentemente durante el confinamiento fueron las siguientes: la entrega de un trabajo individual (64,5 %), el examen para descargar y enviar en un tiempo determinado (61,3) y el examen tipo cuestionario en Faitic o Moodle (53,2 %). Otras opciones menos representadas fueron la entrega de una grabación de audio o vídeo (45,2 %), la entrega de un trabajo colectivo (32,3 %), la participación en foros o chats (11,3 %) y la entrega de portafolios (9,7 %).

La Figura 8 muestra el grado de conformidad con las dos afirmaciones siguientes: a) Los medios de evaluación han reflejado con claridad el nivel de competencia en las LE y b) Las clases han dejado muchas carencias y dificultan la continuidad del curso.

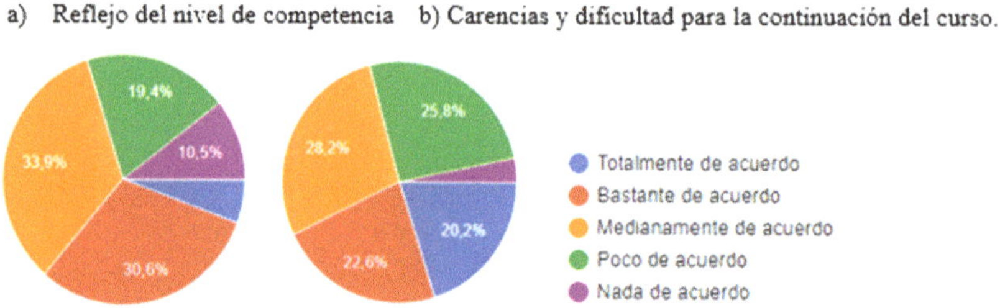

Figura 8: Grado de conformidad con los medios de evaluación

En el caso a) solo 7 personas (5,6 %) han manifestado estar totalmente de acuerdo; en el caso b) solo 4 (3,2 %) declararon no estar nada de acuerdo.

La Figura 9 muestra el grado de satisfacción con el rendimiento obtenido.

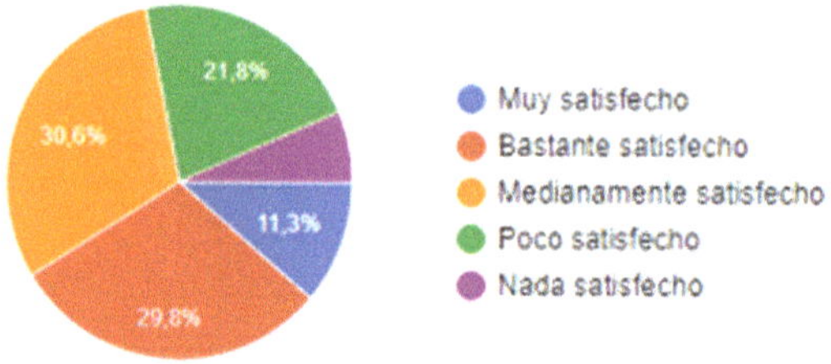

Figura 9: Grado de satisfacción con el rendimiento

3. CONCLUSIONES Y DISCUSIÓN

La muestra, compuesta en su mayoría por estudiantado femenino de edades entre los 18 y los 23 años, representa principalmente los grados de Traducción e Interpretación y de Lenguas Extranjeras y, en un porcentaje menor, los de Educación Infantil, Turismo y Comercio, entre los cuales el inglés es la lengua extranjera más estudiada, seguida del francés, del alemán y del portugués.

La mayoría ha declarado residir mayoritariamente en la Comunidad de Galicia durante el periodo no lectivo y, de forma preferente, en la ciudad de Vigo, o bien en otro lugar de la provincia de Pontevedra. Durante el curso se encuentra en el domicilio familiar, donde también pasó la mayor parte del tiempo en el confinamiento, junto a familiares sin teletrabajo; solo un grupo reducido optó por continuar en una vivienda compartida -en este contexto, la representación de las residencias de estudiantes es prácticamente nula-.

Igualmente, la mayoría ha declarado disponer de equipamiento informático de uso personal, así como de conexión a internet por wifi y vivir en hogares con ingresos mensuales entre los 1000 euros y los 2000 euros.

Las respuestas que muestra la Figura 1 delatan una clara desmotivación del alumnado frente al aprendizaje durante el tiempo del confinamiento. Los tres factores más influyentes señalados son la dificultad para mantener una rutina, las distracciones en el domicilio y la falta de contacto con los compañeros. La desorganización del profesorado, la falta de comunicación con los docentes, la soledad, así como las capacidades o incapacidades personales de organización de trabajo son efectos que muestran diferentes grados de representatividad, pero todos destacan de forma importante en este conjunto.

La mayoría prefirió trabajar de manera individual durante el confinamiento, alegando una mejor organización de su tiempo, si bien ha señalado haber echado de menos la interacción con los compañeros en las clases de LE a distancia y la realización de las actividades en parejas/grupos, como se muestra en la Figura 3.

Los materiales subidos en Faitic y las clases *online* por campus remoto, Zoom o similar fueron las dos herramientas más usadas y de mayor utilidad para el aprendizaje; las consideradas menos útiles fueron los foros y los cuestionarios en Faitic. A la mayoría estas herramientas los ayudaron a estar en contacto con el profesorado.

Las dos destrezas lingüísticas especialmente difíciles de trabajar fueron la expresión oral y la comprensión auditiva; por otro lado, otros componentes de la lengua tales como la gramática y el vocabulario fueron los que pudieron trabajar más correctamente; y las dos herramientas digitales más usadas fueron WhatsApp y Zoom para el trabajo en grupo y el contacto entre el estudiantado y el correo electrónico y las clases por videoconferencia para el contacto con los docentes de LE.

Una gran parte del alumnado ha declarado haberse sentido más cohibido que en las clases presenciales a la hora de hacerle llegar sus dudas y dificultades al docente. También ha manifestado que el profesorado no preparó material nuevo, ni tenía la formación necesaria para impartir sus clases en línea.

La mayoría ha considerado que la respuesta de los docentes a sus dudas fue rápida o normal y una gran parte que estos se involucraron en la atención al alumnado y en la transformación y adaptación de sus clases a la modalidad *online*; en cuanto a su dominio de las tecnologías, la valoración mayoritariamente ha sido de 3 y 4 sobre 5.

Las tres ventajas principales señaladas a la hora de estudiar una LE a distancia han sido la comodidad, la autonomía y el mayor uso de las nuevas tecnologías, y los tres inconvenientes principales, la pérdida de motivación, los problemas con los equipos informáticos o la conexión y la falta de concentración al tener distracciones en casa.

En opinión de la mayoría, la impartición de las clases de LE a distancia dificulta la participación en clase y el aprovechamiento de la asignatura. La gramática y el vocabulario son los dos componentes de la lengua más fáciles de practicar desde casa y la expresión oral y auditiva las dos competencias más complicadas.

Los tres medios de evaluación empleados más frecuentemente durante el periodo de confinamiento fueron la entrega de un trabajo individual, el examen para descargar y enviar en un tiempo determinado y el examen tipo cuestionario en Faitic o Moodle.

Por último, la mayoría ha considerado que las clases dejaron muchas carencias, dificultando la continuidad del curso, y se ha mostrado medianamente de acuerdo con que los medios de evaluación hayan reflejado con claridad el nivel de competencia en las LE y medianamente satisfecha con su rendimiento durante el periodo de clases a distancia. En opinión del 75,4 %, además, la presencialidad es la mejor opción para el aprendizaje de las LE y un 59,7 % ha declarado su preferencia por la semipresencialidad frente a la experiencia *online*, a pesar de que siga teniendo carencias.

La última pregunta del cuestionario, la única de opinión con respuesta abierta, obtuvo 52 respuestas. Muchas de ellas están en la línea de las conclusiones precedentes -la comodidad, no tener que desplazarse, disponer de más tiempo, el mayor uso de las tecnologías, el trabajo a distancia con los compañeros o la rápida atención en cuanto a las dudas por parte del profesorado-; no obstante, otras difieren en gran medida, al destacar positivamente la autonomía, la motivación e implicación del profesorado en la preparación de ejercicios dinámicos, la semipresencialidad o la mayor posibilidad de practicar la expresión oral. Llama la atención la contradicción de las respuestas, entre las que también figuran las opciones de "nada" y "todo" fue bueno en la experiencia de aprendizaje de LE durante el confinamiento. Del conjunto, además, destacan las siguientes opiniones positivas: por parte del alumnado, en general, la tranquilidad de no exponerse al virus, la libertad y aprender a organizar mejor el tiempo y, por parte del profesorado, el interés por superar las dificultades. En definitiva, la discusión está servida.

Nekane Celayeta Gil
Universidad Pública de Navarra

Edurne Goñi Alsúa
Universidad Pública de Navarra

Capítulo XIV: Informe de la Comunidad Foral de Navarra – Universidad Pública de Navarra sobre la enseñanza de lenguas extranjeras durante el confinamiento por la COVID-19

1. INTRODUCCIÓN

1.1. Adaptación de la universidad durante el confinamiento

El 11 de marzo de 2020 la OMS elevó la situación de emergencia de salud pública a pandemia internacional, lo que exigió la adopción de medidas inmediatas recogidas en el Real Decreto 463/2020, de 14 de marzo de 2020. Tras su entrada en vigor, la Universidad Pública de Navarra (UPNA) implantó una serie de medidas para adaptar el proceso de enseñanza-aprendizaje presencial a *online*. Así pues, durante el fin de semana del 14 y 15 de marzo, se suspendió toda la actividad presencial y se inició un proceso de adaptación a las nuevas circunstancias. Los servicios informáticos activaron cuentas en Zoom para todos los docentes y el martes 17 de marzo se realizaron los primeros cursos de formación *online* sobre esta herramienta. De esta manera, se pudo continuar impartiendo las clases en el horario habitual de las asignaturas y se realizaron los exámenes, tanto finales como parciales, mediante el uso de la plataforma MiAulario de la universidad y las videoconferencias en Zoom.

Los docentes de las diferentes asignaturas se amoldaron al nuevo escenario educativo y llevaron a cabo las adaptaciones metodológicas, de materiales y de la evaluación pertinentes. Hubo, por ejemplo, que reelaborar algunos de los exámenes, si bien es cierto que muchas asignaturas ya trabajaban con sistemas de evaluación *online*. A tal efecto, se contó con dos figuras. La primera fueron los servicios informáticos, encargados de adaptar la plataforma de estudio MiAulario a las necesidades que los profesores plantearon; por otro lado, los directores de cada departamento, quienes supervisaron las propuestas de los docentes para verificar que las variaciones eran compatibles con las fichas de las asignaturas ya publicadas. Así, se pudieron cubrir las necesidades docentes planteadas en este reto educativo que demandaba un proceso de adaptación urgente y eficaz.

2. ANÁLISIS DE LOS RESULTADOS

2.1. Aplicación del estudio y características de los informantes

En el caso concreto de la UPNA, el número total de participantes fue 52. Para adaptar el cuestionario a las características particulares de esta universidad, se modificaron varias partes. Las preguntas del primer bloque se cambiaron para adaptarlas tanto a las titulaciones cursadas por los encuestados (pregunta 1), como a las lenguas estudiadas en los grados en cuestión (pregunta 2) y al domicilio de los participantes (pregunta 5). En la tercera sección, se ajustaron las opciones a elegir para incluir las herramientas tecnológicas utilizadas en la UPNA (preguntas 21, 22, 23 y 28). Asimismo, en la cuarta sección se cambió la formulación de la pregunta para concretar la universidad (pregunta 34) y, finalmente, en la quinta sección se reformuló una de las posibles respuestas para mencionar la plataforma virtual que se utiliza en la universidad.

El cuestionario se difundió entre los alumnos que estudiaban en el curso académico 2020—2021, el 2.º curso del Grado de Magisterio en sus cinco especialidades, a saber: Internacional, Infantil en euskera y en castellano y Primaria, también en euskera y castellano, así como el Doble Grado de Educación Primaria e Infantil. Se trataba de encuestar a aquellos discentes que durante el semestre de primavera del curso académico 2019–2020 (correspondiente a los meses de enero a mayo de 2020) cursaron las asignaturas Inglés 1, Euskera 1 o Francés 1, adaptadas a causa del estado de alarma y el consiguiente confinamiento. Se trata de un grupo de participantes muy variado, ya que la mitad de ellos eran alumnos bilingües (euskera-castellano), un número elevado venía de cursar Formación Profesional, mientras que a los estudiantes de Magisterio Internacional se les exige un nivel B2 (de Cambridge o equivalentes) para poder acceder al grado. Por ello, la asignatura de Inglés 1, algo que también ocurre en el caso de Euskera 1 o Francés 1 tiene una fluctuación que debe tenerse en cuenta en lo que se refiere al nivel de competencia lingüística en lenguas extranjeras, cuestión que se refleja tanto en el desarrollo de las clases, como en la motivación del alumnado y su esfuerzo, así como en los resultados del aprendizaje.

Tras contactar con los profesores de las asignaturas, se divulgó el cuestionario entre el público objetivo del estudio. Uno de los docentes les dejó unos minutos de su clase para cumplimentarlo, mientras que otros profesores colgaron en la plataforma *online* el enlace a la encuesta y pidieron a los estudiantes que lo rellenasen cuando lo considerasen oportuno. Por consiguiente, el número de alumnos que respondió al formulario varió sustancialmente entre los diferentes grados.

Del total de las respuestas recogidas, el 71,2 % estudiaba Magisterio en Educación Primaria en euskera, el 23,1 % cursaba el Doble grado de Educación Infantil y Primaria y el 5,8 % era alumnado de Magisterio en Educación Primaria en castellano. El 84,6 % de los encuestados estudiaba inglés, mientras que el 44,2 % cursaba euskera y el 7,7 % francés. El 100 % del alumnado tenía entre 18 y 23 años, de forma que se trata de un grupo de edad homogénea.

El 67,3 % de los participantes era de sexo femenino y el 32,7 % de sexo masculino; ningún alumno eligió la opción "prefiero no decirlo". El 53,8 % de los participantes tenía su residencia habitual en Pamplona, el 42,3 % en otros lugares de la Comunidad Foral de Navarra y, por último, un 3,8 % residía fuera de esta. Durante el curso académico el 86,5 % residía en el domicilio familiar, mientras que el 11,5 % lo hacía en piso compartido y el 1,9 % en "otros"; ningún alumno indicó vivir en residencia de estudiantes. Durante el periodo del confinamiento, sin embargo, el 96,2 % estuvo en el domicilio familiar y el 3,8 % en otro no especificado, pero no en piso compartido o residencia.

Respecto a la posesión de un equipo informático de uso personal, el 98,1 % de los encuestados afirmaban poseer un dispositivo de uso exclusivamente personal, frente a un 1,9 % que lo compartía. En lo que se refiere a la conexión de internet, en el 100 % de los casos fue a través de wifi en el domicilio. Y, en cuanto a los ingresos mensuales de la familia, el 50 % de las familias ingresaba más de 2000 euros, el 36,5 % entre 1000 y 2000 euros y el 13,5 % 1000 o menos euros al mes.

El 69,2 % de los participantes estuvo acompañado de familiares que no realizaban teletrabajo y el 46,2 % convivió con familiares que sí lo llevaban a cabo. Un 1,9 % de los estudiantes residió con compañeros de piso, mientras que ninguno estuvo solo en la vivienda ni acompañado por los compañeros de la residencia.

2.2. Sobre la motivación para aprender

En lo atinente al nivel de motivación durante sus estudios fuera del tiempo de pandemia, un 46,2 % de los encuestados afirma estar bastante motivado, el 34,6 % medianamente motivado, el 9,6 % poco motivado y, finalmente, el 5,8 % se siente muy motivado y, por el contrario, otro 3,8 % nada motivado. Durante el confinamiento el nivel de motivación hacia los estudios varió en gran medida, ya que el 50 % manifestó estar poco motivado, el 25 % nada motivado, el 15,4 % medianamente motivado y 9,6 % bastante motivado.

El nivel de motivación que normalmente tienen los profesores de lengua extranjera según los alumnos es el siguiente. El 40,4 % de los encuestados opina que los docentes se muestran medianamente motivados, el 32,7 % los percibe bastante motivados, el 17,3 % muy motivados y el 5,8 % poco motivados, mientras que el 3,8 % de los discentes no los encuentra nada motivados. El nivel de motivación de los docentes de lengua extranjera durante el confinamiento, según la apreciación de los alumnos, fue diferente, ya que el 26,9 % los encontraba medianamente motivados y el 21,2 % bastante motivados. Asimismo, otro 21,2 % considera que estaban muy motivados, el 19,2 % poco motivados y el 11,5 % de los encuestados los percibía nada motivados.

Con respecto a los factores que influyeron en la motivación de los participantes durante el confinamiento, los encuestados señalaron lo siguiente. El 59,6 % apuntó a la falta de contacto con los compañeros como factor influyente, otro 57,7 % a la desorganización del profesorado, mientras que el 48,1 % adujo la falta de comunicación del profesorado como condicionante. Otro 34,6 % de los encuestados indicó la dificultad para mantener una rutina y el 30,8 % las distracciones en el domicilio, mientras que el 17,3 % no especificó cuáles fueron los factores influyentes en su motivación. El 14,6 % señaló la soledad como factor determinante, el 11,5 % la poca capacidad de organización propia, frente al 7,7 % que, precisamente, habló de la autonomía como determinante en su motivación. Por consiguiente, se trata de factores muy diversos, tanto positivos como negativos.

Respecto a la afirmación "durante el periodo de clases a distancia, prefiero trabajar de manera individual porque así organizo mejor mi tiempo", el 32,7 % se mostró medianamente de acuerdo, el 28,8 % bastante de acuerdo, el 21,2 % totalmente de acuerdo. El 9,6 % de los encuestados se manifestó poco de acuerdo y el 7,7 % en total desacuerdo.

A propósito de la afirmación "en las clases de lenguas extranjeras a distancia echo de menos la interacción con los compañeros", el 36,5 % de los participantes se posicionó bastante de acuerdo, el 32,7 % indicó que estaba totalmente de acuerdo, el 19,2 % medianamente de acuerdo, el 9,6 % especificó que se encontraba poco de acuerdo, mientras que el 1,9 % se mostró nada de acuerdo.

Y, por último, en respuesta a la afirmación "en las clases de lenguas extranjeras a distancia echo de menos poder seguir realizando actividades en parejas/grupos", el 30,8 % de los participantes indicó estar totalmente de acuerdo, el 28,8 %

medianamente de acuerdo, el 21,2 % bastante de acuerdo, el 15,4 % poco de acuerdo y el 3,8 % nada de acuerdo.

2.3. Sobre las herramientas para el aprendizaje

Las herramientas más utilizadas durante el confinamiento fueron las clases sincrónicas por Zoom (94,2 %), seguidas de los materiales subidos en MiAulario (69,2 %) y las tareas en MiAulario (55,8 %). Por su parte, las tutorías por Zoom se utilizaron en menor medida (17,3 %), así como las grabaciones propias del docente (13,5 %). Los foros en MiAulario se utilizaron un 9,6 %, los cuestionarios en MiAulario un 7,7 % y, por último, las grabaciones de canales o repositorios un 1,9 %, y otro 1,9 % las tutorías por Teams.

Los encuestados consideran que, de las herramientas empleadas, la de mayor utilidad para el aprendizaje fueron las clases sincrónicas por Zoom (69,2 %), el 55,8 % señalan la gran utilidad de los materiales subidos en MiAulario, el 40,4 % las tareas en MiAulario. Por otra parte, el 11,5 % marca las tutorías por Zoom, el 5,8 % las grabaciones propias del docente y el 5,8 % los cuestionarios en MiAulario como aquellas herramientas de las que se sirvieron durante el confinamiento. Tanto las grabaciones de canales o repositorios como los foros en MiAulario reportaron un 0 % de resultados.

En relación con las herramientas de aprendizaje de menor utilidad para los alumnos, un 42,3 % de los alumnos señala los foros en MiAulario, un 32,7 % las grabaciones propias del docente, un 23,1 % los cuestionarios en MiAulario y un 19,2 % las tutorías por Teams. Además, un 13,5 % marca los materiales subidos en MiAulario, otro 13,5 % las grabaciones de canales o repositorios, un 9,6 % las clases sincrónicas por Teams, un 7,7 % las tareas en MiAulario, un 5,8 % los materiales subidos en MiAulario, otro 5,8 % los cuestionarios en MiAulario, un 1,9 % las clases sincrónicas por Zoom, mientras que otro 1,9 % marca también las tutorías por Zoom.

Ante la pregunta de si estas herramientas ayudaron a los alumnos a mantener el contacto con el profesorado, los participantes señalan que les ayudaron medianamente (44,2 %), bastante (38,5 %), poco (13,5 %), mucho (3,8 %) y ninguno indica que no les ayudasen nada (0 %).

Las destrezas lingüísticas y otros componentes de la lengua especialmente difíciles de trabajar durante el confinamiento con las herramientas digitales mencionadas fueron la expresión oral (73,1 %), la comprensión auditiva (34,6 %) y la gramática (34,6 %). Por otro lado, el 21,2 % expone que la dificultad estuvo en la competencia cultural, el 19,2 % en el vocabulario y el 15,4 % la expresión escrita, junto a la comprensión lectora, otro 13,5 %.

Los componentes de la lengua que consideran los encuestados que se trabajaron correctamente durante el confinamiento son, por un lado, el vocabulario (28,8 %) y, por otro lado, la compentencia en expresión oral (25 %), así como la expresión escrita (19,2 %). El 13,5 % piensa, sin embargo, que fue la comprensión lectora, el 11,5 % la comprensión auditiva y el 1,9 % la expresión oral. No obstante, ningún alumno menciona la competencia cultural.

De las herramientas digitales utilizadas para el trabajo en grupo y el contacto con los compañeros, los participantes señalan Zoom (94,2 %) en primer lugar. El 82,7 % utilizó el WhatsApp y el 23,1 % Skype. El 1,9 %, por su parte, Facetime, otro 1,9 % Meet. Las respuestas Teams, "ninguna" y "otras" no fueron marcadas por ningún alumno.

2.4. Sobre el profesorado

A la primera pregunta, sobre cómo se mantuvieron en contacto con los docentes de lengua extranjera, el 73,1 % manifestó hacerlo a través de las clases por videoconferencia, y el 63,5 % a través del correo electrónico. Por otro lado, un 15,4 % lo hizo mediante los chats en MiAulario, un 9,6 % a través de tutorías por videoconferencia y un 7,7 % gracias a los foros en MiAulario.

En la segunda pregunta, en la que los alumnos tenían que mostrar su conformidad sobre la frase "durante el periodo de clases a distancia, tengo menos reparo a la hora de hacerle llegar mis dudas y dificultades al docente que si la clase fuera presencial", el 32,7 % está medianamente de acuerdo, el 26,9 % bastante de acuerdo, el 21,2 % poco de acuerdo, el 13,5 % totalmente de acuerdo, mientras que el 5,8 % se mostró nada de acuerdo.

La pregunta 3 se centraba en la respuesta de los docentes a las dudas. El 53,8 % respondió que fue normal, el 23,1 % la percibió lenta, el 17,3 %, sin embargo, rápida y el 5,8 % indicó que había sido muy lenta. Ningún alumno respondió que fuese muy rápida.

En cuarto lugar, sobre la involucración de los profesores en la atención al alumnado, el 48,1 % indicó que los docentes estuvieron bastante involucrados, el 26,9 % medianamente involucrados, el 17,3 % poco involucrados y el 7,7 % muy involucrados. Ningún alumno respondió que los profesores estuvieran nada involucrados.

A la quinta pregunta, sobre la involucración del profesorado en la adaptación al modo *online*, el 38,5 % expuso que estos estuvieron bastante involucrados, el 32,7 % medianamente involucrados, el 19,2 % poco involucrados, mientras que el 9,6 % muy involucrados. Ningún alumno responde que no estuvieran nada involucrados.

En la sexta pregunta, los alumnos tenían que mostrar el grado en el que estaban de acuerdo con la siguiente frase: "los profesores han preparado materiales nuevos para impartir clases *online*". El 42,3 % se mostró medianamente de acuerdo, el 34,6 % respondió que poco de acuerdo, el 17,3 % bastante de acuerdo, mientras que un 3,8 % se presentó en total acuerdo, frente a un 1,9 % nada de acuerdo.

La séptima pregunta también contenía una afirmación: "los docentes de lenguas extranjeras tienen la formación necesaria para impartir sus clases de idiomas en línea". Ante esta, el 34,6 % estaba bastante de acuerdo, otro 34,6 % apuntó que medianamente de acuerdo, un 25 % se posicionó poco de acuerdo, mientras que el 5,8 % estaba totalmente de acuerdo. Ningún alumno estaba nada de acuerdo.

Por último, acerca de la octava pregunta, sobre el dominio de las tecnologías que tienen sus docentes para aplicarlo a la enseñanza, el 44,2 % opinó que su competencia era de 3, el 30,8 % le otorgaba un 4, el 13,5 % un 2, el 9,6 % un 5 y el 1,9 % un 1.

2.5. Sobre los resultados de aprendizaje

En primer lugar, a los encuestados se les preguntaba por las ventajas de estudiar una lengua extranjera a distancia, con una elección de un máximo de tres opciones. El 67,3 % destacó la comodidad al poder trabajar desde casa; el 44,2 %, la autonomía en el aprendizaje; mientras que el 34,6 %, el mayor uso de las nuevas tecnologías. Por otra parte, el 30,8 % señaló la desconexión de la realidad de la cuarentena y el 25 %, la ayuda que encontraba en el estudio a distancia para poder mantener una rutina. Además, el 21,2 % resaltó la amplia disponibilidad de material para el aprendizaje. Y, por último, solo el 11,5 % seleccionó la ventaja de evitar así las distracciones con los compañeros.

En segundo lugar, los principales inconvenientes de estudiar una lengua extranjera a distancia marcados por los estudiantes fueron los siguientes. El 59,6 % expuso la pérdida de motivación; el 46,2 %, la excesiva dependencia de la tecnología, el 42,3 %, el hecho de que la adquisición de contenidos le resultaba más difícil, y el 34,6 %, que había perdido contacto con sus compañeros de clase. El 32,7 %, por su parte, destacó la desorganización por parte del profesorado. El 30,8 % apuntó los problemas de equipos informáticos o de conexión. El 21,2 %, además, adujo la soledad como uno de los principales inconvenientes. El 19,2 % consideró la falta de concentración al tener distracciones en casa y el mismo porcentaje, 15,4 % de los encuestados, esgrimió la desorganización. Finalmente, el 3,8 % señaló la imposibilidad experimentada a la hora de acceder con facilidad a los recursos bibliográficos.

Ante la pregunta de si la impartición de clases de lenguas a distancia dificulta o favorece su participación en clase y su aprovechamiento de la asignatura, los participantes eligen en un 61,5 % que dificulta su participación en clase y su aprovechamiento de la asignatura. El 25 % expone que dificulta su participación en clase y su aprovechamiento de la asignatura por todos los requisitos técnicos necesarios y, en último lugar, el 13,5 % explica que sí favorece su participación en clase y su aprovechamiento de la asignatura.

En lo que respecta a la pregunta de cuáles son los principales componentes de la lengua y/o las principales destrezas que les resultan más fáciles de practicar desde casa al aprender una lengua extranjera a distancia, los encuestados identifican mayoritariamente el vocabulario (57,7 %). El 40,4 % señala la comprensión lectora y la gramática otro 40,4 %. El 28,8 % piensa que es la comprensión auditiva, frente al 19,2 % que apunta a la expresión escrita y el 11,5 %, a la expresión oral. Solo un 1,9 % marca la competencia cultural como fácil de practicar desde casa.

Por el contrario, los componentes de la lengua que resultan más complicadas de practicar desde casa son la expresión oral (73,1 %) y la gramática (32,7 %). Asimismo, los encuestados destacan la comprensión auditiva (28,8 %) y la competencia cultural (26,9 %); El 25 % indica la expresión escrita, el 11,5 % el vocabulario, y otro 11,5 % la comprensión lectora.

Respecto a los medios de evaluación utilizados durante el periodo de confinamiento, las tres opciones más frecuentes son la entrega de un trabajo individual (71,2 %), la entrega de un trabajo colectivo (59,6 %) y la entrega de una grabación de audio o vídeo (57,7 %). El examen tipo cuestionario en MiAulario 57,6 % fue utilizado con frecuencia y el examen para descargar y enviar en un tiempo determinado bastante utilizado también (50 %). La entrega de portafolios fue menos común (7,7 %) y apenas se llevó a cabo la evaluación a través de la participación en foros o chats (1,9 %).

El 48,1 % de los participantes manifiesta estar medianamente de acuerdo ante la afirmación de si "los medios de evaluación utilizados han reflejado con claridad mi nivel de competencia en la lengua extranjera". El 25 % valora estar poco de acuerdo, frente a un 17,3 % que dice estar bastante de acuerdo con la afirmación. El 7,7 % está totalmente de acuerdo y, finalmente, el 1,9 % no está nada de acuerdo con la afirmación.

En cuanto a la afirmación de si "las clases de lenguas extranjeras durante el confinamiento han dejado muchas carencias y dificultan la continuidad del curso", los resultados obtenidos son los que siguen. El 30,8 % está bastante de acuerdo; otro 30,8 % está medianamente de acuerdo; el 23,1 %, totalmente de acuerdo, y el 15,4 %, poco de acuerdo. Ningún encuestado está en desacuerdo.

En la última pregunta de esta sección, los participantes debían analizar sus resultados de aprendizaje hasta la fecha y exponer su grado de satisfacción con su rendimiento durante el periodo de clases a distancia. A tal efecto, el 36,5 % se identificó bastante satisfecho y el 32,7 %, medianamente satisfecho. Por otra parte, el 15,4 % estaba poco satisfecho. El 9,6 %, sin embargo, se mostró muy satisfecho, frente al 5,8 % que estaba nada satisfecho.

2.6. Análisis cualitativo sobre la experiencia de enseñanza-aprendizaje *online*

Por un lado, los participantes debían valorar la experiencia de enseñanza-aprendizaje *online* de lenguas extranjeras durante el confinamiento. Ante esta pregunta, los resultados muestran una diversidad de opiniones. El 61,5 % de los encuestados manifiesta que la enseñanza *online* es algo peor que la docencia presencial y el 26,9 % opina que las dos opciones, presencial y *online*, son igualmente válidas. No obstante, el 7,7 % expone que la enseñanza *online* es algo mejor, pese a que sigue teniendo carencias. Y un 3,8 % declara que la enseñanza presencial no aporta nada con respecto a la docencia *online*. Cabe destacar, a este respecto, que ningún encuestado afirma que la enseñanza *online* sea mucho mejor para el aprendizaje de lenguas.

La última pregunta del cuestionario, de respuesta libre, animaba a los alumnos a compartir aquello que considerasen importante sobre su experiencia en el aprendizaje de lenguas extranjeras en los distintos grados de la UPNA durante el periodo de confinamiento, para poder así completar la información de la encuesta. Se muestran, a continuación, las opiniones de los participantes. Cabe señalar que, de 52 alumnos, respondieron tan solo 13 y 3 de los comentarios recibidos fueron descartados por no responder a la pregunta. Los comentarios pueden dividirse en dos grandes grupos, los de orientación positiva y los que contienen opiniones negativas hacia la experiencia. En general, se puede afirmar que los encuestados utilizaron este espacio para remarcar los aspectos negativos.

Dentro de los comentarios negativos, 3 alumnos hablan de que se produjo una sobrecarga de trabajo, 2 participantes dicen que la experiencia fue un caos, otro alumno, por su parte, solo interviene para destacar la poca formación digital del profesorado. Dos alumnos se quejan del examen, uno por motivos metodológicos, al no poder demostrar lo que sabía, y otro por motivos técnicos ("el examen no se subía bien y se colgaba durante la ejecución"). Además, un alumno afirmó que no se había impartido bien la materia, aspecto que matiza otro alumno al indicar que no se cambiaron ni la metodología ni los contenidos, pero la exigencia fue la misma que si hubiera sido enseñanza presencial. Cabe destacar que 5 alumnos se quejan de la poca o nula implicación de los profesores, ya que no dieron clases, no subieron recursos a la plataforma y no hicieron ningún tipo de seguimiento. Uno de los alumnos, además, califica la experiencia en general como pésima, alegando motivos que versan sobre la poca implicación de los profesores, la sobrecarga inútil de trabajo, la imposibilidad de realizar en casa el trabajo en equipo propuesto y la pésima organización del profesorado.

En cuanto a los comentarios positivos, se valoró mucho el grado de implicación de varios profesores al realizar clases *online*, subir recursos a la plataforma, hacer seguimiento a los alumnos y preocuparse por ellos. Un alumno también menciona que el hecho de estar en casa fue positivo para el refuerzo del idioma con libros, series, música. Las videollamadas fueron muy valoradas por los alumnos, así como la adaptación de la evaluación al nuevo escenario educativo.

3. CONCLUSIONES Y DISCUSIÓN

En primer lugar, desde el punto de vista del acceso a las tecnologías, es destacable que el 98,1 % de los encuestados afirma que tenía un dispositivo de uso exclusivamente personal. Asimismo, el 46,2 % de los familiares en el domicilio durante el confinamiento llevaba a cabo teletrabajo, lo que apunta a que se tratase de trabajadores para los que se requiere una formación académica media o superior. Otro aspecto sorprendente ha sido la poca motivación que manifiesta tener el 13,4 % (poco o nada motivado) de los encuestados a lo largo del curso, lo que pone de relieve que algunos alumnos se ven en la obligación, puede que por presión social, de continuar con la educación universitaria sin una vocación real, al menos en Navarra. Del total de los encuestados, el 80 % se muestra motivado en general en tiempo no pandemia, mientras que un 75 % poco o nada motivado en tiempo de pandemia. Las principales causas aducidas, como se señaló anteriormente, son la falta de contacto con compañeros (59 %) y la desorganización del profesorado (57 %), datos que resultan reveladores y que parecen conducir a una posible falta de autonomía del alumnado, o un nivel madurativo que todavía no les permite explotar al máximo sus recursos y habilidades personales. Los alumnos no se muestran del todo responsables y aducen factores externos a su falta de motivación, así como al profesorado, a pesar de ser conscientes de que tienen poca capacidad de organización. Los factores externos que recogen no dependen de la pandemia. Cabe destacar que el 80 % del alumnado añora el trabajo en equipo, lo que podría dejar entrever que su iniciativa personal y autonomía académica se encuentran aún en un estadio incipiente de desarrollo. Eso sí, su percepción de la motivación del profesorado supera el 50 % en ambos escenarios educativos, un 60 % en pandemia y un 80 % normalmente.

Asimismo, la enseñanza sincrónica se erige como la más utilizada, tanto para las clases, como las tutorías, siguiendo los mismos procedimientos que durante el periodo no pandémico. Sí que cabe señalar, no obstante, que los resultados muestran que hay profesores que se desentendieron de la asignatura hasta el periodo de evaluación. Resulta destacable que el 65 % de los discentes muestran dependencia de las clases sincrónicas y de los materiales subidos, esto es, de una dinámica tipo presencial, con interacción con el docente y los compañeros como clave en el aprendizaje de lenguas extranjeras.

De las respuestas sobre las destrezas lingüísticas se desprende que nos encontramos ante un alumnado con una aparente falta de tendencia al esfuerzo y a la práctica autónoma. Entendemos que la expresión y comprensión orales son las más difíciles de trabajar en remoto y de forma autónoma, sin embargo, la competencia cultural, el vocabulario o la expresión y comprensión escritas no presentan tanta dificultad para el alumnado. Asimismo, cabe subrayar que los encuestados consideran que la gramática también resulta compleja de desarrollar y consolidar en el caso del aprendizaje *online*, quizá por la falta de práctica oral, crucial en la enseñanza comunicativa de la competencia gramatical en la actualidad. Los informantes consideran que los contenidos teóricos, gramática y vocabulario, a través de la expresión escrita, han sido correctamente trabajados, lo que podría denotar que el alumnado se siente seguro con los aspectos vinculados a la parte más tradicional del proceso de enseñanza-aprendizaje.

Resulta crucial el hecho de que el 74 % del alumnado se siente más cómodo en el entorno digital a la hora de hacer preguntas y consultar dudas. Además, los alumnos, como ya se comentó, valoran de manera positiva (80 %) cómo se ha involucrado el profesorado y cómo ha adaptado los materiales (82 %). Es más, el 63 % opina que se han creado materiales nuevos y el 84 % que el profesorado tiene una competencia digital adecuada.

Consideramos necesario puntualizar el hecho de que, tras analizar los datos recogidos, los alumnos no acaben de valorar el trabajo de los docentes. En el caso de la asignatura de Inglés 1, el 42,3 % de los alumnos se muestra medianamente de acuerdo con la preparación de materiales, sin ser conscientes de que se trata de una asignatura que había abandonado el libro de texto y, por lo tanto, se habían desarrollado nuevos contenidos y se colgaron en la plataforma, haciendo de ella una asignatura completamente nueva.

En general, los discentes no se han sentido satisfechos con la docencia *online* de lenguas extranjeras, como revela el dato de que el 59,6 % ha perdido la motivación, el 46 % apunta a la excesiva dependencia de la tecnología (a pesar de ser dependientes de las redes sociales, pero no quieren serlo en el caso del aprendizaje), el 42,3 % subraya la dificultad en la adquisición de contenidos y el 86 % en la participación en clase y el aprovechamiento de la asignatura. Si bien es cierto que los resultados se presentan como negativos, un 67 % de los encuestados destaca la comodidad y la autonomía en el aprendizaje al estudiar desde casa. Y el 73 % piensa que los sistemas de evaluación *online* han reflejado su competencia en la lengua extranjera. Un dato especialmente preocupante es que casi un 85 % de los participantes dice que las clases *online* han dejado muchas carencias y dificultan la continuidad del curso. No obstante, el 80 % está contento con su rendimiento global hasta la fecha (pandemia y no pandemia). Se puede concluir, por otra parte, que los encuestados han echado en falta el trato humano cercano y presencial, tanto con profesores como con alumnos, así como la interacción necesaria para aprender lenguas.

En definitiva, los alumnos de primer curso de los grados encuestados en la UPNA no valoran positivamente la docencia *online* durante el confinamiento (un 61 % la valora como peor y otro 26 % como igualmente válida), quizás debido al cambio tan abrupto del sistema y a que están acostumbrados a la presencialidad, así como a los profesores. A pesar de que los materiales del curso estaban accesibles en la plataforma y el curso estaba preparado para trabajar en ella, se tuvieron que realizar cambios sustanciales que no parecen haber satisfecho a los alumnos en lo que se refiere a la enseñanza-aprendizaje de lenguas extranjeras.

Yolanda García Hernández
Universidad Autónoma de Madrid

Capítulo XV: Nuevos retos para los docentes: Aprender enseñando en tiempos de pandemia

En nuestro quehacer diario todos nosotros vivimos rodeados por célebres citas pronunciadas por personalidades de muy diferentes épocas y sectores, citas que a menudo nos recuerdan el valor que debemos conferirle a los errores cometidos, no prejuzgándolos como algo necesariamente negativo, sino resaltando su valor e importancia a la hora de ayudarnos a mejorar en nuestro día a día. Sirvan como ejemplos frases como la de que "Rectificar es de sabios" (Alexander Pope), la que afirma que "el único hombre que no se equivoca es el que nunca hace nada" (Goethe), la que define los errores como "(...) un hecho de la vida. Lo que cuenta es la respuesta al error" (Joyce Brothers), o la expresión rotunda de que "Los errores hacen crecer tu cerebro" (Anne Frank). Asimismo, es recurrente la insistencia en el poderoso y gratificante aprendizaje que todos podemos extraer de los errores cometidos y en cómo estos pueden ayudarnos a mejorar en cualquiera que sea la actividad que realicemos. Así, "Lo peor no es cometer un error, sino tratar de justificarlo, en vez de aprovecharlo como aviso providencial de nuestra ligereza o ignorancia" (Ramón y Cajal), "Es de humanos equivocarse, de tontos no reconocerlo y de necios no rectificar" (Herberto Castillo), "Cada vez que cometo un error me parece descubrir una verdad que no conocía" (Maurice Maeterlinck) o "A veces, cuando se innova, se cometen errores. Es mejor admitirlos rápidamente, y seguir adelante con la mejora de tus otras innovaciones" (Steve Jobs). Por último, también de la sabiduría popular se nos ha transmitido de generación en generación ideas tan válidas como realistas con relación al valor de los errores y de su poder de enseñanza sobre nuestro modo de actuar, y así encontramos como parte integrante de nuestro lenguaje diario frases del tipo "de todos los errores se aprende" o "a andar se aprende andando", por citar aquí solo algunos ejemplos.

A diferencia de lo que en ocasiones se pueda pensar, en el desarrollo de la actividad docente diaria, los profesores no somos pues únicamente los transmisores de conocimiento a nuestros estudiantes; todos nosotros somos también al mismo tiempo aprendices, y con las actividades diarias y con el permanente análisis de las reacciones de aquellos a los que van dirigidas nuestras clases también nosotros podemos aprender, descubrir, mejorar, innovar y rectificar algunas de nuestras prácticas habituales tanto dentro como fuera del aula.

A lo largo de los capítulos anteriores hemos podido revisar y analizar de primera mano el impacto que tuvo el repentino paso de la enseñanza de idiomas en un formato íntegramente presencial a un formato totalmente virtual durante el segundo semestre del curso académico 2019–2020 en doce importantes universidades públicas españolas[1] como consecuencia directa e inesperada del confinamiento impuesto tras la declaración oficial del estado de alarma ligado a la expansión de la pandemia COVID-19 por parte del Gobierno español. En todos los informes de las diferentes universidades se han presentado de manera precisa algunas de las principales opiniones volcadas por los estudiantes en relación con la que ha sido su percepción como aprendices de diversas lenguas extranjeras en sus estudios superiores oficiales durante dicho periodo, y se han señalado claramente algunas de las más destacadas debilidades de un sistema docente que de entrada no parecía estar preparado para esa situación sobrevenida y ligada por defecto a una enseñanza a distancia. En este punto conviene resaltar y poner sobre la mesa el hecho de que los resultados derivados de los diferentes informes reflejan únicamente la percepción de los estudiantes y no así las del colectivo docente. Se trata pues de opiniones parciales y solo atribuibles a uno de los dos colectivos directamente implicados en el proceso de enseñanza-aprendizaje, y es en esa medida en la que debe ser interpretadas. Sin embargo, los resultados y conclusiones presentes en los informes de todas las universidades que han colaborado en el estudio del impacto de la COVID-19 en la enseñanza de lenguas extranjeras en el ámbito de la Educación Superior han arrojado luz sobre algunas de las principales carencias apreciadas y es precisamente a partir de ellas desde donde unos y otros, docentes y discentes, podemos aprender y mejorar.

No debemos olvidar tampoco que el impulso de la realización de este estudio no es otro que el reflejado por el título que dio nombre al I Simposio Internacional sobre la Enseñanza de Lenguas Extranjeras en la Educación Superior: "ANALIZAR Y ACTUAR: Lo que hemos aprendido de COVID-19 y lo que ha venido para quedarse" celebrado en la Facultad de Filosofía y Letras de la Universidad Autónoma de Madrid en mayo de 2021. El evento permitió a ponentes y

1 Universidad Autónoma de Madrid (UAM), Universidad Complutense de Madrid (UCM), Universidad de Alcalá (UAH), Universidad de Castilla La Mancha (UCLM), Universidad de Granada (UGR), Universidad de Málaga (UMA), Universidad de Salamanca (USAL), Universidad de Sevilla (US), Universitat de València (UV), Universidad de Valladolid (UVa), Universidade de Vigo (UVigo) y Universidad Pública de Navarra (UPNA).

asistentes de procedencia muy diversa contrastar y debatir sobre experiencias vividas en sus clases de idiomas en centros universitarios ubicados en regiones, e incluso países, muy diferentes. Pese a la disparidad de la procedencia de los asistentes al simposio, la heterogeneidad de las lenguas extranjeras impartidas e incluso las diferentes medidas adoptadas por las instituciones a la hora de hacer frente a la pandemia y frenar su expansión en entornos universitarios, resulta llamativa la enorme coincidencia en lo que respecta a las conclusiones obtenidas, así como a la valoración de la propia actividad docente y también a la percepción de los estudiantes al respecto.

A lo largo de las páginas que siguen presentaremos de manera concisa algunas de las principales conclusiones extraídas del estudio y lo haremos atendiendo a cuestiones de índole muy diversa.

En primer lugar, si pensamos que la pandemia hizo su irrupción a escala mundial ya bien entrado el siglo XXI –concretamente en marzo de 2020– y en pleno desarrollo de la era tecnológica, no deja de resultar llamativa la presencia de la gran problemática asociada al uso de todo tipo de herramientas docentes digitales. Por un lado, hay que recordar que son precisamente los jóvenes integrantes de la llamada generación *Millenial* –esto es, los jóvenes nacidos entre 1981 y 1996– y también los integrantes de la generación *postmillenial* o Generación Z –es decir, los nacidos entre 1997 y 2012– los estudiantes sobre los que se centra nuestro estudio, en tanto que se corresponden con los chicos y chicas que, bien comenzaron sus estudios universitarios en el año 2018, o bien lo hicieron en el año 2019, y que se vieron afectados de lleno por la irrupción de la pandemia cuando todavía cursaban los primeros cursos de su grado.

Estudios como el realizado por Prensky en 2011 sobre la llamada Generación Z la definen precisamente como la primera generación considerada "nativa digital", es decir, como una generación que nació ya inmersa en la cultura digital y se desarrolló plenamente en ella. A menudo pensamos en estos jóvenes como expertos en todo tipo de herramientas y dispositivos electrónicos; es habitual verlos consumir su tiempo rodeados de equipos informáticos, de móviles de última generación, de todo tipo de dispositivos electrónicos que a simple vista parecen manejar a la perfección, etc. Sabemos también que su vida se mueve en gran medida a través de redes sociales de diferente alcance (ej.: Twitter, Instagram, Facebook…), y que lo hacen casi a la misma velocidad de lo que se mueve en el entorno real. Y sin embargo, ¿qué hay de cierto en la definición que se hace de estos jóvenes como "nativos digitales"? ¿Responde a la realidad o es más bien un mito? La experiencia vivida de primera mano en el entorno universitario durante los meses del confinamiento extremo puso de relieve el elevado número de problemas técnicos a los que muchos de estos jóvenes universitarios no supieron ni pudieron dar una solución adecuada. De la noche a la mañana, y sin contar con ningún tipo de formación previa al respecto, toda la docencia universitaria se vio volcada en plataformas digitales que en muchas ocasiones no habían utilizado nunca o con las que no estaban suficientemente familiarizados. Es cierto que parte de la actividad docente se mantuvo activa en las aulas virtuales de las distintas universidades gracias a plataformas como Moodle, Microsoft Teams y otras, esto es, en entornos con los que los estudiantes sí que habían tenido la ocasión de familiarizarse al menos durante el primer semestre o incluso en sus primeros cursos de grado; con estas plataformas no se apreciaron graves problemas de uso entre el colectivo de estudiantes. Sin embargo, a estas plataformas de uso cotidiano ya durante la impartición de una docencia presencial se sumaron repentinamente otras múltiples herramientas digitales y plataformas que intentaban suplir este tipo de docencia y la presencia del profesor por otro tipo de docencia de carácter íntegramente virtual con la que también se quería facilitar a los estudiantes el acceso a todo tipo de materiales y métodos de trabajo con los que no estaban en absoluto familiarizados o ni siquiera sabían manejar. En este sentido, cada sesión de clase impartida por un profesor diferente suponía para los jóvenes un nuevo reto al que enfrentarse y no siempre fueron capaces de superarlo con éxito. Muchos de ellos no llegaron a entender el verdadero funcionamiento de la herramienta digital en uso y se sintieron absolutamente perdidos y desconectados de todo el proceso de aprendizaje, por lo que llegaron en casos extremos a abandonar una o varias asignaturas.

Al desconocimiento de las diferentes herramientas y de su funcionamiento, se le sumaron a menudo otros problemas asociados con la llamada brecha digital definida principalmente como "la desigualdad de posibilidades que existen para acceder a la información, al conocimiento y la educación mediante las nuevas tecnologías" (Cabero, 2015, p. 23). Tal vez con mayor frecuencia en entornos rurales que en las grandes ciudades universitarias, no fueron pocos los casos de estudiantes que durante la pandemia tuvieron problemas para poder conectarse a internet con una garantía de calidad suficiente como para hacer un adecuado seguimiento de sus asignaturas. Tampoco podemos olvidar el hecho de que, en los meses más extremos del confinamiento y una vez que las facultades cerraron sus puertas a la docencia presencial, muchos estudiantes universitarios regresaron al domicilio familiar y acompañaron a sus familias. Además de contar con problemas de conexión inestable para poder garantizarles una docencia de calidad, en muchos casos los estudiantes se encontraron también con el problema de no contar con equipos informáticos propios con los que poder seguir sus clases en el horario previsto. Muchos tuvieron que compartir equipos con otros miembros de la unidad familiar, compaginar sus horarios de clase con el horario de teletrabajo inamovible de las personas con las que convivían o manejarse incluso con dispositivos inapropiados –ej.: teléfono móvil– para seguir sus cursos universitarios al no disponer de un ordenador propio. Si bien es cierto que muchas de las instituciones universitarias tramitaron con celeridad un plan de contingencia que permitiera el préstamo de equipos informáticos a estudiantes con necesidades concretas, la realidad es que la situación de desigualdad en la disponibilidad de equipos informáticos fue una constante durante el confinamiento y tuvo su repercusión directa en el rendimiento de los estudiantes durante dicho periodo. De este modo, la brecha digital se convirtió en cierta manera en un elemento de separación o de exclusión social, dejando marginada a una parte de la comunidad universitaria y rompiendo en cierto modo con un modelo democrático de educación que garantizara un acceso igualitario a la misma por parte de todas las personas implicadas en el proceso. Así, como señala Wolton (2000, p. 37), podemos decir que "la igualdad de acceso al conocimiento no es la igualdad ante el conocimiento", sino que en determinadas circunstancias esa democratización e igualdad queda rota de manera insalvable por circunstancias sobrevenidas, como en este caso por la irrupción de una pandemia.

La llegada de la COVID-19 al entorno educativo no solo generó o agravó diferencias entre los participantes en el proceso de enseñanza-aprendizaje, sino que también ayudó a identificar una brecha esencial entre los usuarios competentes y plenamente capaces de desenvolverse con autonomía en el manejo de las diferentes herramientas digitales, aquellos usuarios competentes y bien conectados pero carentes sin embargo de nociones o competencias básicas para gestionar de manera autónoma el manejo de esas diferentes herramientas y el resto de usuarios con una competencia digital nula e incapaces de desenvolverse con el manejo de las herramientas digitales (González Martín *et al.*, 2021). Si bien es cierto que a día de hoy, bien entrado ya el siglo XXI, no parece muy realista la creencia de una situación de "incapacidad total" para poder seguir una docencia virtual por falta de equipos informáticos o de una conexión adecuada, la irrupción de la pandemia y del confinamiento de muchos estudiantes en entornos rurales volvió a poner de manifiesto que esa situación no es del todo real, y que, aunque se trate de situaciones escasas y marginales, el problema todavía existe hoy en día y provoca distorsiones importantes en el seguimiento de una docencia en línea de calidad.

A la limitada falta de medios y recursos, subsanada en parte por los sistemas de préstamo implantados por las universidades durante el periodo del confinamiento, se suma –y quizá de una manera más notable– la incapacidad de poder seguir una docencia virtual no ya por la falta de medios sino más bien por la falta de competencias digitales (González Martín *et al.*, 2021). Es esta una cuestión en la que no podemos ya limitar nuestro análisis al colectivo de los estudiantes, sino que debemos abordar necesariamente cómo se vivió esta situación también en el colectivo docente. Así, atendiendo a lo ya comentado, podemos observar que es cierto que, hoy en día, una gran mayoría de los alumnos suele tener mayor dominio de las tecnologías de la comunicación de la cibersociedad que sus profesores. En contrapartida, el profesorado se siente cada vez más inseguro en el nuevo entramado tecnológico ligado al ámbito educativo y sufre en su actividad diaria la incidencia de la brecha digital. A dicho sufrimiento contribuyen motivos de índole muy variada que van desde su falta de dominio en el manejo de las herramientas digitales, hasta la rapidez y velocidad con la que las nuevas y dispares herramientas se incorporan a la sociedad. Muchos de los docentes, especialmente aquellos de una edad algo más avanzada, tienen una cierta sensación de miedo o vértigo a mostrarse con una imagen de incompetentes delante de sus estudiantes y a sentir que están perdiendo el control de la clase. A menudo se refugian en métodos docentes muy tradicionales y ligados a un manual y a una docencia magistral aludiendo a razones poco científicas como las de que "los medios y herramientas digitales solamente sirven para distraer del aprendizaje" o "yo lo he venido haciendo siempre así y los resultados para mí son satisfactorios y no me veo en la necesidad de cambiar nada en lo que respecta a la metodología utilizada". Muchos se olvidan sin embargo de que ese estancamiento en métodos docentes tradicionales alejados de la evolución de las distintas herramientas docentes a lo largo de estos últimos años tiene a menudo un impacto negativo en la motivación de los estudiantes haciendo que esta disminuya o incluso desaparezca. Los jóvenes están acostumbrados a la presencia de recursos digitales en sus actividades y ocio diario y sienten por ello también la necesidad de aumentar sus conocimientos académicos y su formación a través de este tipo de herramientas.

A lo largo de los últimos años el sistema universitario español ha luchado por intentar mejorar la formación digital del colectivo docente y se ha esforzado por brindarles a los profesores la oportunidad de participar en todo tipo de seminarios y cursos relacionados con innovación tecnológica con la intención de su implantación gradual en los diferentes programas educativos de grado y posgrado. Cada vez son más los docentes que han ido sumándose a dichos cursos y que, poco a poco, han ido adaptando sus asignaturas a esta nueva realidad digital. Ahora bien, dicha formación docente no ha sido todo lo ágil que hubiera sido deseable y, además, la brusca irrupción de la pandemia dejó en evidencia de manera clara y rotunda que un porcentaje muy elevado del profesorado universitario todavía no estaba preparado para dar ese salto final a la docencia en modo virtual. Pese a sus notables esfuerzos por integrarse en ese nuevo tipo de docencia, esfuerzos a menudo bien valorados por parte de los estudiantes, muchos profesores universitarios reconocieron abiertamente haber sufrido durante el confinamiento importantes e insalvables problemas con el uso de determinadas aplicaciones y herramientas digitales y haberse sentido perdidos y desmotivados a la hora de poder impartir una docencia de calidad sin contar con la necesaria supervisión técnica en un entorno más o menos cercano. De este modo, la convivencia en el tiempo de una situación de confinamiento extremo y la impartición de una docencia no presencial a través de distintas plataformas digitales supuso un gigantesco experimento educativo del que lamentablemente no todos salieron bien parados. El sentir de muchos estudiantes con respecto a la actitud mostrada por los profesores que impartieron sus cursos de lenguas extranjeras durante el confinamiento fue parcialmente negativo, en tanto que percibieron que muchos de ellos estaban desmotivados ante el nuevo escenario virtual y se sentían incapaces de seguir adelante con sus correspondientes programas docentes.

En resumen, la pandemia y su brusca irrupción en el ámbito educativo universitario puso de relieve la (in)competencia digital de docentes y estudiantes. Una vez retomada la actividad presencial, o al menos semipresencial en un primer momento, debemos abrir un tiempo para analizar la situación vivida, tratar de reflexionar sobre las carencias sentidas e intentar buscar posibles soluciones con las que paliarlas.

Dejando a un lado las reflexiones sobre esa (in)competencia digital de alumnos y profesores, otra de las conclusiones más llamativas a las que se ha llegado tras la realización de los diferentes informes por parte de las universidades es la del tratamiento dispar que las destrezas o habilidades lingüísticas ligadas indisolublemente a la enseñanza-aprendizaje de una lengua extranjera recibieron durante el periodo del confinamiento.

Atendiendo al Marco Común Europeo de Referencia para las Lenguas (MCER) (Consejo de Europa, 2020), podríamos hablar de cuatro destrezas lingüísticas clave sobre las que se apoya la enseñanza de toda lengua extranjera o segunda lengua. Dos de dichos pilares tienen un sesgo más directamente productivo por parte del aprendiz –la expresión oral y la expresión escrita-, mientras que las otras dos están más directamente asociadas a la recepción –comprensión lectora y comprensión oral-, si bien es cierto que, en un contexto lingüístico vinculado a una lengua extranjera, todas esas habilidades –productivas y/o receptivas– aparecen continuamente interrelacionadas en tanto que de alguna manera las habilidades receptivas requieren siempre de algún tipo de producción o parte activa por parte del hablante en el proceso comunicativo y las habilidades productivas presuponen igualmente algún elemento de recepción. Además, a estas cuatro destrezas o habilidades puramente lingüísticas se suma la indispensable destreza o habilidad intercultural, definida tradicionalmente como "la habilidad del aprendiente de una segunda lengua o lengua extranjera para desenvolverse adecuada y satisfactoriamente en las situaciones de comunicación intercultural que se producen con frecuencia en la sociedad actual, caracterizada por la pluriculturalidad" (Instituto Cervantes, s.f.).

En el marco de una docencia presencial de lenguas extranjeras en el ámbito universitario, es habitual el tratamiento equitativo y muchas veces coincidente en el tiempo de las diferentes destrezas. El docente de lenguas planifica sus cursos de tal manera que la presencia de actividades ligadas al desarrollo de una u otra destreza esté siempre bien equilibrada y se ajuste al logro de los objetivos inicialmente propuestos. Es por tanto habitual que en una misma sesión docente se aborden actividades tan diversas como la audición o visualización de algún texto en la lengua extranjera, la lectura de su correspondiente transcripción, la formulación de preguntas sobre el contenido a las que los estudiantes deben dar respuesta oralmente o por escrito, la presentación del vocabulario esencial sobre el tema abordado y la explicación de algunas de las estructuras gramaticales presentes en el texto. Pues bien, ese equilibrio y diversidad en lo que respecta a la presentación y tratamiento de los distintos materiales didácticos asociados a la lengua extranjera se vio drásticamente modificado al pasar de la docencia presencial a un sistema de docencia en línea. Bien fuera debido al desconocimiento por parte del profesorado de los innumerables materiales digitales existentes para la práctica y desarrollo de las distintas habilidades lingüísticas en la lengua extranjera, a la inseguridad en el manejo de todo tipo de plataformas y herramientas digitales, a la incertidumbre del momento vivido o a otras razones de índole personal, lo cierto es que el tratamiento que recibieron las distintas destrezas durante el período del confinamiento fue bastante desigual y así se percibió por parte de los estudiantes en la mayor parte de los informes aportados por las universidades. Todos esos informes coinciden en resaltar cómo fueron las destrezas receptivas las que tuvieron una mayor presencia en las clases de lenguas extranjeras impartidas durante el confinamiento. El trabajo con textos escritos, la presentación y ampliación del vocabulario adecuado al nivel de competencia lingüística del alumnado y el desarrollo de la competencia gramatical recibieron mucha mayor atención por parte del profesorado y ocuparon la mayor parte de las programaciones docentes. Frente a estas destrezas receptivas, las destrezas productivas –expresión escrita y, sobre todo, expresión oral– quedaron relegadas a un injusto e inmerecido segundo plano. El contacto directo con el profesor, con los compañeros de clase e incluso con posibles hablantes nativos con los que poder interactuar de una manera directa tanto dentro como fuera del aula limitó de manera extraordinaria el desarrollo de la expresión oral y escrita por parte del alumnado y supuso en términos generales un claro receso con respecto a la situación vivida en el marco de una docencia presencial. Fueron relativamente pocos los docentes que se atrevieron a utilizar en la distancia herramientas digitales que facilitaran o permitieran el desarrollo de estas destrezas; se sentían inseguros al manejar materiales de audio o vídeo desde sus equipos informáticos, tampoco se atrevían a organizar actividades grupales o por parejas en sus sesiones docentes, bien por miedo a perder el control de la clase, o bien por el ya mencionado desconocimiento de la plataforma digital utilizada. Asimismo, la mayor parte de los docentes se veían constreñidos por un marco temporal muy rígido que los forzaba a cubrir una programación docente muy amplia y que no había sido pensada para una realidad docente en un entorno virtual sino presencial, pero que tuvo que adaptarse rápidamente ante la dramática situación vivida. La interacción limitada de los estudiantes con sus compañeros de clase y también con el propio docente ejerció a su vez una influencia muy negativa sobre la llamada "sociabilidad del aprendizaje" y repercutió también en el insuficiente desarrollo de la competencia intercultural. En resumen, estos y otros factores derivaron como se ha mencionado en un tratamiento desigual de las diferentes destrezas lingüísticas y no lingüísticas asociadas necesariamente al proceso de enseñanza-aprendizaje de la lengua extranjera.

Estrechamente ligado al desarrollo desigual de las diferentes destrezas encontramos también una ejecución desigual de las diferentes tareas de evaluación diseñadas y aplicadas al escenario de la docencia virtual. Con esto nos estamos refiriendo no solamente a la evaluación final aplicada a cada curso, sino también a las diferentes actividades de evaluación continua llevadas a cabo durante los dos meses en los que se prolongó el confinamiento. La percepción del alumnado universitario con respecto a esta cuestión vuelca también importantes deficiencias y carencias que merecen ser analizadas y debatidas en profundidad. Así, la mayor parte de los informes aportados por las universidades coinciden en resaltar no solo la escasa coordinación entre los equipos docentes ligados a las distintas materias durante el confinamiento extremo, sino también la falta de una planificación clara, equilibrada y bien estructurada del trabajo de los equipos docentes en lo referente a las tareas de evaluación. A menudo la docencia virtual dio paso a una sobrecarga excesiva de trabajo autónomo por parte del estudiante, que se veía a su vez incapaz de realizarla en los plazos previstos. Tal y como ya se ha mencionado anteriormente, la comunicación con sus compañeros de clase o incluso con el propio docente se vio muy reducida y quedó en muchos casos limitada a la realización de consultas muy puntuales a través del correo electrónico o de algún foro al efecto. La interacción directa con el otro se perdió hasta tal punto que, en un número muy elevado de materias y de sesiones docentes, los estudiantes terminaron optando por apagar sus cámaras y micrófonos de las plataformas digitales docentes utilizadas y el docente llegó a perder todo tipo de contacto con los destinatarios de su enseñanza. Dejó de tener acceso a sus reacciones más o menos espontáneas con respecto a la comprensión o incomprensión de los diferentes temas abordados en las sesiones de clase. Esa misma sensación de aislamiento o soledad vivida por buena parte del profesorado se sintió también entre el alumnado apenas unas semanas después de iniciarse el confinamiento. Según la percepción de los estudiantes, muchos sintieron que su trabajo autónomo no era lo suficientemente valorado ni evaluado en detalle, puesto que rara vez recibían *feedback* o retroalimentación alguna de los diferentes trabajos enviados al profesor como parte de la evaluación continua del curso. Muchos estudiantes se sintieron perdidos o desorientados con respecto a su evolución en el dominio de la lengua extranjera, situación que se acusó aun más cuando llegó el final del semestre y tuvieron que enfrentarse a pruebas muy dispares de evaluación final.

En realidad, al abordar el tema de la evaluación de las materias ligadas a las lenguas extranjeras durante el confinamiento, las percepciones de estudiantes y de profesores no son tan dispares como pudiera pensarse. Todos se sintieron un tanto abandonados y perdidos. Los profesores no tenían una noción clara y bien definida del tipo de pruebas de evaluación que podían ofrecer a sus estudiantes ante la confusa e incierta situación vivida a lo largo del semestre. Unos optaron por evaluar toda la materia con base en actividades de evaluación continua (eso sí, a menudo sin la necesaria retroalimentación para el alumno); otros hicieron una evaluación por tareas recogidas en un portafolio final; otros por la entrega de uno o varios trabajos individuales que una vez más incidían en esa falta de socialización con otros compañeros de clase y de contraste de opiniones al respecto de los contenidos aprendidos. Además, la rigidez de algunas de las plataformas digitales utilizadas para la docencia en línea no les permitía a todos los docentes introducir actividades de evaluación que fueran capaces de medir destrezas como la expresión o la comprensión oral de la manera a la que ellos estaban acostumbrados, o al menos muchos de los docentes no se sentían ni cómodos ni seguros a la hora de manejar dichas herramientas en la red. Finalmente, muchos de los docentes de lenguas optaron como forma de evaluación final de la materia impartida por el envío a través de diferentes plataformas y/o en diferentes formatos de una prueba escrita global y final a ser realizada por el alumno en un tiempo limitado y ser luego remitida por este de vuelta. A simple vista este método de evaluación podría juzgarse como un método válido para evaluar o controlar el nivel final de los conocimientos adquiridos por el alumno al terminar el cuatrimestre. Sin embargo, con la utilización de este sistema de evaluación, el docente perdía completamente el control sobre su alumnado y se encontró con todo tipo de trucos utilizados por los estudiantes con el objetivo de superar la asignatura y, en la medida de lo posible, obtener en ella una buena calificación; así, con el examen final en sus manos, y sin la presencia directa del docente en el aula o al menos con cámaras encendidas para poder vigilar a los estudiantes durante la realización de la prueba final, fueron frecuentes los casos en los que los alumnos utilizaron diccionarios o programas de traducción automática y asistida para resolver el examen, suplantaron su identidad con ayuda de amigos o conocidos nativos en la realización de los exámenes, etc. Ante situaciones de este tipo, y con la intención de evitar situaciones fraudulentas y poder ofrecer una evaluación justa, otros docentes optaron por la realización de exámenes orales (con cámara) individuales a sus estudiantes, y fue así como pudieron precisamente cotejar la disparidad de los resultados de la evaluación en las pruebas escritas enviadas a sus alumnos y los resultados mucho más bajos obtenidos por los estudiantes en las pruebas orales. Ahora bien, los problemas de tiempo o de dificultad en el manejo de las herramientas digitales influyeron también en que el número de pruebas orales finales a los estudiantes fuera infinitamente menor al de las pruebas escritas. En aquel momento, esto es, al tener que evaluar el progreso de los estudiantes en una muy complicada fase de trabajo no presencial para el que nadie ni nada los había preparado, muchos de los docentes tuvieron la sensación de tener que aplicar quizá un menor rigor a la hora de aplicar los criterios de evaluación de sus respectivas materias, suavizándolos o haciendo la vista gorda a la hora de pasar determinados errores y sintiendo una cierta empatía con el alumnado que –como los docentes– había sufrido una situación difícil y había intentado salir del paso con los escasos recursos con los que había contado.

Eso sí, pasada la fase de evaluación y, especialmente una vez retomada en las universidades la docencia presencial o al menos híbrida tras la superación de la fase de mayor riesgo de contagio de la pandemia, fue cuando todos –no solo los docentes, sino también los propios estudiantes– pudieron hacer frente a las carencias de conocimiento y las debilidades arrastradas en el desarrollo de las diferentes destrezas lingüísticas e interculturales asociadas a las lenguas extranjeras. Fue en la vuelta a las aulas cuando todos - docentes y estudiantes - pudieron sentir en primera persona lo que había quedado sin ver, sin analizar, sin saber transmitir ni saber entender con respecto a los temarios, cuando todos tuvieron que vencer de nuevo sus miedos al enfrentarse no solo a las materias, sino también al trabajo colectivo con sus compañeros, y fue también entonces cuando todos se dieron cuenta de lo que la situación vivida en apenas dos meses había cambiado en su forma de enseñar y de aprender.

Y es que no cabe duda alguna de que todos –estudiantes y profesores– han aprendido mucho de la situación vivida. Así, los profesores han hecho frente a muchas de sus principales debilidades a la hora de tener que afrontar de una manera inesperada un tipo de docencia para el que algunos se creían preparados, sin estarlo realmente: muchos se convirtieron en inesperados técnicos tratando de solucionar los principales problemas de conexión y de utilización de recursos digitales en remoto, tanto por su parte como por parte de sus estudiantes; han descubierto algunas habilidades ocultas en el manejo de herramientas de todo tipo hasta entonces total o parcialmente desconocidas en su actividad diaria; han afrontado nuevos y muy dispares retos a la hora de despertar o mantener viva la motivación no solo de sus estudiantes, sino la suya propia en un entorno hostil o cuando menos distante al que antes de la pandemia conocían de primera mano en una actividad docente cara a cara con el alumnado; han (re)activado su creatividad en el diseño de nuevos materiales docentes adaptados a ese entorno virtual; han (re)inventado técnicas y modelos de evaluación ligados al desarrollo de las diferentes destrezas lingüísticas e interculturales vinculadas a la enseñanza de las lenguas extranjeras, etc.

Y, por su parte, los estudiantes han tenido también que aprender en su siempre corto paso por las aulas universitarias a adaptarse a sistemas de docencia muy dispares, a solventar las dificultades encontradas en el manejo de las distintas herramientas digitales, a superar sus miedos y problemas de socialización con compañeros y profesores aprendiendo a trabajar y colaborar con ellos en entornos no solamente presenciales, sino también virtuales, a suplir las carencias de conocimientos y destrezas ligados al seguimiento de una docencia *online* con su propia curiosidad y trabajo autónomo y personal, etc.

Como nos recuerdan algunas canciones juveniles, "ya nada volverá a ser como antes". La pandemia ha cambiado de manera sustancial de manera sustancial el modo de vivir y de entender la forma de enseñar y la forma de aprender tanto de los docentes como de los estudiantes y, a pesar de y, a pesar de las dificultades vividas, lo importante ahora es quedarse siempre con el lado positivo y constructivo de ese aprendizaje permanente. No se debe tampoco olvidar que los docentes han sido y siguen siendo también aprendices, y es por ello que la experiencia vivida puede también enseñarles y ayudarles a crecer personal y profesionalmente y a mejorar en su trabajo una vez superada la pandemia y ya de vuelta al quehacer diario en el aula. ¿Qué ha llegado para instalarse y quedarse en el modo de entender la enseñanza? ¿Qué lectura positiva se puede sacar de la experiencia vivida? En resumen, y volviendo al inicio de esta reflexión y recogiendo las palabras de Jobs, "a veces, cuando se innova, se cometen errores. Es mejor admitirlos rápidamente, y seguir adelante con la mejora de tus otras innovaciones".

REFERENCIAS

Cabero Almenara, J. (2015). Reflexiones sobre la brecha digital y la educación. En L. Ortiz Jiménez, A. Sánchez Palomino, A. Luque de La Rosa, V. Figueredo Canosa (coords.) *Espacios para hablar y compartir sobre intervención social y educativa en grupos vulnerables* (pp. 23–32). Enfoques Educativos.

Consejo de Europa (2020). *Common European framework of reference for languages: Learning, teaching, assessment. Companion volume with new descriptors.* Publicaciones del Consejo de Europa.

González Martín, R., Ladera Díaz, J., Mateo Díaz, C. y Quintanilla Navarro, I. (2021). Educación, pandemia y brechas digitales: lecciones de un momento insólito. *Participación educativa, 8,* 11, 59–72.

Instituto Cervantes (s.f.). Competencia Intercultural. En *Diccionario de términos clave ELE.* Recuperado el 10 de febrero de 2022 de Centro Virtual Cervantes: https://cvc.cervantes.es/ensenanza/biblioteca_ele/diccio_ele/default.htm

Prensky, M. (2011). *Enseñar a los nativos digitales.* Editorial SM.

Wolton, D. (2000). *Internet ¿Y después?* Gedisa.

SECCIÓN II

Hacia un nuevo paradigma en la enseñanza de lenguas extranjeras en la Educación Superior: del modelo presencial hacia un modelo digital o híbrido

Teresa Cañadas García
Universidad Complutense de Madrid

Laura Amigot Castillo
Universidad Complutense de Madrid

Capítulo XVI: Estrategias para dinamizar un aula híbrida de idiomas en tiempos de la COVID-19: viejos recursos para una nueva realidad[1]

1. INTRODUCCIÓN Y CONTEXTUALIZACIÓN

La pandemia provocada por la COVID-19 ha desencadenado una situación sanitaria tan catastrófica a nivel mundial que la presencia de la enfermedad ha invadido todos los ámbitos de la vida cotidiana de los ciudadanos: social, espiritual, económica y cultural. Los gobiernos y las instituciones académicas han tenido que buscar, de la manera que han creído más eficaz, soluciones estratégicas que garantizaran la continuidad de la formación para todos los niveles educativos y así proteger la salud de docentes y alumnos y salvaguardar, en la medida de lo posible, los principios de aprendizaje y transmisión de conocimientos.

En el ámbito universitario también se han buscado soluciones estratégicas que impactan directamente en la docencia y aprendizaje propios de la Educación Superior y que crean situaciones y contextos docentes casi siempre inexplorados que requieren una continua adaptación de formación, recursos, metodologías, sistemas de evaluación, etc. Por ello, los "viejos recursos" conocidos y empleados antes de la pandemia han tenido que ser adaptados a una "nueva realidad" a la que aquí nos referimos como "docencia híbrida de emergencia". Este concepto metodológico, del que se dará cuenta más adelante, surge de la que ha sido la situación docente más presente durante el curso 2020/2021 en la Facultad de Comercio y Turismo de la

1 Este trabajo parte de la experiencia vivida durante el curso académico 2020/2021 como profesoras de asignaturas de alemán como lengua extranjera de los niveles comprendidos, según el Marco Común Europeo de Referencia para las Lenguas: aprendizaje, enseñanza, evaluación (*European* Council, 2002), entre A1.1 y A2.1 en los Grados de Comercio, Turismo y el Doble Grado en Turismo y Comercio de la Facultad de Comercio y Turismo de la Universidad Complutense de Madrid.

Universidad Complutense de Madrid (FCyT), donde fundamentalmente se dieron los siguientes escenarios:

- Primer semestre. El 22 de julio de 2020 la Junta de Facultad aprobó el llamado Marco Estratégico para la docencia en el curso 2020/2021[2]. Este modelo se compone de lo siguiente: a) docencia presencial adaptada a las normas de distanciamiento y difundida por *streaming* (sesiones de 2 horas con 20 minutos de descanso), en la que los alumnos en *streaming* no participan, es decir, son espectadores[3]; y b) docencia *online* (sesiones de 1 hora con 10 minutos de descanso). El modelo resultante es la combinación de ambos en cuatro semanas alternas que van rotando, y para lo cual cada asignatura se desdobla en dos grupos según el número final del DNI del estudiante (G1, impar; G2, par), como se aprecia en la Tabla 1 para el Grado en Comercio (Marco Estratégico para la docencia en el curso 2020/2021, p. 3).

Grado en Comercio

	Semana 1	Semana 2	Semana 3	Semana 4
Día 1*	*online*	G1 presencial G2 *streaming*	G1 presencial	G1 *streaming* G2 presencial
Día 2*	*online*	G1 presencial	G2 presencial	G1 *streaming*

Tabla 1: Extracto del Marco Estratégico para la Docencia del primer semestre del curso 2020/2021

Fuente: Facultad de Comercio y Turismo (UCM)

Siempre se contempla la posibilidad de que la docencia pueda ser adaptada a un eventual escenario no presencial, siendo el escenario 1, 100 % presencial, el 2, 100 % *online*, y el 3 –con el que arranca el curso–, híbrido. A consecuencia de esto, todas las asignaturas tuvieron que adaptar sus programas a un sistema

2 Marco Estratégico para la docencia en el curso 2020/2021 (Facultad de Comercio y Turismo UCM, 2020a). https://comercioyturismo.ucm.es/file/marco-estrategico-para-la-docencia-curso-2020-21-de-la-facultad-de-comercio-y-turismo-de-13-de-noviembre-de-2020

3 En la página 4 de las instrucciones para uso de *streaming* que recibieron los profesores al inicio del primer semestre se indica que los estudiantes que estén en casa no podrán participar en la clase haciendo uso de la palabra.

semipresencial flexible que contemplara un escenario de docencia 100 % *online*, priorizando la evaluación continua y potenciando la presencialidad de las pruebas finales. Finalmente, el 16 de noviembre de 2020, y hasta el final del primer semestre, se pasó a la docencia 100 % *online* (escenario 2)[4].

- Segundo semestre. El 21 de enero de 2021 se aprobó en Junta de Facultad una modificación del marco estratégico vigente en el primer semestre que "toma en consideración la necesidad de aumentar la presencialidad a requerimiento del Rectorado UCM y de la propia Junta de Facultad"[5]. En esta modificación se aduce que la organización de los espacios permite volver (después de la docencia 100 % *online* aplicada desde noviembre) a una docencia semipresencial de tres subgrupos (Tabla 2), por lo que se mantiene la rotación por semanas consecutivas, esta vez con tres modelos de semanas.

Tabla 3. Cronograma de presencialidad para todos los Grados

Semana 1	Semana 2	Semana 3
G1 presencial	G2 presencial	G3 presencial
G2 *streaming*	G3 *streaming*	G1 *streaming*
G3 *streaming*	G1 *streaming*	G2 *streaming*

Tabla 2: Extracto del Marco Estratégico para la Docencia del segundo semestre del curso 2020/2021

Fuente: Facultad de Comercio y Turismo (UCM)

Las principales diferencias con respecto al modelo semipresencial previo son que los grupos se subdividen en tres (G1, G2 y G3) en lugar de dos, también en función del último dígito del DNI del estudiante, y que el profesor siempre está presente en el aula, con un tercio del alumnado presente y dos tercios conectados desde casa. Desaparecen, por tanto, las sesiones 100 % *online* y 100 % presenciales y se pasa a un modelo híbrido de emergencia en el que el profesor siempre está en el aula y retransmitiendo la clase en *streaming* para dos tercios del alumnado. En este escenario, con una mayoría de alumnos virtuales en cada sesión,

4 Por resolución de la Junta de Facultad del 13 de noviembre de 2020 (Facultad de Comercio y Turismo UCM, 2020b). https://comercioyturismo.ucm.es/file/revision-del-marco-estrategico-de-la-docencia-aprobado-el-13-de-nov-de-2020

5 Marco estratégico para la docencia en el curso 2020/2021. Aprobado en Junta de Facultad de 22 de julio de 2020. Modificación de 21 de enero de 2021, p. 3. (Facultad de Comercio y Turismo UCM, 2021). https://comercioyturismo.ucm.es/file/marco-para-la-docencia-22-de-julio-de-2020-modificacion-21-de-enero-2021-

la idea de centrarse en los presenciales y no dar voz a los que siguen la clase en remoto deja de ser pedagógicamente operativa, menos aún en el caso de la enseñanza de lenguas, donde la imbricación de competencias adquiridas (gramaticales, léxicas, morfosintácticas y comunicativas) y su puesta en práctica, tanto en el plano oral como en el escrito, resulta ineludible –y así se refleja, por cierto, en la metodología y el sistema de evaluación recogidos en la guía de las asignaturas–.

Los cambios y las sucesivas adaptaciones necesarias a lo largo del curso han propiciado que los turnos rotativos del plan original degeneren en muchas ocasiones en una libre elección por parte del alumnado de cuándo asiste o no a la clase presencial en virtud de sus necesidades, disponibilidad, lugar de residencia, conveniencia de horario y preferencias personales, por lo que la opción mayoritaria es, en general, la asistencia virtual. Este aspecto, que en principio no debería suponer un grave problema en tanto que el alumno tome esta decisión de manera responsable para con su aprendizaje, en la práctica sí conlleva un inconveniente para el profesor, pues hace totalmente impredecible el número de alumnos que asistirán de un modo y de otro, lo que lo enfrenta a un panorama cambiante en cada sesión que rara vez coincide con la sesión híbrida que *a priori* ha diseñado.

2. OBJETIVO

La problemática surgida en el curso 2020/2021 –es decir, en la etapa posterior al confinamiento– al impartir los cursos de alemán como lengua extranjera en la FCyT podría resumirse en que el formato híbrido consistente en la combinación de alumnos presenciales y en *streaming* –en distinta proporción, como se ha explicado– conlleva la coincidencia en el tiempo de estas dos modalidades, lo cual ha convertido este tipo de enseñanza, la docencia híbrida de emergencia (en realidad, docencia híbrida simultánea, como se especificará más abajo), en una nueva variante inexplorada y, por tanto, desconocida, que implica varios aspectos negativos tanto para el profesor como para el alumnado.

Por un lado, el profesor tiene dos grupos a los que atender, no siempre puede establecer contacto con el alumnado conectado desde casa, en ocasiones se encuentra con que alumnos que deberían estar en el aula se conectan en *streaming*, no hay contacto visual con los que están en casa y no puede observar las reacciones de los alumnos ante una explicación, propuesta, etc. Por su parte, el alumno –al igual que el profesor– puede tener problemas de conexión, no tiene compañeros alrededor a los que poder consultar dudas y con los que trabajar, pierde el entorno del aula, puede encontrarse en muchos casos en un lugar con mayores distracciones, y, si ya de por sí el alumnado, como expone Oxford (2000) en su trabajo "La ansiedad y el alumno de idiomas: nuevas ideas", debe vencer la timidez o el miedo a participar en la clase de idiomas, la conexión por *streaming* puede facilitar la ocasión para no intervenir e intentar pasar desapercibido, a no ser que el profesor lo interpele, por tan solo enumerar algunas desventajas. Todo ello se traduce en que la secuenciación y organización de las actividades llevadas a cabo en clase tienen que adaptarse, pues las dinámicas tradicionales de diálogos en grupo o por pareja, trabajos en equipo, manipulación de juegos o materiales didácticos, actividades de movimiento, etc., como se especificará más adelante, ya no se pueden llevar a cabo como en una clase puramente presencial o virtual.

De todas estas dificultades, problemas o factores adversos, que no siempre está en nuestras manos poder afrontar debidamente, nos parece esencial atajar dos aspectos: por un lado, la falta de cohesión y de sensación de pertenencia a un grupo de aprendizaje y por otro, la dificultad de participación en el transcurso de la clase de forma espontánea (para exponer dudas, resolver ejercicios, practicar la competencia oral en lengua extranjera, etc.). Estos aspectos influyen en el elemento motivador del "contexto de enseñanza y aprendizaje específico" (Grünewald, 2009, p. 8) que se crea en el aula, entendida esta como *Landschaft*, el paisaje (Legutke y Schart, 2012, p. 72) en el que hacer surgir un clima de aprendizaje con reglas y rituales y que, según la actividad que se lleve a cabo en ella, puede transformarse en escenario, taller, lugar de ensayo y experimentación, sala de exposiciones y muestras, etc.

Por ello, nos proponemos mostrar algunas soluciones encontradas en el camino partiendo de los viejos recursos (las herramientas puestas a disposición del profesorado por la universidad, las plataformas o herramientas educativas y los recursos de las editoriales) y adaptarlos a la nueva realidad, deseable o no, de la clase de lengua extranjera con el fin de crear posibilidades de aprendizaje eficaces y motivadoras que lleven al alumnado a alcanzar los conocimientos requeridos de forma satisfactoria y a ponerlos en práctica durante las clases, de forma que la evaluación y el uso del idioma puedan ser efectivamente continuos.

3. METODOLOGÍA

3.1. Algunas consideraciones en torno a la docencia híbrida de emergencia

El elemento diferencial de este sistema de docencia semipresencial propuesto en el primer curso pospandemia como discreta evolución o paso adelante con respecto a la enseñanza forzosamente *online* del curso precedente[6] es justamente

6 Autores como Bozkurt y Sharma (2020) han ahondado en las diferencias entre la educación a distancia y la educación *online* más tradicionales y el modelo surgido en

la coincidencia en el tiempo (que no en el espacio) de dos modelos de enseñanza hasta entonces aplicados de manera complementaria pero independiente: la educación presencial y la educación en línea.

La combinación de ambas modalidades en sucesión consecutiva (trabajo en el aula y posibilidades de aprendizaje autónomo fuera de ella) da lugar a modelos mixtos ya vigentes y explorados desde hace al menos un par de décadas albergados bajo el marbete de *blended learning* (educación semipresencial, educación flexible, aprendizaje mixto o enseñanza híbrida)[7]. Sin embargo, como sostienen De Obesso y Núñez, "hasta ahora la literatura no contempla[ba] situaciones de simultaneidad presencial-*online*" (2020, p. 6), siendo el de estas dos autoras, ciertamente, uno de los primeros trabajos (en lengua española) en abordar este modelo de enseñanza y dotarlo de un marco conceptual en el nivel de la enseñanza universitaria[8].

Ya sea bajo la denominación de "docencia híbrida de emergencia" o la tal vez más precisa "docencia híbrida simultánea" (por no desarrollarse ya en el contexto anómalo de una emergencia sanitaria sino en semestres posteriores), el principal factor diferencial de este modelo, desencadenante de toda una serie de decisiones metodológicas y las correspondientes consecuencias pedagógicas, es la simultaneidad o sincronía de dos modalidades de enseñanza divergentes. A esta circunstancia, aparentemente menor, se ve supeditada la planificación de cada unidad docente, con la consecuente necesidad de repensar y rediseñar las actividades didácticas de habitual aplicación en un contexto presencial o remoto (o híbrido no simultáneo) y de buscar herramientas alternativas válidas para la confluencia de ambos.

---

la pandemia, al que dan en llamar "emergency remote teaching", educación remota de emergencia, un modelo surgido al paso ante una crisis sanitaria global cuya eficacia, como señalan De Obesso y Núñez (2020, p. 4), "no [es] comparable con procesos educativos diseñados *ab initio* para ser *online*".

7 Sirvan como muestra los trabajos de Morán (2012), O'Byrne y Pytash (2015), el más temprano de Thorne (2003) o, aplicado al ámbito empresarial –en el que inicialmente surge esta modalidad– el de Sousa Santos, Peset González y Muñoz Sepúlveda (2020).

8 En el ámbito anglosajón, en cambio, sí existe un precedente anterior a la pandemia, es decir, desprovisto del componente *de emergencia*: el modelo educativo *HOT* (por las iniciales en inglés de "Here or There"), etiqueta que condensa diversos enfoques de aprendizaje híbrido sincrónico ("blended synchronous learning") surgidos como repuesta a la demanda de una Educación Superior cada vez más flexible y ya implementados en el contexto universitario como se muestra, por ejemplo, en el trabajo de Zydney *et al.* (2018), entre otros.

3.2. Metodología de las actividades propuestas

Una vez señalado y delimitado el contexto docente en el que tienen lugar las clases de alemán como lengua extranjera, es preciso adecuar los recursos y actividades que se emplearán en el aula de idiomas, así como la metodología aplicada dentro del margen de actuación que permiten los cambios y directrices a los que, por motivos de salud pública, se ve sometida la docencia, ya que cualquier modificación en alguno de los elementos del proceso de enseñanza-aprendizaje, en este caso en el contexto educativo, influye directamente en los demás elementos (docente, discente, contenido y metodología). Por todo ello, es imprescindible conocer el punto de partida –los cursos anteriores a la pandemia– y el de llegada –el año académico 2020/2021–. De ahí que contemos con viejos recursos que se actualizarán, enriquecerán, añadirán o suprimirán según las nuevas necesidades.

El método de idiomas utilizado en el aula es *Netzwerk Neu* de la editorial Klett (Dengler, Rusch, Schmitz y Sieber, 2019). El empleo de este manual implica necesariamente una metodología comunicativa que ponga constantemente en práctica los conocimientos adquiridos (expresiones, vocabulario, estructuras sintácticas); la lengua hablada toma importancia no solo en recuadros explicativos del libro, sino también en los ejercicios propuestos para llevar a cabo en el aula[9]. La orientación del manual, basada en la relación con el mundo digital, facilita el empleo de su propio material complementario (ej.: vídeos, audios, plataformas digitales, Quizlet o Kahoot para cada lección, etc.) y, asimismo, el de otros materiales externos al método, también digitales, que el profesorado decida emplear.

La forma más adecuada para paliar la fragmentación grupal impuesta por la situación sanitaria es la de crear y fomentar la sensación de grupo propia de una *Lerngemeinschaft* (comunidad de aprendizaje) basada en el aprendizaje dialógico donde la interacción, la igualdad y la inclusión sean los elementos predominantes. Para mantener el enfoque comunicativo de la comunidad de aprendizaje bajo la docencia híbrida de emergencia han de cumplirse dos requisitos: desatender la sugerencia de que los alumnos que sigan la clase en *streaming* no participen y pedir a todo el alumnado presencial que traiga algún dispositivo con conexión a internet (preferiblemente ordenador portátil o *tablet*). De esta manera, el espacio físico compartido tradicionalmente deja de ser el aula y pasa a ser internet, en especial espacios virtuales comunes a los que denominaremos espacios virtuales marco, es decir, las plataformas que toman protagonismo en el aula y gracias a ellas se posibilita la impartición de la docencia a través de videoconferencia,

9 El manual del profesor propone numerosas actividades para practicar la lengua, oral y escrita, cuya adaptación a las nuevas circunstancias será detallada en el punto 4.

ofreciendo, además, algunas otras utilidades como chats, creación de grupos o salas de trabajo, pizarra compartida, etc.[10]

4. ESTRATEGIAS PARA DINAMIZAR UN AULA HÍBRIDA DE IDIOMAS

4.1. Herramientas digitales colaborativas

Dado que para potenciar la percepción de ser una comunidad de aprendizaje se ha optado porque tanto el alumnado que asiste a clase desde casa como el alumnado que está presente en el aula tengan su punto de encuentro y espacio compartido a través de internet, se vio necesaria la utilización de algunas herramientas digitales que, o bien mejoraran las funcionalidades del espacio virtual marco, Blackboard Collaborate, o suplieran las carencias de este. Se han seleccionado, para ello, algunas herramientas digitales colaborativas: digitales, por ser internet el espacio común para todos los participantes del proceso de aprendizaje, y colaborativas, porque de esa manera se potencia la sensación de grupo y se consigue la interacción, la inclusión y el diálogo entre el alumnado y entre el alumnado y el profesorado. A continuación ofrecemos una descripción de las herramientas y la enumeración de algunas actividades didácticas que se pueden llevar a cabo con ellas en el aula de idiomas.

4.1.1. EduPad (www.edupad.ch)

EduPad es un editor de texto colaborativo que se puede utilizar como pizarra compartida con selección de idioma. Su uso es gratuito y para invitar al alumnado a entrar en el documento se les puede mandar la URL del editor compartido. Una vez dentro, aparece el número de personas conectadas, a cada una de las cuales se les asigna un color, de forma que la intervención escrita de cada participante es fácil de reconocer visualmente. La sincronización de lo que se va escribiendo es automática, lo que permite ver en tiempo real cuántas personas están trabajando a la vez sin necesidad de actualizar o refrescar la pantalla. Una vez acabada la sesión, el texto resultante se puede descargar en diversos formatos, aunque el acceso a través de la URL es permanente. Si se desea, se puede activar también un chat en la pantalla.

10 En el caso de las sesiones de alemán impartidas en la UCM el espacio virtual marco ha sido Blackboard Collaborate, enlazado con el campus virtual, o Google Meet. Además, ya que se trabaja con un manual de idiomas, empleamos el libro digital anidado en la plataforma BlinkLearning sin utilizar las funcionalidades de gestión de clases que ofrece esta, ya que para ello se emplea el campus virtual (Moodle).

La herramienta EduPad se presta a que el profesor escriba explicaciones en ella (no admite tablas ni gráficos) o para que los alumnos, por ejemplo, pongan en común los resultados de alguna pregunta o ejercicio. Incluso si el alumnado trabaja en equipos, se puede dividir el documento en zonas para que cada grupo de estudiantes escriba los resultados en un mismo documento; a este respecto, es destacable que las líneas de texto van numeradas, por lo que la localización de pasajes es más rápida y accesible para todo el grupo. El profesor puede ir corrigiendo las intervenciones escritas, que además quedarán marcadas con el color que este tenga asignado, por lo que la corrección salta a la vista.

4.1.2. Tricider (www.tricider.com)

Tricider es una herramienta colaborativa diseñada especialmente para la realización de encuestas. Sin necesidad de registrarse, el profesor puede invitar a los alumnos a colaborar a través de redes sociales o facilitándoles la URL. Todos los participantes pueden agregar ideas en torno a un tema o pregunta, ilustrarlas con una imagen y, además, pueden consignar pros y contras de las ideas aportadas por los demás, así como votarlas. Para conservar las encuestas hay que registrarse; de ese modo se puede también tener preparada la encuesta antes de que comience la clase y tan solo hay que facilitar el enlace a los alumnos para que la contesten y aporten sus ideas.

Tricider es muy práctico para poner ideas en común y abrir de una manera diferente debates tan necesarios y recurrentes en la clase de idiomas (ej.: (¿a dónde te irías de vacaciones?, ¿qué película irías a ver al cine?, ventajas e inconvenientes de vivir en el campo o en la ciudad, etc.). La funcionalidad de agregar una imagen a la idea compartida es muy práctica a la hora de elegir, por ejemplo, un destino vacacional sobre el que trabajar, un monumento de un lugar turístico que habrá que describir, una foto de una prenda de ropa adecuada para una circunstancia concreta, etc.

La opción de votar ideas puede servir para elegir una fecha en la que realizar un examen de evaluación continua, votar la idea más original, la receta más apetecible, la profesión más popular o un plan de tiempo libre, entre otros.

Por último, las opciones de pros y contras ofrecen al profesor –y al resto de participantes– la oportunidad de elogiar una contribución, corregirla o modificarla.

4.1.3. MindMeister (www.mindmeister.com)

MindMeister sirve para hacer mapas conceptuales de manera colaborativa. Es necesario que tanto profesores como alumnos estén registrados para poder utilizarlo, aunque no disfruten de ciertas características si no se dispone del perfil personal o pro.

Una vez iniciado el mapa, el profesor puede invitar a los alumnos a completarlo, pudiendo por ejemplo elegir la asignación de colores para los conceptos y así remarcar el género de las palabras, algo que resulta particularmente útil en el alemán. Cuando los alumnos realizan sus aportaciones, el profesor puede ver en su propio perfil el historial de participación en la elaboración del mapa conceptual.

Esta herramienta es muy útil para trabajar el vocabulario de forma participativa y colaborativa y puede servir, por ejemplo, como modo de introducción de una lección con un contenido temático específico (ej.: la ciudad, las compras, la vivienda, la comida, etc.) para activar conocimientos previos y ponerlos en común o para recopilar el vocabulario de un campo semántico aparecido en un texto oral o escrito, un vídeo, un audio o al finalizar una lección a modo de repaso. La organización visual del campo semántico, el trabajo colaborativo y la asignación de un código de colores ayuda al aprendizaje visual del vocabulario. Además, para contextualizar los términos, se pueden añadir comentarios proponiendo una frase en la que aparezca el concepto específico.

4.2. Actividades dinamizadoras: tres propuestas

Hablar de propuestas dinamizadoras en un aula de idiomas híbrida (u *online*) implica tener que prescindir de toda una serie de actividades tradicionalmente orientadas a este fin y cuya aplicación –en su versión ortodoxa, es decir, la que reflejan las guías didácticas– resulta impracticable en estos contextos. Así, en un principio quedaría vedado el recurso a todas las actividades de movimiento en el aula, ya sea implicando a los estudiantes de manera individual (*Artikelgymnastik, Pantomime, Kommandos*) o al grupo entero (*Kursspaziergänge, Autogrammjagd, Zick-Zack-Dialoge, Schneeballschlacht lebendige Sätze, Supermarkt, Marktplatz, Finde jemanden, der…*) y todas las formas alternativas de agrupamiento (*Sprechmühle, Wirbelgruppen, Dreieck der Gemeinsamkeiten*); también quedarían limitadas todas aquellas que involucran elementos tangibles como un balón o un globo (*Ballrunde, Wortschatz in (zwei) Kreisläufen, Luftballonspiele*), tarjetas o cartas (*Kartenspiele, Quartett, Domino, Paare finden/Memo-Spiele*), tableros, fichas o dados (*Konjugationsspiele, Brettspiele*), papel en pequeño o gran formato (*Collage, Poster/Plakat, Lernplakate, Rechts-Links-Dialog*) u objetos reales (*Kimspiele*)[11].

Tras esta criba inicial en nuestro intento por buscar agentes dinamizadores aplicables al formato híbrido simultáneo, tomamos como punto de partida el glosario de actividades propuestas en la guía del profesor (Pilaski y Wirth, 2019) de

11 Todas las actividades enumeradas proceden de la guía del profesor del manual *Netzwerk neu A1.1*.

nuestro manual de clase (concretamente, el del nivel A1.1) y realizamos una selección de aquellas prácticas que, aplicando los cambios pertinentes, pudieran ser trasladadas a esta modalidad. Una vez seleccionadas, las organizamos en torno a las diferentes formas sociales de agrupamiento que se pueden llevar a cabo en un aula híbrida (Figura 1) y cuya aplicación puede ser justamente ese elemento motivador o dinamizador que buscamos, por lo que intentamos salvar, por un lado, la diferencia con la clase presencial –que ofrece, indiscutiblemente, un mayor abanico de dinámicas de grupo– pero, por otro, aprovechamos la diferencia con la clase puramente *online*, con posibilidades más reducidas en este aspecto.

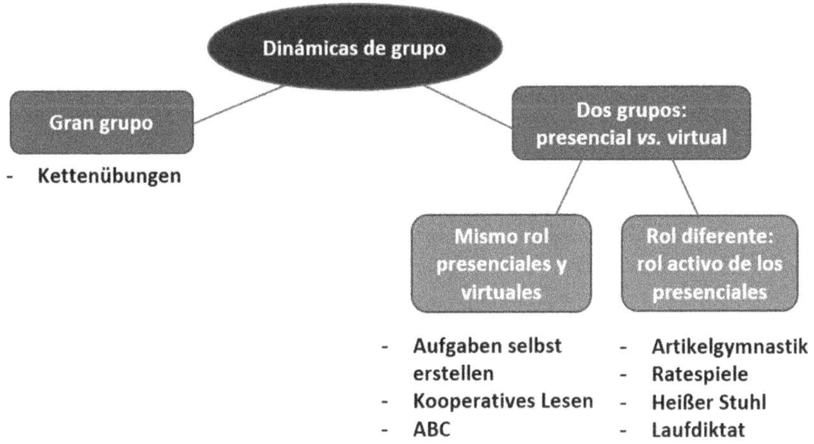

Figura 1: Propuesta de adaptación al formato híbrido simultáneo de actividades provenientes de la guía del profesor del manual Netzwerk neu A1.1 según las posibles dinámicas de grupo implantables en el aula

En los siguientes apartados ejemplificaremos cada una de las tres formas posibles de agrupamiento mediante una actividad.

4.2.1. Gran grupo: rondas en cadena (Kettenübungen)

La primera opción posible es considerar el conjunto de alumnos como un único gran grupo, con independencia de su ubicación espacial (el aula real o virtual). Para llevar a cabo esta dinámica, la premisa básica es asignar desde el principio un número a cada participante, de forma que sean ellos los que, en adelante, vayan estableciendo los turnos de palabra llamándose unos a otros en cadena. Se trata de una alternativa a la ronda por orden (previsible) de asiento aplicable en el aula presencial, o a la ronda aleatoria del lanzamiento de una pelota (en caso de introducir la restricción de no seguir el orden numérico en la llamada).

Esta práctica es aplicable a la resolución oral de cualquier ejercicio, a la respuesta a una pregunta o a la automatización de una determinada estructura gramatical, como es el caso del siguiente ejemplo (Figura 2).

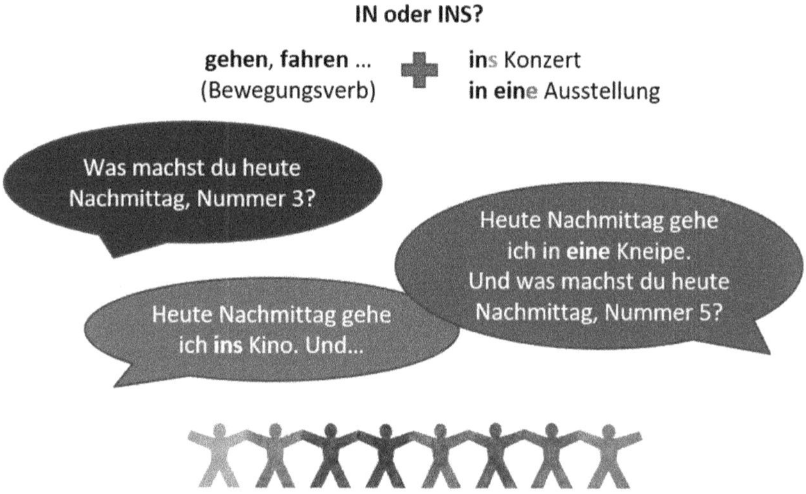

Figura 2: Ejemplo de ejercicio de ronda en cadena

Una variante lúdica y, al mismo tiempo, más exigente sería la cadena acumulativa, en la que los alumnos tienen que repetir las respuestas de sus compañeros anteriores antes de añadir la suya, de manera que la dificultad (y, como consecuencia, el factor atención) se va incrementando por la necesidad de memorizar todas las respuestas.

4.2.2. Grupo presencial vs. virtual, ambos con el mismo rol: elaboración de tareas (Aufgaben selbst erstellen)

La siguiente propuesta persigue la práctica de la comprensión lectora y la producción escrita mediante la explotación guiada de un texto, y puede desempeñarse dividiendo la clase en dos grandes grupos según su ubicación espacial: uno presencial y otro virtual. Cada uno de ellos elabora una tarea para el otro equipo partiendo de un texto común. El profesor puede dejar libertad para la confección de la tarea, o guiarla dando a elegir las siguientes opciones:

a. una pregunta de verdadero o falso por cada párrafo del texto

b. una pregunta con pronombre interrogativo (*W-Frage*) para cada párrafo
c. una respuesta por párrafo sobre la que hay que formular una pregunta

Al plasmar la tarea en EduPad (véase 4.1.1.), para la siguiente fase ambos grupos solo tendrían que intercambiar sus respectivos enlaces y proceder a la resolución de la tarea o tareas propuestas por el equipo contrario.

4.2.3. Grupo presencial vs. virtual, con rol activo del presencial: gimnasia de artículos (Artikelgymnastik)

Una actividad pertinente en las clases de alemán como lengua extranjera orientada a la práctica o repaso del género del vocabulario ya adquirido es la llamada gimnasia de artículos o *Artikelgymnastik*. Se trata originalmente de una actividad de movimiento, pero que puede ser llevada al formato híbrido otorgando roles distintos a los alumnos presenciales y virtuales (Figura 3).

Para preparar la actividad y acotar el vocabulario, pueden dejarse unos minutos al inicio para que los alumnos, individualmente, hagan una pequeña lista del vocabulario aprendido en una unidad o el relacionado con un determinado campo semántico. A continuación, se distribuye a los alumnos en tres equipos, uno por cada género de los sustantivos en alemán. Los presenciales dictan alternativamente las palabras que han recopilado, y los virtuales del equipo del género que corresponda reaccionan activando la herramienta de levantar la mano en Collaborate. Esta actividad, por su dinamismo y sencilla aplicación, puede instaurarse incluso como una rutina de clase, pudiendo destinarle unos minutos con cierta periodicidad (al terminar una unidad, al comienzo de una clase, etc.).

- Notieren Sie zwei Minuten lang alle **Lebensmittel und Getränke**, die Sie schon auf Deutsch kennen (natürlich mit Artikel!).
- Jeder **TN (im Kursraum)** nennt ein Wort seiner/ihrer Liste. Das entsprechende **(online) Team** soll die Hand heben.

Figura 3: Ejemplo para la práctica de la gimnasia de artículos

Con este mismo objetivo, el repaso o afianzamiento de vocabulario ya adquirido, y aplicando la misma dinámica grupal, los juegos de adivinanza (mediante mímica o dibujo) también permiten su aplicación a contextos híbridos simultáneos, ya que esta modalidad brinda a los alumnos presenciales la oportunidad de asumir un rol más activo, siendo ellos los que representen mediante mímica (ante la cámara) o dibujando en la pizarra o en el ordenador del aula lo que los alumnos virtuales deben adivinar. Este rol preponderante del alumno presencial puede ser un factor dinamizador dentro del aula, por un lado, y, por otro, un agente motivador para incentivar la presencialidad.

5. CONCLUSIONES

Con todo lo expuesto, queda patente que la aplicación de este modelo de enseñanza forzosamente experimental y diseñado con mayor o menor acierto en el inicio del primer curso pospandemia para el grueso de las asignaturas de las titulaciones universitarias ha supuesto un gran esfuerzo adaptativo, tecnológico, pedagógico y metodológico por parte de toda la comunidad docente universitaria, sin duda, pero, con base en lo abordado en este trabajo, también muy especialmente por parte del profesorado de lenguas extranjeras.

Con todo, a pesar de todos los obstáculos y limitaciones a la hora de crear un entorno de aprendizaje positivo, participativo, cooperativo, cohesionado y dinámico, hemos visto que es posible hacerlo a través de algunas sencillas herramientas tecnológicas y algunas actividades aplicables mediante distintas formas sociales de agrupamiento. De todas ellas, las que otorgan un rol más activo al alumno presencial frente al virtual pueden resultar las más motivadoras (y servir, de paso, como un oportuno incentivo para la presencialidad, la opción menos favorecida por los alumnos a lo largo de todo el año académico).

La complejidad del modelo descrito es, en cualquier caso, más pedagógica que técnica, pues intuimos que existe una gran cantidad de herramientas tecnológicas a nuestra disposición, algunas ampliamente desconocidas y otras cuyo alcance y aplicación en el aula de idiomas está todavía por descubrir. Queda ante nosotros, por tanto, una gran necesidad de formación metodológica, reciclaje e intercambio de buenas prácticas entre docentes que consigan hacer de esta opción improvisada un modelo de enseñanza tal vez más atractivo y deseable (que el derivado de una pandemia global).

6. REFERENCIAS

Bozkurt, A. y Sharma, R. C. (2020). Emergency remote teaching in a time of global crisis due to CoronoVirus pandemic. *Asian Journal of Distance Education*, *15* (1), 1–6.

De Obesso Arias, M. M. y Núñez Canal, M. (2020). El modelo educativo híbrido: una respuesta necesaria de la enseñanza universitaria a partir de la Covid-19. doi:10.13140/RG.2.2.34706.89289.

Consejo de Europa (2002). *Marco común europeo de referencia para las lenguas: aprendizaje, enseñanza, evaluación*. Instituto Cervantes y Anaya. https://cvc.cervantes.es/ensenanza/biblioteca_ele/marco/cvc_mer.pdf

Dengler, S., Rusch, P., Schmitz, H. y Sieber, T. (2019). *Netzwerk neu A1.1. Kurs- und Übungsbuch mit Audios und Videos*. Klett.

Facultad de Comercio y Turismo UCM (2020a). Marco Estratégico para la docencia en el curso 2020/2021. https://comercioyturismo.ucm.es/file/marco-estrategico-para-la-docencia-curso-2020-21-de-la-facultad-de-comercio-y-turismo-de-13-de-noviembre-de-2020

Facultad de Comercio y Turismo UCM (2020b). Revisión del Marco Estratégico para la Docencia 2020–21 de 13 de noviembre. https://comercioyturismo.ucm.es/file/revision-del-marco-estrategico-de-la-docencia-aprobado-el-13-de-nov-de-2020

Facultad de Comercio y Turismo UCM (2021). Marco estratégico para la docencia en el curso 2020/2021. Modificación de 21 de enero de 2021. https://comercioyturismo.ucm.es/file/marco-para-la-docencia-22-de-julio-de-2020-modificacion-21-de-enero-2021-

Grünewald, A. (2009). La motivación de los alumnos en la clase de lengua extranjera. Resultados de una investigación empírica en el contexto del uso de las tecnologías de comunicación e información. *Pulso*, *32*, 75–93.

Legutke, M. y Schart, M. (2012). *Lehrkompetenz und Unterrichtsgestaltung. DLL 01*. Langenscheidt.

Morán, L. (2012). Blended-learning. Desafío y oportunidad para la educación actual. *Edutec. Revista Electrónica de Tecnología Educativa*, *39*, a188. https://doi.org/10.21556/edutec.2012.39.371

O'Byrne, W. I. y Pytash, K. E. (2015). Hybrid and Blended Learning: Modifying Pedagogy Across Path, Pace, Time and Place. *Journal of Adolescent and Adult Literacy*, *59 (2)*, 137–140. https://doi.org/10.1002/jaal.463

Oxford, R. L. (2000). La ansiedad y el alumno de idiomas: nuevas ideas. En J. Arnold, (Ed.), *La dimensión afectiva en el aprendizaje de idiomas*, 77–86. Cambridge University Press.

Pilaski, A. y Wirth, K. (2019). *Netzwerk neu. A1. Lehrerhandbuch*. Klett.

Sousa Santos, S., Peset González, M. J. y Muñoz Sepúlveda, J. (2020). La enseñanza híbrida mediante *flipped classroom* en la educación superior. *Revista de Educación*, *391*, 123–147. doi:10.4438/1988-592X-RE-2021-391-473

Thorne, K. (2003). *Blended learning: How to integrate online & traditional learning*. Kogan Page.

Zydney, J. M., Mckimmy, P. B., Lindberg, R. y Schmidt, M. M. (2018). Here or There Instruction: Lessons Learned in Implementing Innovative Approaches to Blended Synchronous Learning. *TechTrends*. https://doi.org/10.1007/s11528-018-0344-z

Alice Fatone
Universidad de Valencia

Capítulo XVII: La competencia intercultural en las clases de lengua italiana *online*

1. INTRODUCCIÓN

La competencia comunicativa (Jasone, 2004) es la capacidad de una persona para comportarse de manera eficaz y adecuada en una determinada comunidad de habla; esto implica respetar un conjunto de reglas que incluyen tanto las normas gramaticales y los otros niveles de la descripción lingüística (léxico, fonética, semántica) como las reglas de uso de la lengua, relacionadas con el contexto sociohistórico y cultural en el que tiene lugar la comunicación.

Muchos estudios se han ocupado de la competencia comunicativa y ya Hymes en 1971, la definía como "la capacidad de una persona para comportarse de manera eficaz y adecuada en una comunidad de habla" (Hymes, 1971, p. 30). En 1983 Canale describía la competencia comunicativa como un conjunto de cuatro competencias interrelacionadas (la competencia lingüística, sociolingüística, discursiva, estratégica) y J. Van Ek, en 1986, añade la competencia sociocultural y social.

Si antes, de hecho, cultura y lengua se consideraban dos realidades distintas y disociables, ya a comienzos de los años 80 la relación entre estos dos elementos se convierte en algo estable. Las investigaciones (entre otras Beacco, 2000; Byram, 2008; Borghetti, 2016) subrayan la importancia de la cultura en la clase de lengua y definen una nueva competencia: la competencia intercultural. El Centro Virtual Cervantes la define como "la habilidad del aprendiente de una segunda lengua o lengua extranjera para desenvolverse adecuada y satisfactoriamente en las situaciones de comunicación intercultural que se producen con frecuencia en la sociedad actual, caracterizada por la pluriculturalidad".

Algunos autores como Crawford-Lange y Lange (1984) y Kramsch (1993), defienden un tratamiento de la cultura integrado con la lengua, pero considerando la cultura como un proceso, es decir, como un conjunto de fenómenos en continuo cambio a lo largo del tiempo, en función de los individuos y de los lugares en los que esa cultura se desarrolla. Lo mismo hace Ciliberti (2014) que distingue una cultura como producto y como proceso insistiendo en la necesidad de introducir en los procesos educativos los conceptos de educación intercultural y de competencia intercultural.

Por lo tanto, hoy no se concibe, de ningún modo, poner una línea divisoria entre la lengua y la cultura, puesto que la lengua expresa cultura y por medio de ella adquirimos la cultura. Carmen Guillén (2004) expresa claramente esta idea cuando afirma que "Lengua y cultura se nos presentan como un todo indisociable, porque todo hecho de habla se estructura en función de una dimensión social y cultural" (Guillén, 2004, p. 838).

La situación sanitaria que hemos vivido en los últimos dos años nos ha obligado a cambiar nuestra didáctica y a concebir nuevas formas de dar clase.

Este artículo pretende que el alumnado reflexione sobre la importancia de la cultura en las clases de lengua y que se dé cuenta de este aspecto de la didáctica introduciendo una nueva competencia. Además, el estudio pretende, sin ser exhaustivo, reflexionar sobre las respuestas del alumnado durante las clases en línea e intentar contestar a la difícil pregunta: "¿se puede desarrollar el componente intercultural en línea?".

2. OBJETIVOS

El tipo de estudio que he llevado a cabo es de tipo cualitativo y no cuantitativo porque no tenía un número suficiente de alumnos con los que podía trabajar. Se trata de un corpus de 40 estudiantes del segundo año de la Facultad de Economía del curso de "Comunicación en segunda lengua extranjera para el turismo" de la Universidad de València (Campus de Tarongers). La segunda lengua, en este caso, era el italiano (asignatura optativa de la carrera) que los alumnos estudiaban desde hace dos años y con un nivel lingüístico A2 del MCER. El principal objetivo del estudio era que el alumnado reflexionara sobre la enseñanza y su metodología de aprendizaje en particular y que se dieran cuenta de la existencia de la competencia intercultural, de su importancia y de la posibilidad de considerar (o no) esta competencia durante la enseñanza en línea.

3. METODOLOGÍA

La metodología que he decidido utilizar es la aplicación de un instrumento cuantitativo, esto es, un cuestionario semiestructurado en línea proporcionado al alumnado al final del curso (4 horas semanales en línea durante el segundo semestre de enero a mayo por un total de 60 horas lectivas). El cuestionario se compone de una escala de tipo Likert para algunas preguntas y respuestas abiertas para otras. Este tipo de escala pretende medir las reacciones y las actitudes del alumnado. Elaborar un cuestionario es una tarea muy compleja porque un cuestionario mal diseñado nos proporciona datos erróneos o sesgos en la interpretación de los resultados. Este tipo de escala tiene múltiples ventajas: es fácil de construir, permite graduar la opinión de los encuestados ante afirmaciones e intenta ser lo más efectiva y objetiva posible. El cuestionario se compone de tres partes divididas en doce preguntas cerradas y una pregunta abierta. La primera parte "dificultades en las clases en línea" (preguntas 1–3) tenía un enfoque hacia los problemas (generales y específicos del alumnado hacia la enseñanza en línea), la segunda parte "competencia intercultural: de la enseñanza en línea a la enseñanza presencial" (preguntas 4–9) introducía el concepto de competencia intercultural (con referencias a la literatura científica) e invitaba al alumnado a una reflexión puntual en el aprendizaje de las lenguas, la tercera (y última) parte del cuestionario "relación lengua-cultura" (preguntas 10–12) subrayaba la inevitable relación entre estos dos elementos pero desde una nueva perspectiva, o sea, el enfoque intercultural.

4. RESULTADOS

La primera pregunta del cuestionario ("desde el comienzo de la pandemia, ¿cuántas asignaturas tenías en modalidad en línea (totalmente en línea o híbrida)?") pretendía presentar cuántas asignaturas el alumnado había seguido en línea. El 61 % había seguido más de 7 asignaturas en línea, el 22 % de 5 a 7, el 13 % de 3 a 5 y el 4 % de 1 a 3.

A partir de la segunda pregunta ("la docencia, desde marzo 2020, ha sido casi totalmente en línea. ¿Has podido seguir las clases?"), el objetivo inicial del cuestionario era empezar a detectar las dificultades del alumnado ante este tipo de docencia. Las primeras reflexiones surgen del hecho de que un 53 % del alumnado haya podido seguir las clases, pero con algunas dificultades, el 22 % con bastantes dificultades, el 9 % con muchas dificultades y el 16 % ha seguido las clases como siempre. Estas dificultades, por tanto, son reales y concretas, si bien no conducen necesariamente a una situación en la que los alumnos se vean abocados a abandonar las clases.

La tercera pregunta quería profundizar en las dificultades que habían afectado al alumnado entre las propuestas (problemas de conexión, problemas del ordenador, ausencia del micro, ausencia de la cámara, poco espacio en casa, poca concentración en casa, escasas competencias informáticas del docente, problemas técnicos del docente, cansancio físico/mental de una clase en línea). Los alumnos podían elegir entre una escala de 0 a 5 (0 para nada, 5 muchísimo). Los resultados de esta pregunta se resumen en la Tabla 1.

Tabla 1. Pregunta 3: "Si has tenido dificultades, indica con un numero de 0 a 5, las dificultades que has encontrado durante las clases"

	0	1	2	3	4	5
Problemas de conexión de red	9 %	22 %	26 %	17 %	22 %	4 %
Problemas con el ordenador	22 %	26 %	17 %	26 %	9 %	0
Ausencia del micro	40 %	4 %	22 %	17 %	13 %	4 %
Ausencia de la cámara	13 %	0	22 %	13 %	22 %	30 %
Poco espacio en casa	52 %	17 %	9 %	13 %	9 %	0
Poca concentración en casa	13 %	0	22 %	13 %	22 %	30 %
Escasas competencias informáticas del docente	22 %	0	27 %	17 %	17 %	17 %
Problemas técnicos del docente	11 %	11 %	22 %	25 %	9 %	22 %
Cansancio físico/mental de una clase en línea	12 %	0	13 %	17 %	19 %	29 %

Esta pregunta subraya cómo las dificultades de este tipo de enseñanza se deben ante todo a unos problemas técnicos, en particular a los problemas de conexión de red (el 22 % de los estudiantes elige el 4 como factor en la escala) y la ausencia de cámara (el 30 % de los estudiantes elige el 5 como factor de la escala) tanto del alumnado como del profesorado. También unos problemas logísticos (poca concentración en la casa, el 30 % del alumnado elige el factor 5 de la escala) influyen en la enseñanza, así como también lo hacen las escasas competencias informáticas del docente (el 27 % del alumnado elige el factor de la escala). La dificultad que más impacta esta enseñanza en línea parece ser el cansancio físico y mental de este tipo de clase, ya que el 29 % del alumnado elige el factor 5 de la escala. Creo que es importante analizar las respuestas de la tercera pregunta. Antes de todo, es necesario preguntarse si, en el siglo XXI, la informática es una herramienta democrática o no. De hecho, muchos estudiantes no han podido acceder diariamente a acceder diariamente a sus clases *online* por por la falta - o por el mal funcionamiento - de herramientas tecnológicas (como cámara o micrófono). A estas dificultades técnicas, se añaden comportamientos y actitudes conectados con este tipo de enseñanza o sea un tercio de los respondientes asocia la enseñanza en línea a un cansancio mental. Este dato es muy potente y es necesario tenerlo en cuenta a la hora de organizar la enseñanza futura.

La cuarta pregunta ("En el aprendizaje de una nueva lengua, cada estudiante entra en contacto con una nueva cultura que se constituye de elementos no verbales, gestos, prosémica. Este tipo de competencia, a menudo llamada competencia intercultural ¿se desarrolla en una clase presencial?") desplaza la mirada hacia la enseñanza en general, empezando una reflexión más profunda del alumnado para que empiece a familiarizarse con otros elementos que forman parte de la enseñanza de las lenguas. Los participantes en la encuesta contestan poco (4 %), es un aspecto que nunca he considerado (9 %), en parte (26 %), muchísimo (26 %) o bastante (35 %). El dato seguramente más significativo es que casi un décimo de los encuestados no haya considerado para nada durante el proceso de aprendizaje la competencia intercultural, o es decir, que no se haya parado nunca a reflexionar sobre elementos no verbales, gestos y prosémica.

La quinta pregunta pretende mostrar un panorama de elementos útiles en la enseñanza de una lengua (comprensión oral). De hecho, la pregunta pedía indicar los elementos más o menos importantes y útiles, según la experiencia del alumnado, a la hora de comprender oralmente una lengua. Entre los elementos propuestos (mirada, gestos, expresiones de la cara, gestión del espacio, silencio, turnos de palabra, intercambio con un compañero/una compañera) el silencio es considerado importante por un 4 % de los participantes en la encuesta, los turnos de palabra por un 13 %, las expresiones de la cara por un 17 %, el intercambio con un compañero por un 31 % y, finalmente, los gestos por un 35 %. Estos datos subrayan la importancia de los otros compañeros en el aula y el gran rol que tienen los gestos en la enseñanza de un idioma.

En la sexta pregunta se proporciona una definición de la competencia intercultural, haciendo referencia a Kramsch (1998), a Irvine (2003) y a Beacco (2000) que la describen como "la capacidad del parlante de alejarse de su propia cultura para reconocer en la comunicación símbolos y contenidos diferentes". La pregunta dirigida a los encuestados es "¿se considera esta competencia en la enseñanza presencial?". Con esta pregunta el objetivo era trabajar la competencia intercultural partiendo de una definición científica, pero llevándola a la realidad concreta del aula. El 65 % del alumnado contesta que sí y añade algunas consideraciones que me parece interesante presentar en este artículo. Por ejemplo, un participante en la encuesta explica que "ayuda a crear un ambiente de inmersión en el idioma y en la cultura" (cuestionario 18), otro aclara que "la enseñanza presencial, a diferencia de la enseñanza *online*, al haber una interacción real, facilita mucho más la comunicación de valores" (cuestionario 21) y otro más subraya que esto ocurre "sobre todo por parte del de la profesor/a" (cuestionario 36). El 10 % del alumnado contesta "a veces", el 10 % "no", el 5 % "poco" explicando "al ser todos españoles", el 5 % "no siempre". Según las respuestas, parece que el alumnado tenga en consideración la competencia intercultural en la enseñanza y que prefiera la enseñanza presencial a la enseñanza en línea por lo que manifiesta una preferencia motivada también por la mayor posibilidad de acercarse a la interculturalidad.

En la séptima pregunta, el cuestionario investiga las dificultades de los encuestados hacia cinco de las destrezas de la lengua italiana que están estudiando. El 52 % manifiesta haber tenido más dificultades en la producción escrita, el 38 % la producción oral, el 5 % la competencia intercultural y el 5 % la comprensión oral. Estos datos nos facilitan una información importante: el alumnado considera la competencia intercultural como una posible dificultad en el proceso de aprendizaje de un idioma y, además, un cuarto de los encuestados indica que la producción oral es su mayor dificultad. Con la mirada hacia la competencia intercultural, es cierto que la producción oral está mayormente relacionada con la competencia intercultural.

La octava pregunta vuelve a considerar los aspectos de la competencia intercultural (la gestualidad, la gestión del espacio, la expresión de la cara, el tono de la voz, las dinámicas de grupo, los turnos de palabra, el silencio y otros elementos de la comunicación no verbal) relacionándolos con las sensaciones del alumnado. Los participantes en la encuesta tenían que indicar con un número de 0 a 5 (0 muy poco, 5 muchísimo), cuánto estos elementos, según su experiencia, se desarrollan en línea o en modalidad híbrida en la enseñanza de una lengua.

Tabla 2. Pregunta 8: "Indica con un número de 0 a 5 (0 muy poco, 5 muchísimo), cuántos de estos elementos, según tu experiencia, se desarrollan en línea o en modalidad híbrida en la enseñanza de una lengua"

	0	1	2	3	4	5
La gestualidad	17 %	22 %	17 %	40 %	4 %	0
La gestión del espacio	17 %	17 %	44 %	17 %	4 %	0
La expresión de la cara	13 %	17 %	43 %	9 %	9 %	9 %
El tono de la voz	4 %	4 %	13 %	44 %	13 %	22 %
Las dinámicas de grupo	17 %	13 %	44 %	17 %	9 %	0
Los turnos de palabra	4 %	17 %	13 %	17 %	40 %	9 %
El silencio	13 %	32 %	13 %	26 %	26 %	9 %
Otros elementos de la comunicación no verbal	22 %	17 %	13 %	30 %	9 %	9 %

La Tabla 2 intenta presentar una fotografía de los datos obtenidos. Entre los elementos que parecen más relevantes a los encuestados encontramos: los turnos de palabra (el 40 % del alumnado elige el factor 4 de la escala), el silencio (el 26 % del alumnado elige el factor 4 de la escala y el 26 % del alumnado elige el factor 3 de la escala), el tono de la voz (el 44 % del alumnado elige el factor 3 de la escala), la gestualidad (el 40 % del alumnado elige el factor 3 de la escala). Un rol relevante lo tienen también las dinámicas de grupo (el 44 % del alumnado elige el factor 2 de la escala) y otros elementos de la comunicación no verbal que, lamentablemente, los encuestados no especifican, pero tienen un porcentaje alto, ya que el 30 % elige el factor 3 de la escala. Si los turnos de palabra resultan ser el elemento considerado más relevante significa que el alumnado percibe la presencia de los demás como importante, significativa y necesaria en la enseñanza.

La pregunta 9 pretendía investigar las dificultades personales concretas durante el aprendizaje del idioma en línea. Siempre utilizando la escala de 0 a 5, los participantes en la encuesta podían expresar su opinión considerando, entre las posibles dificultades, pocos ejercicios de producción oral, pocos ejercicios de producción escrita, pocos ejercicios de intercambio con los otros estudiantes, pocas posibilidades de participar activamente en las clases, ausencia de elementos interculturales o pocos elementos no verbales del docente que permitan entender mejor la comunicación.

Tabla 3. Pregunta 9: "Entre tus dificultades personales en el aprendizaje en línea de una lengua, indica las principales con un número de 0 a 5 (0 muy poco, 5 muchísimo)"

	0	1	2	3	4	5
Pocos ejercicios de producción oral	9 %	4 %	17 %	40 %	17 %	13 %
Pocos ejercicios de producción escrita	17 %	17 %	39 %	9 %	9 %	9 %
Pocos ejercicios de intercambio con los otros estudiantes	22 %	13 %	13 %	31 %	17 %	4 %
Pocas posibilidades de participar activamente en las clases	17 %	17 %	13 %	22 %	22 %	9 %
Ausencia de elementos interculturales	9 %	22 %	9 %	43 %	17 %	0
Pocos elementos no verbales del docente que permitan entender mejor la comunicación	22 %	22 %	13 %	22 %	21 %	0

La Tabla 3 resume las elecciones de los encuestados introduciendo entre los posibles problemas la ausencia de elementos interculturales. La pregunta, de hecho, subraya la importancia de la interculturalidad en el aprendizaje de un idioma. Estos datos confirman las previsiones del estudio porque el 43 % del alumnado elige el factor 3 de la escala propuesta. Esto significa que el alumnado no solo empieza a darse cuenta de las dinámicas interculturales, sino que las considera importantes a la hora del proceso de adquisición de un idioma extranjero. Otra dificultad que parece preocupar a los participantes en la encuesta es la escasa posibilidad de hacer ejercicios de producción oral (el 40 % de los respondientes elige el factor 3 de la escala). En una clase en línea se pueden crear salas para crear grupos y dividir al alumnado, pero la ausencia de medios técnicos (micrófono o cámara) y la dificultad de crear conversaciones reales limita mucho los ejercicios de producción oral, de hecho se trata muy a menudo de conversaciones estereotipadas. Se trata de conversaciones previsibles, a veces irreales o falsas. La red limita también el intercambio con los demás (el 31 % elige el factor 3 de la escala y el 17 % el factor 4) y las posibilidades de participar activamente en las clases (el 22 % elige el factor 3 y el factor 4 de la escala). Otros elementos profundamente conectados con la competencia intercultural son los elementos no verbales del docente. Al respecto, los encuestados echan de menos la participación activa del docente y perciben como dificultad la ausencia de una relación presencial con el profesorado. Un 22 % de los estudiantes responde que la falta de elementos no verbales del docente (gestos, miradas, silencios) es una dificultad a nivel 3 de la escala y un 21 % afirma que lo es a nivel 4. La producción escrita es percibida como una destreza con un menor grado de dificultad en su desarrollo, de hecho, un 39 % de los encuestados escoge el factor 2 de dificultad y el 9 % el factor 5.

Las últimas tres preguntas cerradas (la pregunta 10, 11 y 12) son fundamentales para entender la relación lengua-cultura en el aula.

La pregunta 10 ("Para aprender una lengua es importante también conocer su cultura. ¿Estás de acuerdo con esta afirmación?") pretendía percibir cómo los encuestados entienden el complejo concepto de cultura como elemento indispensable (o no) en las clases de lenguas extranjeras. El 57 % de los estudiantes está totalmente de acuerdo con la afirmación propuesta, el 22 % está de acuerdo, el 13 % está totalmente en desacuerdo, el 4 % está en desacuerdo y el 4 % no está ni de acuerdo ni en desacuerdo. Es muy impactante (y quizás imprevisto) el dato del 13 % del alumnado que afirma estar totalmente en desacuerdo con la relación lengua-cultura en el proceso de aprendizaje de un idioma.

La pregunta once (¿"Según tu experiencia, el profesorado tiene en cuenta los elementos interculturales durante las clases presenciales?") invita a los participantes en la encuesta a entrar en el tema intercultural proyectado en el aula. El 39 % contesta bastante, el 35 % en parte, el 22 % muchísimo y el 14 % poco. Esta pregunta intenta comparar las clases presenciales con las clases en línea que se presentan en la pregunta 12. El dato más significativo de esta pregunta es que el 14 % de los encuestados afirma que el profesorado no conoce, no tiene en cuenta y no considera la competencia intercultural en su didáctica. ¿Por qué pasa esto? Podríamos suponer unas respuestas conectadas con la falta de tiempo, falta de formación de este tipo o la falta de conocimientos específicos relacionados con tema.

La pregunta 12 (¿"Los elementos interculturales han sido desarrollados durante las clases de lengua en línea?") quería presentar dos imágenes de dos realidades diferentes: la enseñanza presencial y la enseñanza en línea. Los encuestados ya han podido, durante todo el cuestionario, reflexionar sobre la competencia intercultural y, en esta pregunta, se relacionan los elementos interculturales con las clases en línea. El 39 % contesta que estos elementos han sido bastante desarrollados, el 35 % en parte, el 13 % muchísimo, el 9 % para nada y el 4 % no se ha enterado de esta competencia. Me parece interesante subrayar los últimos dos datos. Un 9 % de los encuestados, de hecho, se da cuenta de que los elementos interculturales no han sido desarrollados en línea. Aquí podemos intentar formular algunas suposiciones: ¿estos elementos se pueden desarrollar en la red? ¿El docente sabe desarrollar estos elementos? ¿El docente tiene competencias interculturales suficientes para desarrollarlas en el aula (aunque en línea)? ¿Los estudiantes se han fijado en los elementos interculturales? El 4 % de los encuestados declara no haberse enterado de esta competencia y, este dato, es muy significativo. La didáctica de las lenguas, quizás, no tenga bastante en cuenta la interculturalidad en el aula.

La última pregunta ("¿La competencia comunicativa intercultural, para ti, es posible en la enseñanza en línea? ¿Por qué?") es abierta y quería ser una especie de resumen del cuestionario. Me parece muy significativo presentar no solo los datos porcentuales, sino también las respuestas del alumnado. Completamente a favor de la posibilidad de llevar al aula la competencia intercultural se muestra el 42 % de los participantes en la encuesta. Entre estas respuestas afirmativas y muy convencidas como "Sí, creo que el profesorado se ha adaptado muy bien a las clases *online* y hemos podido aprender casi como estando de forma presencial" (cuestionario 3) o "Sí, porque podemos participar y buscar informaciones" (cuestionario 13) de la posibilidad de desarrollar la competencia intercultural en clases en línea, en el 42 % de las respuestas existen algunas dudas que se deducen de respuestas como "Sí, siempre que se medie para que el alumnado comprenda ese elemento cultural distinto y esencial en la lengua que esté aprendiendo, aunque las circunstancias (mascarilla, cámara, etc.) lo dificulten. Esto es posible mediante el tono de voz, las expresiones idiomáticas y otros elementos culturales" (cuestionario 4), "Sí, siempre que se haga de una manera interactiva. Lógicamente, en la enseñanza presencial es más fácil e incluso divertido" (cuestionario 12), "sí, si el docente quiere aprender es fácil" (cuestionario 28). Un 30 % de los encuestados tiene dudas más evidentes y se clasifica, entonces, en un porcentaje que considera la competencia intercultural como difícilmente viable en línea. Por ejemplo, en el cuestionario 5 encontramos esta respuesta: "Pienso que es algo posible si hay una buena organización y planificación de las clases. Sin embargo, hay elementos de la competencia intercultural que no creo se puedan conseguir en una clase en línea porque por ejemplo la gestualidad, los movimientos en el aula, la mirada y la interacción con los estudiantes a través de una cámara no son eficaces" o, en el cuestionario 11, "Es posible pero poco viable, es costoso tomar todos los detalles de gestos cuando estás mirando una pantalla casi en negro... tampoco se puede trabajar más allá que contar anécdotas o explicar las costumbres, en sí es complicado por las propias limitaciones de la modalidad en línea" o, en el cuestionario 29, "Es posible si las condiciones son óptimas: si hay una buena comunicación e intercambio de ideas. Lo cual resulta difícil teniendo en cuenta la falta de motivación que supone (tanto por parte del alumno como del profesor) en este tipo de enseñanza" o, por último, en el cuestionario 34 "Aunque posible, es más complicado". En cambio, un 28 % de los encuestados está convencido de que la competencia intercultural no se puede desarrollar a través de la enseñanza en línea. Estas ideas se manifiestan en respuestas como las del cuestionario 8 "No, es muchísimo mejor de forma presencial, de forma *online* existen bastantes carencias" o del cuestionario 14 "No, o al menos es muy difícil, porque se necesita una relación más personal entre el profesorado y los alumnos, la cual en medio de una pandemia es imposible" o del cuestionario 16 "Resulta más complicado a través de un ordenador, influyen muchos factores" o del cuestionario 18 "No, porque en su mayoría de casos, los docentes no han estado preparados para la enseñanza en línea. Tampoco hay que olvidarse que no están en su mayoría preparados para la enseñanza presencial porque una gran cantidad de profesores solo se dedican a leer los PDF y no explican nada, por lo que no sirve de nada la clase, da igual que sea *online* que presencial" o del cuestionario 22 "En la enseñanza *online* es más difícil hacer llegar estos aspectos". El/la estudiante del cuestionario 18 con palabras muy fuertes y en parte agresivas expresa su gran desconfianza hacia la profesión docente.

5. CONCLUSIONES

El cuestionario propuesto tenía como objetivos partir de un análisis general de la enseñanza, introducir el concepto de competencia intercultural en la enseñanza de las lenguas e intentar descubrir si esta competencia es un elemento que forma parte de la visión que el alumnado tiene de las clases y en qué medida esta competencia pueda ser realizable en una clase en línea. Los participantes en la encuesta han reflexionado sobre estos temas y han podido tomar conciencia de esta competencia intercultural que antes no conocían o, a lo mejor, no tenían en cuenta a la hora del proceso de aprendizaje. El cuestionario tiene unos límites evidentes: el número reducido de estudiantes involucrados en el proceso y que han participado, los escasos conocimientos sobre la competencia intercultural por parte del alumnado o la incertidumbre sobre futuras modalidades de enseñanza en futuro (¿Seguirá en línea? ¿Será híbrida? ¿Volveremos a una enseñanza totalmente presencial?). Este estudio abre las puertas a nuevas investigaciones y subraya la importancia de la competencia intercultural que hoy en día, en una sociedad donde los cambios, las migraciones y las aulas multiculturales son la normalidad, todavía no es una competencia que el profesorado considere y asuma a la hora de impartir clases de lenguas extranjeras.

6. REFERENCIAS

Beacco, J. C. (2000). *Les dimensions culturelles des enseignements de langue: des mots aux discours*. Hachette.

Borghetti, C. (2016). *Educazione linguistica interculturale. Origini, modelli, sviluppi recenti*. Caissa Italia.

Byram, M. (2008). *From Foreign Language Education to Education for Intercultural Citizenship. Essays and Reflections*. Multilingual Matters.

Canale, M. (1983). From foreign language education to education for intercultural citizenship. En Richards, J. C. y Schmidt, R. (eds.). *Language and Communication*. Longman.

Ciliberti, A. (2014). *Approcci didattici, plurali e comparativi per lo sviluppo di community cohesion*. Italiano LinguaDue, 2.

Crawford-Lange., & Lange, D.L. (1984) Doing the unthinkable in the second language classroom: A process for the integration of language and culture. En T.V. Higgs (Ed.), *Teaching for proficiency, the organizing principle. ACTFL Foreign Language Education Series*. National Textbook Company. [en línea]. [citado 30 noviembre 2010]. Disponible en http://w3.u-grenoble3.fr/epal/pdf/develotte-kern-guichon.pdf. pp. 139–177.

Guillén, C. 2004. Los contenidos culturales. En: J. Sánchez Lobato e I. Santos Gargallo (Dirs.) *Vademécum para la formación de profesores: enseñar español como segunda lengua (L2)/lengua extranjera (LE)*. SGEL, pp. 835–851.

Hymes, D. (1971). Competence and performance in linguistic theory. En: Ed. Huxley and E. Ingram. *Acquisition of languages: Models and methods*. Academic Press. pp. 3–23.

Irvine, J. (2003). *Educating teachers for diversity: Seeing with a cultural eye*. Teachers College Press.

Kramsch, C. J. (1993). *Context and Culture in Language Teaching*. Oxford University Press.

Kramsch, C. J. (1998). *Language and Culture*. Oxford University Press.

Van Ek, J. (1986). *Objectives for Foreign Language Learning (Vol. I)*. Council of Europe.

Emma García Sanz
Universität Duisburg-Essen

Capítulo XVIII: La comprensión, expresión e interacción oral en línea: retos y soluciones

1. INTRODUCCIÓN

El desarrollo de la competencia comunicativa en una lengua extranjera depende de múltiples factores relacionados con el discente, el docente y el entorno de aprendizaje. En el salto a la enseñanza digital, no solamente se transformó el ambiente de aprendizaje, sino que tanto discente como docente se encontraron en una realidad virtual que hasta entonces, por lo general y especialmente en el caso de la docencia sincrónica, habían reservado para su esfera privada. El alumno se vio así expuesto en una videoconferencia al escrutinio constante de sus compañeros y del profesor, lo que aumentó el filtro afectivo (Krashen, 1983) y provocó reacciones como apagar la cámara web y/o no participar de forma activa en la clase. El docente, ante esta situación, se encontró con la necesidad de adaptar su concepción del proceso de enseñanza-aprendizaje-evaluación a las nuevas necesidades del alumnado.

En este contexto, el objetivo de este trabajo es proponer la concepción de una asignatura de comprensión, expresión e interacción oral en línea basada en la experiencia acumulada en su impartición a lo largo de tres semestres. Para ello, tras presentar el contexto educativo en el que se enmarca el estudio, esbozaremos los retos a los que se enfrentan discente y docente en este entorno de enseñanza aprendizaje. A continuación, plantearemos posibles soluciones atendiendo a los integrantes del proceso de enseñanza-aprendizaje-evaluación de lenguas extranjeras.

2. CONTEXTO EDUCATIVO

La Universidad de Duisburgo-Essen ofrece estudios de grado en Hispánicas divididos en asignaturas de lengua, lingüística, literatura y cultura. Los alumnos orientados a la docencia (la mayoría) también cursan asignaturas de didáctica del español como lengua extranjera. La estructuración de las asignaturas de lengua española está reflejada en la siguiente tabla (cf. Tabla 1).

Tabla 1: Estructuración de las asignaturas de lengua española

Año	Semestre de invierno	Semestre de verano
1.º	Gramática I (B2)	Gramática II (B2+)
2.º	Comprensión y expresión escrita (B2) Comprensión y expresión oral (B2)	Comprensión y expresión escrita (B2+) Comprensión y expresión oral (B2+)
3.º	Estancia Erasmus	Comprensión y expresión escrita (C1) Traducción y mediación (C1)

En este trabajo, la propuesta de una asignatura de comprensión, expresión e interacción oral en línea está basada en la experiencia acumulada en la docencia de la asignatura Comprensión y Expresión Oral (B2+), durante los semestres de verano 2020 y 2021, y la asignatura Comprensión y Expresión Oral (B2), durante el semestre de invierno de 2020–2021. El objetivo de ambas asignaturas es que el alumno desarrolle sus competencias orales en español a lo largo de dos semestres a un nivel B2. En la docencia presencial, estas se imparten durante noventa minutos una vez por semana y, en cada semestre, se ofrecen tres grupos. Cabe destacar que la composición de los grupos no es uniforme y se llegan a formar grupos de hasta 30 estudiantes y grupos de 10–15, dependiendo de la compatibilidad de horario con el resto de asignaturas a cursar. Tanto en la modalidad presencial como en la modalidad virtual se utiliza la plataforma de aprendizaje Moodle. La composición de los grupos durante los semestres *online* en cuanto al número de participantes fue similar a la de los anteriores semestres presenciales.

3. RETOS

Los retos a la hora de transformar las asignaturas de comprensión, expresión e interacción oral presentadas de formato presencial a formato en línea poseen diferente naturaleza y afectan tanto al discente y al docente como al proceso de enseñanza-aprendizaje-evaluación. En cuanto a este último, las actividades orales de la lengua requieren distintas modalidades y herramientas de trabajo. Y es que, si bien se pueden proponer actividades de forma asincrónica para trabajar la comprensión y expresión oral (véase el apartado 4.3.), la interacción queda supeditada a la modalidad sincrónica a través de videoconferencia. En esta forma de concepción del proceso, el tamaño del grupo juega un papel crucial. Esto es debido, sobre todo, a la incomodidad sentida por algunos alumnos al observarse y sentirse observados de forma constante en la pantalla. La sensación de escrutinio ininterrumpido afecta al filtro afectivo (Krashen & Terrel, 1983), lo que provoca que el alumno no encienda la pantalla (pantallas negras) y, en general, que su participación (y, por ende, la mejora de la lengua) sea menor o incluso solamente se limite a escuchar a sus compañeros y al docente. En consecuencia, el tiempo durante el cual el docente domina la comunicación aumenta, por lo que puede convertir una clase de lengua (cuyo objetivo, recordemos, es que el alumno desarrolle su competencia comunicativa en lengua extranjera) en una clase magistral.

Asimismo, la comunicación por videoconferencia no solo afecta al filtro afectivo, sino que la necesidad de realizar un mayor esfuerzo cognitivo en la interacción puede causar problemas en el mantenimiento de la atención durante el tiempo de la clase. Esto también influye en el interés por la asignatura, al poder verse disminuido a lo largo del semestre.

Por último, la necesidad de fomentar una relación de confianza entre discente y docente que permita al primero una consulta abierta y le ofrezca seguridad mediante una tutoría académica se vuelve más importante en un contexto virtual al faltar la interacción presencial, en la cual existen momentos antes, durante y después de la clase en los que se pueden realizar preguntas o aclarar dudas de forma privada con el profesor.

4. EL PROCESO DE ENSEÑANZA-APRENDIZAJE-EVALUACIÓN DE LA LENGUA ORAL EN LÍNEA

Con el objetivo de hacer frente a los retos identificados, propondremos la concepción de una asignatura de comprensión, expresión e interacción oral en línea. Más específicamente, primero, presentaremos los fundamentos teóricos en los que se basa; segundo, esbozaremos su diseño atendiendo a las formas de trabajo empleadas; tercero, propondremos una serie de actividades para llevar a cabo de forma virtual; y, para finalizar, atenderemos a la evaluación.

4.1. Fundamentos teóricos

La concepción de esta asignatura se basa en la enseñanza individualizada, entendida esta como una docencia centrada en las particularidades de cada alumno con el objetivo de optimizar su aprendizaje. Este, a su vez, ha de realizarse de forma autónoma, para lo cual el docente actúa como guía en el aprendizaje fomentando la autonomía del discente.

El alumno como individuo autónomo participa en un proceso de enseñanza-aprendizaje-evaluación que requiere el aprendizaje cooperativo, es decir, la colaboración con sus compañeros para construir y mejorar sus conocimientos. Para ello, es necesario ofrecer una amplia variedad de actividades, modalidades y herramientas de aprendizaje que desarrollen las competencias comunicativa, intercultural y estratégica.

Por último, la evaluación se concibe como una evaluación sostenible (Boud y Soler, 2016) e ipsativa (Broadfoot, 2007), en la cual no solo es importante la evaluación docente, sino también la discente en forma de auto- y coevaluación.

4.2. Diseño de la asignatura atendiendo a las formas de trabajo

Considerando las distintas formas de trabajo, se organiza la asignatura atendiendo al trabajo en el pleno - total o parcial de la clase -, al trabajo en grupos y al trabajo individual.

El trabajo en el pleno, llevado a cabo en la clase virtual a través de videoconferencia, tiene varios objetivos generales: que el alumno desarrolle la competencia comunicativa mediante un uso dirigido y libre de la lengua, que el alumno sea consciente de los progresos realizados en su aprendizaje mediante la obtención de *feedback* individualizado y la instrucción en su propia autoevaluación, y que el alumno reflexione sobre sus estrategias de aprendizaje de la lengua extranjera.

La diferencia entre este trabajo virtual y aquel de la enseñanza presencial reside fundamentalmente en la reducción del número de estudiantes por clase y de la duración de esta. Si, en nuestro contexto, en la clase presencial se puede llegar a contar con hasta 30 alumnos y su duración es de 90 minutos, en la clase virtual el número de participantes se limita a cuatro o cinco, el número de clases de 13–15 (dependiendo de los días festivos) a 7 y la duración de estas de 90 minutos semanales a 45 minutos en un intervalo quincenal. El formato digital permite, además, que el docente pueda tomar notas sobre el progreso sin que esto incremente necesariamente el filtro afectivo, ya que no se refleja en la pantalla el proceso de escritura. Esto, a su vez, facilita la evaluación formativa y la individualización del aprendizaje.

En general, gracias a estas características, la clase virtual se convierte en un ambiente en el que se intensifica la relación docente-discente y se fomenta el sentimiento de grupo, lo que ayuda a mantener a su vez el filtro afectivo bajo. De esta forma, se observa también mayor participación con las cámaras encendidas, conservando la atención (gracias al esfuerzo cognitivo realizado durante menor tiempo) y el interés por la asignatura a lo largo de las clases y del semestre.

El objetivo del trabajo en grupos es que el alumno sea capaz de trabajar de forma autónoma y cooperativa. Este se desarrolla mediante diferentes actividades sobre distintos temas y sin la supervisión del profesor, quien confía en el estudiante universitario como promotor de su aprendizaje. No obstante, el discente recibe una orientación sobre las herramientas que puede utilizar, comenzando el proceso de aprendizaje de forma guiada y terminando de forma libre. Entre estas herramientas se encuentran la coevaluación y la autoevaluación.

Por último, el alumno realiza trabajo individual que incluye actividades propuestas por el docente y actividades libres seleccionadas por él mismo.

4.3. Actividades, modalidades y herramientas de aprendizaje

La asignatura presenta diferentes actividades, modalidades y herramientas de aprendizaje con el objetivo de fomentar no solo el desarrollo lingüístico, sino también el estratégico. En estas actividades se trabaja el desarrollo de los aspectos cualitativos de la lengua hablada: el alcance, la corrección, la fluidez, la interacción, la coherencia y la fonología (Consejo de Europa, 2020). El desarrollo estratégico atiende al trabajo y aprendizaje autónomos y a la auto- y coevaluación. Por otra parte, su variedad permite la introducción de elementos culturales y lingüísticos del español.

A continuación, en la Tabla 2, presentaremos las actividades de aprendizaje llevadas a cabo a lo largo de los tres semestres como propuesta para su realización en un contexto de aprendizaje virtual. No obstante, pueden considerarse también para un contexto híbrido o, incluso, presencial.

Tabla 2: Relación de actividades, modalidades y herramientas de aprendizaje

Actividad de aprendizaje	Actividad lingüística[a]	Aspectos cualitativos[b]	Modalidad[c]		Herramientas
Conocimiento del nivel B2	EO / IO	Alcance/ Corrección/ Fluidez/ Interacción/ Coherencia/ Fonología[d]	CV	S	Zoom/Big Blue Button (BBB) Power Point (PP)
Atención a la forma	IO	Corrección Interacción Fonología	CV	S	Zoom/BBB PP
Estrategias	IO	Fonología Fluidez	CV	S	Zoom/BBB PP
Exposición oral	CO / EO IO	Alcance Coherencia Fluidez Interacción	CV	S	Zoom/BBB
Entrevista, tertulia, mesa redonda, debate (televisivo y académico), rueda de prensa	EO / IO	Alcance Fluidez Interacción Coherencia	TG	S	Zoom/BBB PDF

(*continúa en la siguiente página*)

Tabla 2: Continuada

Actividad de aprendizaje	Actividad lingüística[a]	Aspectos cualitativos[b]	Modalidad[c]		Herramientas
Mi yo docente	CA IO	Coherencia Fluidez Interacción	TI TG	A S	YouTube Páginas web de cadenas de TV. Zoom/BBB
Conversaciones cotidianas	IO	Alcance Corrección Interacción	TG	A	Zoom / BBB Etherpad (en Moodle)
Foros orales	CO EO	Alcance Corrección Fonología	TI	A	Foro (en Moodle) internet

[a] EO: Expresión oral. IO: Interacción oral. CO: Comprensión oral. CA: Comprensión Audiovisual.
[b] Aspectos cualitativos del uso de la lengua hablada (Consejo de Europa, 2020) sobresalientes en la actividad.
[c] CV: Clase virtual. S: Sincrónica. A: Asíncrona. TG: Trabajo en grupo. TI: Trabajo individual.
[d] En esta actividad, se dedicó a cada aspecto cualitativo una sesión de la clase virtual.

4.3.1. Conocimiento del nivel B2

A lo largo de varias clases virtuales, como se muestra en la Tabla 3, se van presentando los diferentes aspectos cualitativos de la lengua hablada correspondientes al nivel B2 según las directrices propuestas por el Consejo de Europa (2020). Cada presentación se combina con una actividad dedicada a trabajar cada aspecto cualitativo para poder realizar la autoevaluación posterior (cf. Epígrafe 4.4.).

Tabla 3: Conocimiento del nivel B2

Actividad lingüística	Expresión oral / Interacción oral.
Objetivos	Que el alumno sea capaz de diferenciar los diferentes criterios de evaluación de la competencia oral del nivel B2. Que el alumno sea capaz de evaluar sus propias necesidades de aprendizaje.
Aspectos cualitativos	Alcance/Corrección/Fluidez/Interacción/Coherencia/Fonología.
Tipo de trabajo	Trabajo en el pleno.
Modalidad	Sincrónica.
Herramientas	Zoom/BBB. PP.
Observaciones	Los criterios de evaluación se presentan junto con actividades destinadas a su ejemplificación, ya que la instrucción del alumno mejora la autoevaluación.

4.3.2. Atención a la forma

En la clase virtual se llevan a cabo actividades orales centradas en la forma con las estructuras lingüísticas aprendidas en las asignaturas de gramática (cf. Tabla 1). A partir de un contexto determinado, se trabaja la estructura elegida combinando su uso con una intervención libre y fomentando la interacción entre los alumnos, como se presenta en la Tabla 4. Entre los temas tratados se encuentra la expresión de opiniones sobre problemas del mundo actual utilizando la estructura "(No) creo que + verbo ser conjugado + adjetivo + infinitivo / que + verbo conjugado en subjuntivo". Por ejemplo, sobre el problema "Cada vez las personas se alimentan peor, comen más productos ultraprocesados y ponen en riesgo su salud", se expresan opiniones como "Creo que sería necesario que los gobiernos hicieran campañas de sensibilización en los colegios porque los niños no son conscientes de los daños que puede causar una mala alimentación".

Tabla 4: Atención a la forma

Actividad lingüística	Interacción oral.
Objetivos	Que el alumno sea capaz de desarrollar la corrección en la lengua oral a un nivel B2. Que el alumno sea capaz de interactuar con sus compañeros prestando especial atención a la forma.
Aspectos cualitativos	Corrección. Interacción. Fonología.
Tipo de trabajo	Trabajo en el pleno.
Modalidad	Sincrónica.
Herramientas	Zoom/BBB. PP.
Observaciones	El trabajo de la atención a la forma se enmarca en un contexto oral, por lo que salvo que los discentes lo necesiten, no se aportan explicaciones gramaticales y no se realizan ejercicios dirigidos de gramática. Se trata de integrar ciertas estructuras gramaticales en la lengua oral.

4.3.3. Estrategias

En el proceso de aprendizaje de una lengua extranjera, el alumno ha de ser capaz de diferenciar y aplicar estrategias para el desarrollo de la comprensión oral y del aprendizaje del léxico y de la gramática (Tabla 5). Por ello, se plantean actividades destinadas a este desarrollo en la clase virtual.

Tabla 5: Estrategias

Actividad lingüística	Interacción oral.
Objetivos	Que el alumno sea capaz de diferenciar y aplicar estrategias para el desarrollo de la comprensión oral/audiovisual. Que el alumno sea capaz de diferenciar y aplicar estrategias para el desarrollo del aprendizaje del léxico y de la gramática.
Aspectos cualitativos	Fonología. Fluidez.
Tipo de trabajo	Trabajo en el pleno.
Modalidad	Sincrónica.
Herramientas	Zoom/BBB. PP.
Observaciones	La presentación de las estrategias también se puede realizar en forma de vídeo como tarea integrando sus contenidos en la clase virtual.

4.3.4. Exposiciones orales

Como se observa en la Tabla 6, durante la clase virtual el alumno realiza una exposición oral de una duración de 5 minutos sobre un tema elegido libremente y, a continuación, dirige una tertulia sobre este. El resto de los compañeros, con la información obtenida en la presentación, participan en clase como contertulios.

Entre los temas tratados en esta actividad y la siguiente (cf. Epígrafe 4.3.5.) se encuentran el vegetarianismo, la legalización de las drogas, el uso de las redes sociales, el uso del uniforme en los colegios, los videojuegos para niños, el uso de las nuevas tecnologías en el aula, la comida ecológica y sostenible, la adopción de niños por parejas de personas del mismo sexo o personas solteras, la confección barata de ropa en Asia, la tauromaquia, la legalización de la eutanasia, el aborto en Latinoamérica, las operaciones estéticas, la experimentación con animales, la clase de religión en los colegios, la videovigilancia en lugares públicos, la homeopatía, el turismo (de masas), la crisis sanitaria, la influencia de los medios de comunicación en nuestra vida, el bilingüismo, el medio ambiente, el botellón, el cine, la música, terapias con perros, la felicidad, el aprendizaje de lenguas extranjeras con aplicaciones móviles como Duolingo, los zoológicos como forma de maltrato animal, la gastronomía española o los métodos anticonceptivos.

Tabla 6: Exposiciones orales

Actividad lingüística	Comprensión oral / Expresión oral. Interacción oral.
Objetivos	Que el alumno (que realiza la exposición) sea capaz de expresarse e interactuar de forma fluida y coherente sobre un tema elegido de forma libre; que sea capaz de dirigir una tertulia posterior sobre dicho tema. Que el alumno (que escucha la exposición) sea capaz de entender y analizar la información obtenida para, a continuación, poder participar en la tertulia.
Aspectos cualitativos	Alcance. Coherencia. Fluidez. Interacción.
Tipo de trabajo	Trabajo en el pleno. Trabajo individual (preparación de la exposición).
Modalidad	Sincrónica.
Herramientas	Zoom/BBB.
Observaciones	El número reducido de alumnos ante los cuales se presenta el tema contribuye a que algunos discentes mantengan la calma o, en otras palabras, reduzcan su nerviosismo al hablar.[a]

[a] Recuérdese que el Consejo de Europa (2020) considera la "coherencia" como un elemento propio del aspecto cualitativo de la lengua en el nivel B2 que en la actuación del alumno apenas se observe nerviosismo.

4.3.5. *Tertulias, mesas redondas, debates (televisivos y académicos), entrevistas y ruedas de prensa*

En grupos, los alumnos realizan tertulias, mesas redondas, debates (televisivos y académicos), entrevistas y ruedas de prensa sobre temas elegidos libremente por ellos mismos (Tabla 7). La grabación de estos trabajos mediante Zoom o BBB permite su posterior evaluación e inclusión en un portafolio electrónico.

Tabla 7: Tertulias, mesas redondas, debates (televisivos y académicos); entrevistas y ruedas de prensa

Actividad lingüística	Expresión oral. Interacción oral.
Objetivos	Que el alumno sea capaz de expresarse e interactuar sobre un tema determinado, asumiendo un papel y atendiendo a las convenciones propias de cada género oral.
Aspectos cualitativos	Alcance. Coherencia. Fluidez. Interacción.
Tipo de trabajo	Trabajo en grupo. Trabajo individual (preparación).
Modalidad	Sincrónica.
Herramientas	Zoom/BBB. PDF.
Observaciones	Se recomienda proponer una lista con posibles temas. Dado que es una actividad que el alumno realiza de forma autónoma, al principio es importante presentarle claramente las instrucciones. De esta forma, en realizaciones posteriores de la actividad puede trabajar de forma libre.

Dado que es una actividad que el alumno realiza de forma autónoma, al principio es importante presentarle claramente las instrucciones. De esta forma, en realizaciones posteriores de la actividad podrá trabajar de forma libre.

4.3.6. Mi yo docente

Como hemos señalado anteriormente, la mayoría de nuestros estudiantes quiere ser profesor de español como lengua extranjera. Por ello, en esta actividad el discente asume el rol de docente. Tras la visualización de forma individual de un vídeo, en el grupo se realiza una presentación general del tema y el docente o uno de los estudiantes dirige la actividad de comprensión audiovisual. Los demás alumnos contestan a las preguntas de comprensión y reflexionan sobre el vídeo guiados por el discente que asume el papel de profesor.

Gracias a esta actividad, descrita en la Tabla 8, se pueden trabajar las diferentes variedades lingüísticas español. Asimismo, se presta también para introducir elementos culturales en el aula de forma dirigida.

Entre los vídeos propuestos se encuentran una tertulia argentina sobre el manejo del tiempo, un reportaje chileno sobre el Global Teacher Prize, un corto venezolano, un reportaje sobre las Islas Galápagos o una entrevista mexicana sobre la situación de las drogas y un tráiler de una serie televisiva con la misma temática.

Tabla 8: Mi yo docente

Actividad lingüística	Compresión audiovisual. Interacción oral.
Objetivos	Que el alumno sea capaz de asumir el rol de docente, dirigiendo una actividad de comprensión audiovisual y posterior interacción oral. Que el alumno sea capaz de entender y analizar la información obtenida para poder participar en una tertulia de forma fluida. Que el alumno sea capaz de diferenciar las variedades del español.
Aspectos cualitativos	Coherencia. Fluidez. Interacción.
Tipo de trabajo	Trabajo en grupo. Trabajo individual (preparación).
Modalidad	Sincrónica.
Herramientas	Zoom/BBB.
Observaciones	De forma alternativa, el alumno que asume el papel de docente puede formular preguntas de comprensión y reflexión para sus compañeros.

4.3.7. Conversaciones cotidianas

En el contexto de un piso de estudiantes Erasmus en España, los alumnos asumen el papel de compañeros de piso y mantienen una conversación sobre una situación comunicativa determinada. En cada situación, uno de los alumnos actúa de moderador iniciando la conversación e intenta que todo el mundo hable y nadie se desvíe del tema. Esta conversación se documenta de forma escrita en un *etherpad*. La documentación se realiza de forma simultánea a la conversación (a medida que habla el alumno o nada más terminar su intervención, la anota). Al finalizarla, se lleva a cabo una actividad de corrección con el fin de que el alumno se dé cuenta de sus errores en la lengua oral (Tabla 9).

Los temas propuestos para estas conversaciones son los siguientes:

- Imaginen que tienen problemas de convivencia. Una persona nunca recoge la cocina después de utilizarla; otra nunca paga el alquiler a tiempo… Mantengan una conversación en la cual intenten solucionar estos y otros problemas inventados intentando utilizar verbos para expresar gustos o sentimientos (gustar, encantar, odiar, soportar, aguantar, molestar, etc.) como en los ejemplos:

Me molesta ir a hacer la cena y que no hayas recogido la mesa después de comer.

Ayer me sentó fatal que no recogieras la cocina después de comer.

- Imaginen que va a ser el cumpleaños de uno de sus compañeros de piso y que van a prepararle una fiesta. Organícenla atendiendo a la fecha, la comida, la música, los regalos, quién se encarga de qué tareas, etc. Intenten utilizar oraciones con condicional como en los ejemplos:

  ¿Qué tipo de música os gustaría escuchar? Yo podría hacer una lista en Spotify.

  Si me diera tiempo esta semana, me encargaría de hacer la compra, pero el viernes tengo un examen y tengo un montón que estudiar.

- Imaginen que están en la fiesta de cumpleaños de su compañero de piso y alguien propone jugar a "verdad o reto". Para ello, presenten situaciones como en los ejemplos prestando atención a los tiempos verbales señalados:

  Nunca he copiado en un examen.

  De pequeño no me atrevía a bajar al trastero yo solo.

  En el instituto una vez me echaron de clase por hablar con el compañero.

- En una cena con sus compañeros de piso, hablan de sus planes de futuro. Intenten utilizar cuando, en cuanto, el día que, antes de que…

  El día que termine la carrera, lo voy a celebrar por todo lo alto.

  Pues yo, en cuanto encuentre un trabajo, me independizaré de mis padres.

- De vuelta a casa, quedan con sus antiguos compañeros de piso por Zoom para hablar de lo que les gustaría que hubiera sido diferente durante su estancia en el extranjero, por ejemplo, no hablaron mucho español, no pudieron volver a casa por Navidad o uno se rompió una pierna.

  Me encantaría haber visitado otras ciudades. / Me gustaría que hubiera ido mi novia a verme.

  Me habría gustado aprender a bailar flamenco. / Me habría gustado que mi tándem hubiera tenido más tiempo.

Tabla 9: Conversaciones cotidianas

Actividad lingüística	Interacción oral.
Objetivos	Que el alumno sea capaz de utilizar las estructuras gramaticales aprendidas en las asignaturas de gramática española en un contexto informal. Que el alumno sea capaz de detectar los errores cometidos a nivel oral.
Aspectos cualitativos	Alcance. Corrección. Interacción.
Tipo de trabajo	Trabajo en grupo.
Modalidad	Sincrónica.
Herramientas	Zoom/BBB. Etherpad.
Observaciones	En general, se observan dificultades en su realización por parte de los alumnos con buena fluidez y ritmo de conversación alto. Por ello, es importante concienciarles de que esta actividad no tiene como objetivo desarrollar la fluidez, sino la corrección en la lengua hablada. Para ello, han de intervenir de forma pausada prestando atención a la forma. De forma alternativa puede escribirse un guion de cine, pero en este caso aumenta el trabajo del conocimiento explícito en detrimento del conocimiento implícito y la espontaneidad de la conversación. Asimismo, se puede limitar el trabajo a la conversación, lo cual lo convierte en un juego de rol.

4.3.8. Foros orales

El estudiante publica entradas de audio en un foro sobre diferentes temas y reacciona a las entradas de sus compañeros. De esta forma, se trabajan el alcance, la corrección y la fonología, como se ve en la Tabla 10. Los temas propuestos para los foros son los siguientes:

- Anuncio radiofónico. Está buscando compañeros de piso Erasmus o que quieran formar un grupo de trabajo para practicar su español, un tándem o una persona que le acompañe a un evento cultural (cine, teatro, concierto, etc.). Preséntese y describa cómo le gustaría que fuera(n). Escuche un audio de sus compañeros y contésteles argumentando por qué cree que sería su compañero ideal.
- Concurso "¿Quién es quién?". Presente a una persona conocida que admire sin decir su nombre para que sus compañeros puedan adivinar de quién se trata. Haga una descripción física, exponga brevemente a qué se dedica y argumente

por qué la admira. Escuche un audio de sus compañeros e intente adivinar de quién están hablando. Responda con un audio y argumente si está o no de acuerdo con la presentación de su compañero.

- Recital de poesía. Elija una poesía escrita en español y recítela. Después, justifique su elección. Escuche la entrada de un compañero y valore la poesía elegida.
- Cantante/grupo de música. Elija un cantante o un grupo de música hispanohablante, preséntelo (cómo se llama/n, de dónde es/son, qué tipo de música compone/n…) y proponga una canción suya (añada el *link* a la entrada del foro). Escuche el audio de un compañero y valore al cantante o grupo de música propuesto.
- Receta de un plato típico hispano. Elija un plato típico español o hispanoamericano y describa los pasos para elaborarlo. Escuche el audio de un compañero, valore el plato (si lo conocía, si ya lo ha probado, si le gustaría hacerlo…) y justifique su valoración.
- Análisis del año que se va y deseos para el próximo año. Haga una valoración de los acontecimientos más destacados del año y, basándose en ella, formule deseos para el año nuevo. Escuche el audio de un compañero y comente brevemente sus deseos.
- Propuesta de una cadena de televisión de habla hispana. Busque en internet la página web de una cadena de televisión de habla hispana y, en un audio, describa sus contenidos y argumente por qué la ha elegido. Escuche el audio de un compañero y compare los contenidos de ambas cadenas de televisión.
- Fiesta tradicional. Elija una fiesta tradicional española o hispanoamericana y descríbala. Escuche el audio de un compañero y comente si conoce ya la fiesta, ya la ha vivido o le gustaría participar en ella.
- Tema de actualidad. Busque un vídeo sobre un tema de actualidad en español de una duración máxima de 5 minutos y formule cinco preguntas de comprensión en un audio. Escriba el enlace en la entrada del foro. Visualice un vídeo propuesto por un compañero y responda a las cinco preguntas de comprensión. Compruebe las respuestas realizadas por su compañero y escriba brevemente una entrada con su evaluación.
- Cuentacuentos. Cuente un cuento popular o inventado. Escuche la entrada de un compañero y haga una breve valoración del cuento (trama, personajes, etc.).
- Presentación sobre un bien cultural inmaterial (UNESCO). Elija un patrimonio inmaterial de la UNESCO, vea el vídeo y grabe un audio en el que lo presente y argumente por qué es importante que sus compañeros lo vean

también. Elija un vídeo de un compañero, véalo y en un breve audio comente si está de acuerdo con la recomendación.

- Una canción en español. Elija una canción en español que le interese y, en una entrada de foro, copie el enlace del audio o del videoclip para que sus compañeros puedan escucharla/verlo. Justifique por qué ha elegido esa canción de forma oral. Seleccione la canción de un compañero, escúchela o vea su videoclip y valórela/lo justificando su opinión.
- Consultorio profesional. Piense en un problema (no puede concentrarse en su trabajo, su compañero de piso no participa en las tareas de la casa, su pareja solo quiere ir al cine, etc.) y descríbalo brevemente. Seleccione el problema de un compañero, aconséjele qué hacer y exprese sus deseos para que resuelva el problema.
- Propuesta de un vídeo. Elija un tema que le interese (cultural, político, económico, social, etc.) y busque un vídeo (o un fragmento de uno) de unos 5 minutos de duración. En una entrada de foro, copie el enlace para que sus compañeros puedan verlo y escriba cuatro preguntas de comprensión audiovisual. Seleccione el vídeo de un compañero, véalo y conteste de forma oral a las preguntas de comprensión propuestas. Compruebe las respuestas realizadas por su compañero y grabe una entrada con su evaluación.
- Mensaje de audio. Grabe un mensaje de audio a un amigo en el cual se disculpe por no haberle escrito antes, le cuente qué tal le ha ido la semana y le proponga un encuentro. Escuche el mensaje de su amigo y contéstelo.
- Propuesta de una serie o película. Elija una película, preferiblemente de habla hispana, e intente convencer a sus compañeros de que merece la pena verla. Seleccione una película de las presentadas por sus compañeros y conteste en un audio si ha logrado convencerle.
- Pódcast de tema libre (I). Busque un pódcast sobre un tema de su elección (social, político, económico, culinario, deportivo, etc.). En una entrada de foro, escriba el *link* para sus compañeros y resuma en un audio por qué lo ha elegido y por qué le parece interesante. Seleccione un pódcast, escúchelo y explique a su compañero si está de acuerdo o no con su opinión.
- Pódcast de tema libre (II). Elija un tema que le interese y grabe un pódcast. Elija el pódcast de un compañero, escúchelo y coméntelo.
- Propuesta de poesía, cuento o novela. Elija una poesía, un cuento o una novela, preferiblemente en habla hispana, resuma su contenido (sin contar el final) y argumente por qué le gusta en un audio. Seleccione una entrada de sus compañeros y conteste en un audio si le ha suscitado curiosidad leer la obra.
- Propuesta de juego de mesa. Elija un juego de mesa, descríbalo y explique cómo se juega sin decir su nombre en un audio. Elija una entrada de sus

compañeros, escúchela y trate de adivinar de qué juego de mesa se trata. Responda a su compañero con un audio. Escuche el audio de su compañero y escríbale brevemente si ha acertado de qué juego se trataba.
- Boletín de noticias. Seleccione una noticia de actualidad y resúmala en un audio. Elija una entrada de sus compañeros y comente la noticia.

Tabla 10: Foros orales

Actividad lingüística	Comprensión oral. Expresión oral.
Objetivos	Que el alumno sea capaz de presentar un tema en un foro oral y reaccionar a las entradas de sus compañeros.
Aspectos cualitativos	Alcance. Corrección. Fonología.
Tipo de trabajo	Trabajo individual.
Modalidad	Sincrónica.
Herramientas	Zoom/BBB. Internet como fuente de acceso a la información.
Observaciones	Es importante concienciar al alumno de que intente no leer en voz alta lo que haya podido escribir de antemano. Para ello, es de ayuda realizar un esquema de lo que se quiere decir y explicarlo espontáneamente. En las entradas, se observa una mejora en la seguridad con la práctica.

4.4. Evaluación

La evaluación de la asignatura es sostenible (Boud y Soler, 2016) e ipsativa (Broadfoot, 2007) y comprende tanto la evaluación docente como la evaluación discente. Los estándares de evaluación se corresponden con las directrices del Consejo de Europa (2020) para el nivel B2 y, como se ha señalado en el apartado 4.3.1., se presentan a los alumnos desde el principio de la asignatura combinando esta presentación con un análisis de necesidades.

A lo largo del semestre se realiza una evaluación continua y formativa en la que el propio discente participa como agente activo. Las actividades de auto- y coevaluación constituyen una parte esencial del resto de las actividades. Gracias a ellas, el alumno reflexiona sobre su progreso y el progreso de sus compañeros. Mediante la coevaluación, además, el discente obtiene práctica a la hora de otorgar *feedback*, lo cual contribuye a mejorar sus futuras habilidades docentes.

En estas actividades, la reflexión sobre su propio aprendizaje y el de sus compañeros incluye los aspectos que le(s) han salido bien, aquellos que ha(n) de mejorar y qué medidas puede(n) tomar para avanzar en su proceso de aprendizaje. Los alumnos se autoevalúan prestando también atención al grado de dificultad y utilidad de la actividad, su efecto de aprendizaje y los aspectos aprendidos, repasados o mejorados. La documentación de la auto- y coevaluación puede realizarse en forma de diario de clase, diario de aprendizaje o portafolio (electrónico).

5. CONCLUSIONES

Con el objetivo de proponer la concepción de una asignatura de comprensión, expresión e interacción oral en línea, hemos presentado su contexto educativo y los retos a los que se enfrenta esta docencia. Asimismo, hemos descrito el proceso de enseñanza-aprendizaje-evaluación. Para ello, hemos considerado los fundamentos teóricos, las formas de trabajo, las actividades, modalidades y herramientas y las formas de evaluación.

Basada fundamentalmente en la individualización de la enseñanza y la autonomía del estudiante, el éxito en su realización recae, sobre todo, en el alumno, quien conforma el centro del proceso de enseñanza-aprendizaje-evaluación. El docente actúa de guía mostrando los logros, los aspectos susceptibles de mejora y las herramientas disponibles para esta. En general, a la hora de ofertar una asignatura de comprensión, expresión e interacción oral en formato digital, se han de considerar las siguientes observaciones realizadas durante los tres semestres en los que se impartió.

La concepción de la asignatura en grupos pequeños y en clases de una menor duración a las clases presenciales fomenta una mayor concentración y rendimiento debido, entre otros, a que la realización de las actividades no se lleva a cabo durante 90 minutos seguidos y, así, los alumnos pueden tomarse el tiempo necesario para preparar las tareas individuales y en grupo. El número reducido de participantes también contribuye a que los alumnos más reservados desarrollen su dominio de la lengua extranjera, ya que se ven "obligados" a participar en el aula virtual.

Asimismo, el tiempo de exposición a la lengua es mayor en la docencia *online* que en la docencia presencial, dado que se eliminan los tiempos muertos entre actividades o la organización del trabajo en grupos. En general, la repetición del mismo tipo de actividades (y no su realización única) a lo largo del semestre confiere al alumno seguridad consiguiendo, por ejemplo, que minimice la dependencia de los propios apuntes a la hora de intervenir en una conversación o de grabar una entrada de foro.

En cuanto al trabajo en grupo, con el fin de que este funcione de forma autónoma, es importante que el docente obtenga información sobre su realización y que establezca fechas límite para la realización de las actividades, ya que, de lo contrario, se corre el riesgo de que haya grupos que lo realicen al final del semestre. En este caso, se ha observado que el efecto en el aprendizaje suele ser menor. Para su organización, se sugiere como primera actividad la creación de una agenda en la cual se elijan los temas a tratar, se distribuyan los roles y, en caso necesario, se fije un horario.

Por último, el valor otorgado al componente emocional en el proceso, al desarrollo de la autonomía del alumno y a la evaluación y cómo abordarlos en la enseñanza. Asimismo, consideramos necesarios estudios sobre modelos realistas que permitan la individualización del proceso de enseñanza-aprendizaje-evaluación de lenguas extranjeras.

6. REFERENCIAS

Boud, D., & Soler, R. (2016). Sustainable assessment revisited. *Assessment & Evaluation in Higher Education*, 41(3). doi:10.1080/02602938.2015.1018133

Broadfoot, P. (2007). An Introduction to Assessment. Continuum.

Consejo de Europa (2020). *Common European framework of reference for languages: Learning, teaching, assessment*. Companion volume with new descriptors. Publicaciones del Consejo de Europa.

Krashen, S. D., & Terrel, T. D. (1983). *The Natural Approach: Language Acquisition in the Classroom*. Pergamon.

Marisol Benito Rey
Universidad Autónoma de Madrid

Capítulo XIX: La educación de las personas con discapacidad auditiva durante la pandemia por la COVID-19

1. INTRODUCCIÓN

En primer lugar, creemos preciso aclarar qué se entiende por discapacidad auditiva. Este término suele aplicarse, normalmente, como sinónimo de expresiones como hipoacusia o sordera, sin tener en cuenta, en ninguno de los casos, cuál es el grado exacto de pérdida auditiva del que se habla. Es sorprendente para la comunidad normoyente comprobar la existencia de los distintos tipos y grados de sordera que dependen, principalmente, de la etapa de la vida en la que esta se desarrolla (si la sordera es prelocutiva o poslocutiva), de la parte del oído que haya resultado alterada, del oído que haya sido afectado, así como de los posibles motivos que la producen. De este modo, podemos afirmar que no solo existe un origen de la sordera, sino que se advierten numerosas causas que la provocan. Así, habrá personas que puedan seguir una conversación con facilidad, otras con un cierto grado de dificultad, otras que solo puedan percibir sonidos aislados y, por último, personas que no perciban ningún sonido o lo hagan ayudándose de prótesis auditivas. Por lo tanto, la sordera se manifiesta al no poder percibir la persona el sonido de forma correcta o de manera completa, a esta falta de audición, también la conocemos como pérdida auditiva. Siempre que se manifieste un grado de pérdida auditiva superior a los 75 decibelios (dB), el procesamiento del lenguaje ya no puede realizarse a través del oído, sino que se verá obligado a ser procesado por medio de la vista (Cajade, 2000 y Olivares *et al.*, 2004), desde el punto de vista médico, se denomina a este tipo de sordera como hipoacusia. Es importante la precisión de este dato en relación con la adquisición y posterior desarrollo del lenguaje de las personas sordas, puesto que el grado de audición es un criterio de actuación en los diferentes métodos de enseñanza y aprendizaje a seguir con un individuo que presenta algún tipo de hipoacusia, ya que esta puede influir en el desarrollo global de las personas sordas (Monsalve y Núñez, 2006).

La sociedad normoyente conoce exclusivamente la existencia de la discapacidad auditiva como tal, sin percatarse de cómo la realidad viene conformada por los diferentes grados de sordera que junto con la etapa en la que se desarrolla esta, son los pilares más importantes, puesto que afectaran a la capacidad lingüística de la persona sorda y a la forma en que esta adquirirá posteriormente los rudimentos de la lengua y que, naturalmente, a la larga repercutirán en su capacidad lectoescritora.

Es interesante conocer que, según datos facilitados en 2022 por la Confederación Nacional de Sordos de España (CNSE), existen en España alrededor de un millón de personas que presentan algún tipo de discapacidad auditiva, la Federación de Personas Sordociegas de España (FASOCIDE) en nuestro país contabiliza cerca de 7000 personas con sordoceguera, mientras la ONCE los cifra, en un máximo de 2500. Sin embargo, debido a la Ley de Protección de Datos, las universidades no facilitan el número exacto de estudiantes con discapacidad auditiva de ninguno de sus campus.

En segundo lugar y antes de abordar el problema básico al que las personas con discapacidad auditiva han tenido que enfrentarse durante la pandemia, es imprescindible que nos centremos en explicar, de forma breve, la estructura lingüística que poseen las lenguas de signos (LS), cuya diferencia principal, en oposición a las lenguas orales (LO) radica, esencialmente, en el canal en el que se desarrollan, si bien en las LO el canal principal es el oral-auditivo, las LS se plasman a través del canal viso-gestual. Seguidamente mostraremos la estructura lingüística de las lenguas signadas. Las LS se estructuran basándose tanto en componentes[1] estructurales manuales como en parámetros no manuales. Dichos parámetros son elementos formativos de las LS. Según Rodríguez (1992) son unidades significantes con un valor distintivo que, a diferencia de las unidades significantes mínimas, que integran un signo verbal auditivo mediante la sucesión, se combinan de manera simultánea en el espacio para constituir el signo visual.

Estos componentes se dividen en cinco, aunque autores como Herrero (2008) o Papaspyrou *et al.* (2008) los aumentan hasta un total de seis. El primero de ellos sería la configuración manual, también conocido como queirema[2], que consiste en la disposición de los dedos y en la forma que adquiere la mano a la hora de realizar un signo concreto. En este parámetro formativo, la referencia es, habitualmente, la mano que lleva a cabo el signo o también conocida como mano dominante, y no tanto la mano pasiva. Estas configuraciones manuales o

1 Todos estos parámetros poseen diversas denominaciones dependiendo del autor, pero todos ellos hacen referencia al mismo principio. Nosotros nos hemos decantado por las clasificaciones realizadas por estos autores.

2 No confundir con las unidades mínimas propuestas por Stokoe (1960): queremas.

clasificadoras se observan en todas las lenguas de signos, pero no todas poseen igual número, ni tan siquiera los mismos rasgos distintivos (Oviedo 2001). El hecho de extraer algunos de los clasificadores del alfabeto dactilológico[3] propio de cada lengua, provoca muchas de las diferencias entre las configuraciones de las distintas LS.

Otro parámetro manual es la ubicación o toponema, esto es, todos los puntos a lo largo del cuerpo humano en los que se puede realizar un signo. El tercero es el movimiento o kinema, y hace referencia a la forma en la que se mueve la mano (cuando realiza un signo) si esta dibuja un círculo, o si produce un movimiento sencillo o repetitivo, etc. En ese movimiento pueden estar implicadas una o ambas manos. El cuarto es la dirección o kineprosema en la que se desplaza la mano. La orientación de la mano o queirotropema sería el quinto de los parámetros, en el que simplemente se describe la disposición u orientación que adopta la mano en el espacio al plasmar un signo (Magill y Hogdson, 2000). Autores como Herrero (2008) o Papaspyrou *et al.* (2008) defienden la bimanualidad o *zweihändige Gebärden*[4] como uno más de los parámetros estructurales manuales de las LS.

Los parámetros estructurales no manuales son las microexpresiones o prosoponemas que, sustancialmente, se reflejan en el rostro y, en menor medida, en el cuerpo (movimiento de hombros, adelantamiento del tronco, etc.). Posiblemente, aquellas que se refieren al rostro son las más complicadas de distinguir para alguien ajeno al mundo de las LS, pero son fundamentales en el proceso de descodificación del signo y, por ende, del mensaje comunicativo. La incorrecta realización de estos parámetros no manuales puede evitar que el mensaje llegue correctamente al destinatario. Este ha sido uno de los problemas de la docencia en *streaming* con el que las personas con discapacidad auditiva se han encontrado a la hora de seguir las clases durante el confinamiento. La razón la encontramos en la existencia, dentro de las LS, de signos sin cuyo parámetro no manual correcto, pueden ser malinterpretados. Este hecho viene dado porque los prosoponemas nos dan una información adicional que nos permite desambiguar entre signos que se realizan del mismo modo, es decir, entre aquellos que tienen los mismos parámetros formativos manuales y, cuya única diferencia

3 Es un alfabeto manual sin ningún tipo de soporte. Se emplean las manos para deletrear y se realizan las letras del abecedario en el aire, mediante configuraciones de la mano. Se emplea para deletrear nombres propios o aquellas palabras que aún no tiene un signo determinado.

4 Son aquellos signos que se llevan a cabo con las dos manos en contraposición a los signos unimanuales (que se realizan con una sola mano).

radica en el parámetro no manual, en las microexpresiones faciales (este hecho sucede en todas la LS y no es exclusivo de la Lengua de Signos Española). Para ilustrar este apartado, a modo de ejemplo, me gustaría mencionar el caso de los signos DULCE y DOLOR (Figura 1), ambos signos de la LSE tienen los mismos parámetros formativos y se elaboran de igual forma, el dedo índice de la mano derecha extendido a la altura de la boca, con la palma de la mano paralela al suelo, realiza un movimiento de izquierda a derecha[5] La única diferencia entre los dos signos radica en el componente no manual, para el primero de ellos la oralización de la palabra dulce a la vez que se signa, mientras que para expresar el segundo de ellos (dolor), la parte no manual, el ceño se frunce, los ojos se rasgan y con la boca se vocaliza la palabra dolor.

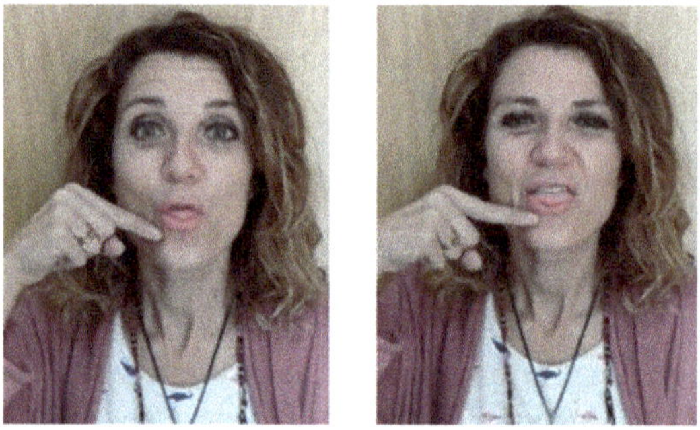

Figura 1: Signos DULCE (izq.) y DOLOR (dcha.) en LSE

Según esto, podemos imaginarnos la dificultad que supone para una persona sorda signante, distinguir estas diferencias a través de una pantalla, sobre todo, cuando la conexión no es buena, pero, ante todo, es complicado distinguir la parte de la oralización que queda oculta tras la mascarilla cuando se trata de comunicación presencial. En la Figura 2 podemos ver los mismos signos realizados con la mascarilla. Claramente, se puede observar cómo dicha mascarilla, añade una dificultad mayor a la comprensión del parámetro no manual y, por ende, del signo.

5 Si la persona fuera zurda, el movimiento se realizaría a modo de espejo, es decir, con el índice de la mano izquierda, cuyo movimiento iría de derecha a izquierda.

Figura 2: Signos DULCE (izq.) y DOLOR (dcha.) en LSE con la mascarilla

Tras esta breve reflexión acerca del funcionamiento de las LS podemos determinar que la parte más importante de la información y lo que en este caso desambigua el mensaje comunicativo es el parámetro estructural no manual, lo que Boyes-Braem denomina como patrones hablados (*mouth patterns, mouthing*), que corresponden a la oralización de elementos de la palabra equivalente y los gestos labiales (*mouth gestures*) y que implican diferentes configuraciones no solo de los labios, sino también de la lengua, mejillas y mandíbula. Esta parte no manual transmite también toda la información relativa a la prosodia. Así, representa formalmente aquellos elementos no verbales de la expresión oral, tales como la entonación, la cantidad, el tempo y las pausas (Boyes-Braem, 1990). Esa información ya sea de patrones hablados o gestos labiales es simultánea a la realización del signo. Queda patente, por tanto, que el 50 % de la información en las LS queda oculta tras las mascarillas.

Por tanto, las LS no consisten en meras realizaciones de signos aleatorios, puesto que todas las LS emplean parámetros fonológicos que se combinan entre sí. Estos parámetros o unidades mínimas limitadas se unen para llegar a formar un signo, del mismo modo que en la LO se combinan los sonidos o fonemas, puede darse el caso de que confluyan tres o más parámetros simultáneamente; pero en ocasiones, pueden coincidir tan solo dos. Así pues, todos los parámetros carecen de valor si se toman de forma independiente; solo la suma de ellos y su correcta ejecución dentro de un signo permiten la comprensión del signo de forma correcta. Un simple cambio en uno de los parámetros puede hacer cambiar el significado del mensaje.

A continuación, nos centraremos en la problemática sufrida por las personas con discapacidad auditiva durante el estado de alarma.

2. PROBLEMÁTICA

Perseguíamos determinar los problemas, efectos y barreras que la modalidad de las clases a través de las plataformas y del trabajo *online* han provocado en estudiantes con necesidades educativas especiales, en este caso concreto, en aquellas personas con discapacidad auditiva. Como veremos seguidamente, estas personas y, sobre todo, aquellas usuarias de las LS están poco representadas en los centros educativos, y en concreto, en las universidades. Este hecho se ha visto acentuado durante la pandemia. La situación de confinamiento, el empleo de mascarillas y la docencia *online* han hecho difícil llevar a cabo una educación en dicha área. Posteriormente, haremos una breve descripción de la realidad actual de las personas con discapacidad auditiva y de situación en la que dicha pandemia ha dejado a los estudiantes con algún tipo de sordera. Si la comunidad sorda se ha visto afectada por la COVID-19, el colectivo de personas sordociegas, aún más, su situación ha sido más acuciante al necesitar del tacto y de la proximidad para su contacto con el mundo, lo que implica una rotura de la distancia social puesto que ellos se comunican, principalmente, haciendo uso de la lengua de signos apoyada en las manos[6].

Durante el confinamiento, las administraciones públicas adaptaron la mayoría de sus procesos burocráticos a la modalidad telefónica, de manera repentina, olvidándose de las personas con diversidad funcional, en concreto, de aquellas personas con discapacidad auditiva usuarias de las lenguas de signos, que sufrieron trabas para el simple acceso a los servicios de emergencias, sanitarios, burocráticos o educativos. Las mascarillas, así como la distancia social, han supuesto una barrera de comunicación para las personas sordas y sordociegas al no permitir a los intérpretes acompañar a personas con discapacidad auditiva a realizar cualquier tipo de trámite. Este hecho queda recogido en un informe publicado en junio del 2020 por el Comité Español de Representantes de Personas con Discapacidad (CERMI), en el que se denunciaron las repercusiones negativas que ha ocasionado la COVID-19 en los derechos de las personas con discapacidad en todos los ámbitos, incluido el educativo. Prácticamente un año después, la CNSE (Confederación Nacional de Sordos de España) publica los resultados de un informe sobre la situación educativa de la juventud sorda (en diferentes etapas formativas) de la que se pueden extraer algunas de las conclusiones (Bascones *et al.*, 2021) que mostraremos a continuación.

---

6 Las personas sordociegas para comunicarse habitualmente, apoyan sus manos sobre las manos de su interlocutor (aquella persona que está signando) y a través del tacto y del movimiento que describen las manos puede entender el mensaje.

2.1. Durante el confinamiento

Si nos centramos en el ámbito de la educación durante el periodo del confinamiento, muchos de los estudiantes con discapacidad auditiva pudieron seguir las clases gracias al apoyo familiar (pese a que no siempre, se da esa circunstancia, tal y como veremos) o al apoyo de los intérpretes que realizaban su labor de forma telemática con mayor o menor dificultad. El apoyo que se presupone de la red familiar en muchos casos no se produce al desconocer los padres (normoyentes) la LS por lo que no pueden darles a sus hijos ese *input* que necesitan. Si, por el contrario, los padres son también sordos, esa ayuda que se espera de los padres deja de existir al tener muchos de los progenitores una competencia en la lengua oral reducida. Este hecho se observa, a menudo, en aquellas generaciones de padres con discapacidad auditiva que, a pesar de haber asistido a escuelas hasta los 18 años, provienen de una etapa en la que la calidad de la educación para personas sordas era muy limitada, por lo que dichos padres no pueden prestar su apoyo. A este hecho habría que añadir la idiosincrasia propia de las lenguas de signos, en las que la estructura oracional es distinta, no existe conjugación verbal, etc. Esto dificulta el apoyo de los padres y la adaptación de los contenidos (Bascones *et al.*, 2021).

En aquellos casos en los que sí se dispone de intérprete en el contexto de la docencia *online*, otro de los problemas que cabe mencionar, es la dificultad de poder observar con nitidez el espacio signante, que es aquel espacio alrededor del cuerpo en el que se producen los signos; este espacio se extiende desde la cabeza hasta el muslo, pero al tener que visualizarlo a través de la pantalla de un ordenador o un dispositivo móvil, no se pueden advertir correctamente los signos, al mismo tiempo que el escritorio o la colocación de la cámara dificultan la realización en su ubicación correcta y, por ende, su exacta comprensión.

El confinamiento ha puesto a prueba a muchos de los profesores, y ha sacado a la luz la falta de conocimientos básicos de estos en el manejo de las TIC dentro del ámbito de la enseñanza, lo que ha supuesto una mayor dificultad el proceso de aprendizaje para los estudiantes. Este hecho no solo ha significado un problema para los estudiantes. También ha provocado un aumento de la carga de trabajo y la dedicación temporal, por parte de los docentes. Antes de la llegada de la COVID-19, las TIC se implementaban progresivamente. Sin embargo, el confinamiento supuso una adaptación repentina por parte del sistema educativo, en concreto, por parte de la comunidad docente.

A este hecho se ha sumado la ausencia del servicio de interpretación para personas sordas y sordociegas, como en el caso de la Comunidad de Madrid, donde estos servicios de interpretación están externalizados, así como el de los asesores sordos especialistas en LS (personas sordas que enseñan a niños sordos la LSE) y que apoyan el aprendizaje de los niños con discapacidad auditiva en los centros escolares. Dichos servicios fueron rescindidos temporalmente por la Administración desde el comienzo del confinamiento, extendiéndose a todo el estado de alarma. Estos asesores sordos que se encargaban no solo de enseñar la LSE a los niños, sino también de realizar talleres para enseñar a las familias normoyentes de dichos niños, dejaron de prestar sus servicios de forma repentina. Independientemente de la Consejería de Educación de la Comunidad de Madrid, algunos centros concertados como el Ponce de León contrataron con sus propios medios intérpretes de Lengua de Signos Española (ILSE). Sin embargo, muchos centros carentes de recursos propios no pudieron hacer frente a este gasto, lo que dificultó el progreso del aprendizaje de muchos estudiantes. No obstante, cabe destacar cómo algunos intérpretes continuaron con su labor de forma *online* durante esta etapa de manera completamente altruista.

Dentro de los principales problemas que ocasiona la docencia en línea, podemos mencionar, la dificultad a la hora de visualizar el rostro, a corta distancia, del docente lo que supone un hándicap para las personas con sordera cuando necesitan apoyarse en la lectura labial, así como en la visualización de las microexpresiones faciales y corporales que facilitan la transmisión del mensaje en el proceso comunicativo.

También debemos hacer un inciso y referirnos a las personas sordas con implante coclear o con audífonos que sufrieron un aumento de la dificultad en la comprensión, puesto que, durante las clases *online* y las videollamadas, en numerosas ocasiones, los alumnos tienden a hablar al mismo tiempo lo que dificulta a las personas con implante la discriminación de voces. La ausencia de bucles magnéticos o lazos de inducción[7] con los que sí se cuenta habitualmente en los centros educativos, no permite que el usuario reciba un sonido nítido y con un volumen correcto.

Algunas plataformas empleadas en la docencia *online*, al mostrar la imagen en pantalla compartida, dificultaban a las personas sordas saber quién estaba hablando en ese preciso momento y, de este modo, poder apoyarse en la lectura labial. La mala conexión en algunos momentos y en algunos hogares no permite ver con nitidez los rostros de las personas que intervienen en un momento

---

7 Se trata de un sistema de sonido que transforma la señal de audio en un campo magnético captado por los audífonos dotados de posición "T". Dichos audífonos tienen una bobina que transforma ese campo magnético nuevamente en sonido dentro del oído del usuario, aislándolo de reverberaciones y del ruido ambiente.

concreto de la docencia y, si existe la ventana de intérprete, esta suele ser de un tamaño menor, lo que complica la correcta visualización de los rasgos faciales que transmiten el 50 % de la información. Si bien es cierto que el/la intérprete de LSE debe permanecer habitualmente en un segundo plano, en este formato de docencia, es imprescindible que aparezca en el primero para que el estudiante pueda captar todos los matices del mensaje que debe transmitir.

Asimismo, si se emplean dos plataformas de manera simultánea no se permite la grabación del intérprete por lo que no se puede repetir el visionado de la clase, por parte del alumno, con este apoyo. Otro de los problemas observados es la imposibilidad del subtitulado en las emisiones en *streaming* en prácticamente todas las plataformas empleadas para este tipo de docencia.

La llamada brecha digital que ha afectado a gran parte de la sociedad y a muchas familias con hijos en edades escolares, ha dificultado el seguimiento de las clases. No todos los domicilios disponían de dispositivos electrónicos suficientes, ni de conexiones adecuadas para poder seguir la docencia en línea, ni de los conocimientos adecuados para abordar este tipo de enseñanza.

En otro orden de cosas, las clases *online* también supusieron un perjuicio para los intérpretes puesto que con uno solo conseguían dar servicio a un mayor número de alumnos, cuando, habitualmente en la universidad, el trabajo se desarrolla de forma individualizada, al mismo tiempo que aumenta su carga de trabajo y la dificultad de seguir varias intervenciones simultáneas de personas signantes.

2.2. Durante la pandemia

Tras la vuelta a las aulas de forma presencial, la dificultad en el proceso de aprendizaje se vio agravada por el uso de las mascarillas y la distancia. Si bien, antes de la pandemia muchos profesores se acercaban dentro de las aulas a las personas con discapacidad auditiva (para aclararles conceptos o para facilitarles la lectura labial), en estos momentos, y al tener que mantener la distancia interpersonal, este refuerzo ha desaparecido, lo que ha dificultado a muchos de los estudiantes el seguimiento de las clases.

Esta cuestión, es una realidad a la que muchas personas con discapacidad auditiva deben enfrentarse a diario. En una lengua en la que los componentes no manuales (la expresión facial, oralización…) son primordiales para captar el mensaje, la mascarilla supone una barrera en la comunicación, pero no solo para aquellas personas que se comunican mediante la lengua de signos[8], sino también

8 Es habitual encontrar personas que en lugar de hacer uso de la LSE emplean la comunicación bimodal que consiste en emplear signos manuales (la mayoría basados en la LS

para aquellas personas que poseen algún grado de pérdida auditiva o, incluso, para personas con algún trastorno del espectro autista (TEA) o personas con síndrome de Down a las que el uso de las mascarillas les resta volumen, llegando, incluso, a apagar las voces dificultando su comprensión al mismo tiempo que les impide acceder a las expresiones faciales de los sentimientos.

Al aislamiento que sufrimos todos se suma el aislamiento de las personas con discapacidad auditiva. Muchas personas sordas o con algún grado de pérdida auditiva necesitan apoyarse a la hora de comunicarse con su entorno en la lectura labial (aunque no todas personas sordas la empleen). Uno de los aspectos más impactantes para la comunidad normoyente es que las personas sordas desconocen que alguien les está dirigiendo la palabra, puesto que no consiguen ver a través de la mascarilla que el interlocutor está moviendo los labios.

3. CONCLUSIONES

En 2002 fue presentada en el Congreso de los Diputados la Proposición de Ley 122/000245, del 26 de noviembre de 2002, que garantizaba el derecho al bilingüismo de las personas sordas y que no llegó a aprobarse por el rechazo del partido en el Gobierno. Dicha ley que abogaba en su artículo 1 por el bilingüismo de las personas con discapacidad auditiva habría supuesto un acceso total, en nuestro país, no solo a la educación, sino también a los medios de comunicación, servicios públicos, etc. No es hasta la aprobación de la Ley 27/2007 por la que se reconocen las lenguas de signos españolas y se regulan los medios de apoyo a la comunicación oral de las personas sordas, con discapacidad auditiva y sordociegas. A pesar de esta aprobación, no se ha conseguido avanzar mucho en materia de educación de las personas sordas. Reyes (2019) menciona que es obligación de los diferentes estados facilitar a aquellas personas que lo necesiten, todos aquellos elementos tecnológicos que les permitan el acceso a la información oral, además de "un derecho fundamental" que podría resumirse en la manera de acceder en "igualdad de oportunidades" a la información.

Esta investigación ha puesto de manifiesto que la sordera es una discapacidad que, hoy por hoy, continúa siendo invisible para el entorno, por lo que es prioritario sensibilizar a la sociedad acerca de su realidad, puesto que las personas sordas tienen un único objetivo común, la integración total en la sociedad normoyente. Es por ello, que esta contribución, quiere plantear la necesidad de un

---

correspondiente) con el lenguaje oral. El mensaje se expresa en dos modalidades, pero aquella lengua que marca el orden y determina la sintaxis oracional es la lengua oral.

cambio dentro de las políticas educativas respecto a la docencia de personas con diversidad funcional. Y, tras la exposición de la situación educativa de este colectivo, se pretende además intentar concienciar a la sociedad, a las autoridades y, sobre todo, a los docentes.

Desde las instituciones se habla de siempre de inclusión y de atención a la diversidad, pero esta pandemia ha hecho que miles de personas sordas se vean más aisladas que antes de la COVID-19. No se ha realizado ningún tipo de adaptación ni se han tenido en cuenta sus problemas de accesibilidad. Esta pandemia ha conseguido sacar a la luz las carencias de las administraciones con respecto a políticas sociales. Ahora más que nunca es necesario que las personas normoyentes aprendan la LS correspondiente para poder comunicarse con personas sordas o sordociegas.

La Agenda 2030 del Gobierno (Ministerio de Derechos Sociales y Agenda 2030, 2021) intenta implementar los mecanismos necesarios que garanticen la igualdad de derechos de todas las personas, entre los que se encuentra, entre otros, el acceso a la educación, en cuyo Objetivo de Desarrollo Sostenible número 4, en el que se aboga por la educación de calidad, se menciona: "[...] las niñas y niños con discapacidad requieren y necesitan un apoyo técnico, material y humano garantizado que sea efectivo, porque se detecta que la falta de apoyo redunda negativamente en su actividad diaria en el aula y en las actividades extraescolares y en la convivencia". Con este objetivo se exhorta a las administraciones a conseguir y a comprometerse por una educación de calidad y equitativa con entornos de aprendizaje inclusivos y eficaces para todos. En el mismo sentido, el artículo 4.3 de la Ley Orgánica 3/2020, de 29 de diciembre, por la que se modifica la Ley Orgánica 2/2006, de 3 de mayo, de Educación (LOMLOE) asegura que "se adoptará la educación inclusiva como principio fundamental" para atender a la diversidad de todo el alumnado. Y para hacerlo "se adoptarán las medidas organizativas, metodológicas y curriculares pertinentes, según lo dispuesto en la presente ley, conforme a los principios del diseño universal para el aprendizaje, garantizando en todo caso los derechos de la infancia y facilitando el acceso a los apoyos que el alumnado requiera". Sin embargo, la COVID-19 ha dejado patente el largo camino que aún queda por recorrer para conseguir estos objetivos que permitan una inclusión total de aquellas personas con diversidad funcional.

4. POSIBLES SOLUCIONES

Las autoridades educativas deben tener una mayor implicación en el proceso de enseñanza y aprendizaje de aquellas personas con discapacidad auditiva para, de esta forma, garantizar un modelo educativo completamente inclusivo. Sería deseable, de igual modo, una mayor agilidad en la reacción de los centros educativos ante los retos sociales que se les plantean. De la misma manera, surgen cuestiones obligadas como la necesidad de una formación específica para que los profesores puedan desarrollar una educación más inclusiva en todos los niveles educativos y que, al mismo tiempo, les permita dar respuesta a las necesidades específicas de este tipo de alumnos. Es importante destacar cómo uno de los problemas que han quedado patentes durante el confinamiento ha sido la necesidad de que los centros universitarios reaccionen ante las exigencias sociales que se pusieron de manifiesto durante la pandemia de una forma más ágil.

Mientras existan algunos ámbitos en los que la docencia se mantenga en formato *online* sería deseable que el profesor ampliara su expresividad. Debería gesticular más o incluso emplear la escritura si cree que de este modo puede hacerse entender mejor. Asimismo, sería aconsejable facilitar con antelación, principalmente, por escrito los contenidos de las asignaturas, así como proporcionarles las presentaciones y, emplear algún sistema de reconocimiento automático de voz que permitiera la subtitulación de las clases. Este simple hecho ayudaría a incrementar la accesibilidad a los contenidos de las materias por parte del alumnado con discapacidad auditiva permitiéndoles una adquisición mayor de los conocimientos y de las competencias. Además, el trabajo colaborativo entre los propios estudiantes posibilitaría que los alumnos se implicaran más y fueran responsables de su progreso educativo.

Además de todos aquellos pormenores que los profesores deben tener en cuenta al impartir docencia a estudiantes con algún tipo de discapacidad auditiva dentro de su aula, debemos sumar algunas indicaciones que los docentes deben contemplar a la hora de impartir clase a personas con algún grado de pérdida auditiva. Todas ellas dependen directamente del profesor y no tanto de los medios técnicos disponibles tal y como recoge el informe de la CNSE (Bascones *et al.*, 2021):

- Hablar con un ritmo normal.
- Colocarse de tal forma que se permita la lectura labial para aquellas personas que necesitan apoyarse en ella. Para ello, deben tener en cuenta que su cara debe permanecer bien iluminada. Habitualmente, las personas con algún tipo de discapacidad auditiva tienden a sentarse durante las clases en las primeras filas para, de este modo, tener una mejor visión de la cara del docente y, por consiguiente, de su boca para su apoyo en la lectura labial.
- No hablar durante la proyección de vídeos o de cualquier tipo de presentaciones pues esto dificulta al estudiante poder seguir los contenidos de la clase.
- Repetición por parte del profesor de las preguntas que realizan los demás compañeros durante la clase.

- Contar con un apoyo constante en soporte escrito que permita integrar correctamente los conceptos, además del sostén que supone la LS para las personas sordas signantes.

La importancia del aprendizaje de la LS por parte de las personas normoyentes desde los niveles educativos inferiores supondría un beneficio, no solo para las personas con discapacidad auditiva, sino también para las personas oyentes, como mencionan Bascones, Martorell y Turrero (2021).

A la luz de lo expuesto en este capítulo, creemos necesario incrementar el número de investigaciones en el ámbito de la educación inclusiva, hecho que permitirá conocer el impacto de la implementación de nuevas estrategias de enseñanza y, así, conseguir cubrir las necesidades diversas de todos los estudiantes. Es imperioso que las universidades desarrollen programas de sensibilización tanto para alumnos como para los propios docentes en relación con la discapacidad auditiva.

Sería por tanto muy necesario contar con un mayor número de recursos que van desde la dotación de profesorado competente en lengua de signos, e incluso formación avanzada para este profesorado, mayor investigación y recursos de apoyo para el soporte de programas bilingües, programas para la enseñanza de lengua de signos a familias de niños sordos (puesto que tal y como hemos mencionado anteriormente, la mayoría de las personas sordas proviene de familias oyentes).

En febrero de 2021 el Ministerio de Consumo publicó una normativa por la cual se establecen los requisitos que las mascarillas higiénicas transparentes deben cumplir para poder ser homologadas. Sin embargo, hasta el momento, ninguna empresa ha realizado homologación alguna de este tipo de mascarillas, por lo que las personas sordas deben continuar aisladas. A esta dificultad añadida de las mascarillas se suma la reducción de los servicios de interpretación y, en algunos lugares, la prohibición de acudir con intérprete para realizar gestiones burocráticas de tipo médico o administrativo en una situación en la que se ha alcanzado una reducción del 90 % de la atención presencial. Se hace necesario, más que nunca, un aumento de los servicios de intérpretes y mediadores y la fabricación y homologación, cuanto antes, de mascarillas transparentes.

Más de un año y medio después del comienzo de la pandemia, la situación no ha mejorado para la comunidad sorda en nuestro país. Continua sin existir homologación alguna de ningún tipo de mascarilla transparente que permita la correcta visualización de la zona de la boca y de la expresión facial, tal y como hemos podido aclarar en la introducción del presente capítulo.

5. REFERENCIAS

Ministerio de Derechos Sociales y Agenda 2030 (2021). Agenda 2030 del Gobierno. Objetivos de Desarrollo Sostenible.

Bascones, L. M., Martorell, V. y Turrero, M. (2021). *Situación educativa de la juventud sorda en España*. Informe de resultados. CNSE.

Boyes-Braem, P. (1990). *Einführung in die Gebärdensprache und ihre Erforschung*. Signum Verlag.

Proposición de Ley 122/000245, del 26 de noviembre de 2002, por la que se garantiza el derecho al bilingüismo de las personas sordas. Boletín Oficial de las Cortes Generales, núm. 277-2, del 2 de diciembre de 2002, p. 7. https://www.congreso.es/public_oficiales/L7/CONG/BOCG/B/B_277-02.PDF

Cajade, J. (2000). *Curso práctico de audiología. ¿Cómo es el oído? ¿Cómo funciona? ¿Cómo se debe explorar? ¿Qué opciones terapéuticas tenemos para la hipoacusia?* AINOS Comunicación.

Comité Español de Representantes de Personas con Discapacidad. (2020). *El impacto de la pandemia del coronavirus en los derechos humanos de las personas con discapacidad en España*. Ediciones Cinca.

Herrero, A. (2008). *Gramática didáctica de la Lengua de Signos Española (LSE)*. SM.

Ley 27/2007, de 23 de octubre, por la que se reconocen las lenguas de signos españolas y se regulan los medios de apoyo a la comunicación oral de las personas sordas, con discapacidad auditiva y sordociegas. Boletín Oficial del Estado, núm. 255, de 24 de octubre de 2007, pp. 1-17. https://www.boe.es/buscar/pdf/2007/BOE-A-2007-18476-consolidado.pdf

Ley Orgánica 3/2020, de 29 de diciembre, por la que se modifica la Ley Orgánica 2/2006, de 3 de mayo, de Educación. Boletín Oficial del Estado, núm. 340, de 30 de diciembre de 2020, pp. 122868-122953. https://www.boe.es/buscar/pdf/2006/BOE-A-2006-7899-consolidado.pdf

Magill, R. y Hodgson, A. (2000). *Start to sign!* Royal Nation Institut for Deaf People.

Monsalve, A. y Núñez, F. (2006). La importancia del diagnóstico e intervención temprana para el desarrollo de los niños sordos. Los programas de detección precoz de la hipoacusia. En *Psychosocial Intervention 15 (1)* SciElo. (7–28).

Olivares, R., Simón, J., Esteva, M. J., y Gómez, M. (2004). *Pautas básicas y sistemas alternativos de comunicación*. Editorial Altamar.

Oviedo, A. (2001). *Apuntes para una gramática de la Lengua de Señas Colombiana*. Universidad del Valle.

Papaspyrou, Ch., Von Meyenn, A. Matthaei, M. y Herrmann, B. (2008). *Grammatik der Deutschen Gebärdensprache aus der Sicht gehörloser Fachleute.* Signum Verlag.

Reyes Tejedor, M. (2019). Derecho de las personas sordas: accesibilidad, innovación y lengua de signos española (LSE) en la universidad. En *Revista Educativa HEKADEMOS*, (26), 7–17. https://www.hekademos.com/index.php/hekademos/article/view/19

Rodríguez, M. A. (1992). *Lenguaje de signos.* CNSE.

Stokoe, C. W. (1960). Sign language structure: An outline of the visual communication systems of the American deaf. En *Studies in linguistics: Occasional papers Nr.* 8, Dept. of Anthropology and Linguistics, University at Buffalo.

Anja Ahner
Universidad Paris Nanterre

Capítulo XX: El *Escape Room* educativo en línea y sus razones de motivación

1. INTRODUCCIÓN

La motivación es un factor determinante en el comportamiento de las personas y por lo tanto en su proceso de aprendizaje (Zarco Claudio *et al.*, 2020, p. 24). En varios estudios se confirmó que la aplicación de un *escape room* en contextos educativos tiene un efecto positivo en la motivación de los estudiantes (Sánchez-Martín *et al.*, 2020, p. 9). Además, Zarco Claudio *et al.* (2020 p. 28) aclaran más factores positivos: "… esta vivencia didáctica puede enriquecer a los estudiantes en diversos ámbitos (educativo, intelectual, social, psicológico, emocional y físico)". Para poder implementar estos juegos en nuestras aulas, es imprescindible saber también por qué estos pueden motivar a los alumnos. Cuando los profesores conocen las razones por las que un juego aumenta el éxito de aprendizaje, están mejor preparados para implementarlos en sus clases y también para crearlos. En este trabajo se presentan distintas teorías de motivación y se discute cómo estas se pueden aplicar al funcionamiento de los *escape rooms*. Cabe destacar que se utilizó un *escape game* educativo que se juega con un ordenador y en línea. La gran ventaja de un material digital consiste en que se puede difundir fácilmente entre profesores para poder colaborar entre ellos. Se trata por lo tanto de un material reutilizable y de un recurso educativo abierto (REA)[1].

2. OBJETIVOS

El principal objetivo del presente trabajo es explicar cómo y en qué condiciones la motivación de los estudiantes universitarios se aumenta al aprender a través de un *escape room* digital educativo. Queremos no solo probar el éxito del juego, sino también descubrir a qué se debe su popularidad.

---

1 El *escape room* al cual se refiere a lo largo del trabajo, se puede encontrar en el siguiente enlace: https://view.genial.ly/616ae21fd642f90ddf2b5aba/interactive-content-escape-game-betriebsrat.

Los objetivos teóricos son, en principio, definir y presentar el concepto de dicho juego. Además, en el marco teórico se explicarán las necesidades básicas humanas y las teorías que aclaran por qué las personas se motivan y por qué están disponibles a actuar y desarrollar sus destrezas. El presente trabajo también quiere presentar cómo dichas necesidades psicológicas corresponden a lo que los juegos educativos ofrecen a un jugador. Una vez alcanzados estos objetivos teóricos, se describe el experimento de la aplicación de un *escape room* en un contexto universitario de enseñanza de lenguas extranjeras. Para ello, en un primer paso, se explica la creación y la estructura de dicho juego. El objetivo de este apartado es dar una breve introducción sobre cómo los profesores mismos pueden crear un juego. El siguiente capítulo tiene como objetivo poder demostrar cómo este cambia la motivación de los estudiantes. Con una encuesta que se llevó a cabo justo después de haber implementado el *escape game* se puede comprobar, en principio, si el juego fue motivador. Además, se explica qué componentes del *escape room* son los relevantes para poder aumentar la motivación.

En un último paso, se discute en qué condiciones y por qué un *escape game* es motivador. Se darán consejos a docentes que quieran implementar el juego en sus clases. A lo largo del presente trabajo se responde por lo tanto a la cuestión de la investigación: ¿Por qué un *escape room* puede ser motivador?

3. METODOLOGÍA

Para lograr los objetivos descritos, se llevó a cabo una revisión bibliográfica, con la cual se explican las bases teóricas de la motivación y su relación con los juegos. Además, se creó un experimento que consistía en que 14 estudiantes de la Universidad Paris Nanterre jugaran a un *escape room*. Dichos estudiantes cursaron la clase *Terminologie*, que tiene como meta enseñar palabras alemanas en el contexto de la economía. Durante el experimento, que se llevó a cabo en un aula, los alumnos estaban todos presentes y reunidos. El *escape game*, sin embargo, se realizó con los ordenadores y en línea. Para poder verificar el resultado del experimento, se les facilitó una encuesta a los estudiantes, que tenía tanto respuestas cerradas como respuestas abiertas. Además, se tomó en cuenta la observación del comportamiento de los estudiantes, ya que la profesora tomó notas sobre sus acciones.

4. MARCO TEÓRICO

4.1. El *escape room*

El concepto *escape room* se refiere a juegos en equipo en los que los jugadores descubren pistas, resuelven rompecabezas y realizan tareas en una habitación para lograr un objetivo, normalmente escapar de la habitación en un tiempo limitado (Nicholson, 2015, p. 1). Este concepto en el presente trabajo se traslada a un entorno en línea. Los estudiantes reciben de la profesora un enlace para acceder a un espacio virtual donde se les presenta una historia. Tienen también un límite de tiempo para escapar de la habitación virtual. A menudo, cuando se utilizan *escape games* en educación, surge el término gamificación. Para aclarar, es importante destacar que el término de la gamificación se define como "la integración de elementos lúdicos en áreas no lúdicas" (Deterding *et al.*, 2011, p. 10). Esto significa, por ejemplo, que se incorporan a una lección elementos como la puntuación y los premios, para motivar a los estudiantes. A diferencia de la gamificación, que solo implica el uso de elementos, con el término *serious games* se refiere al uso de juegos completos, generalmente digitales, para transmitir contenidos de aprendizaje (Deterding *et al.*, 2011). Este es el caso del uso de *escape games*. Se trata de un juego completo que se utiliza para el aprendizaje. Sin embargo, se tiene que destacar que la clasificación exacta es "subjetiva y fluida" (Deterding *et al.*, 2011, p. 11).

4.2. La motivación

En el presente trabajo explicaremos cómo un *escape room* puede tener un efecto motivador en los alumnos. Para eso, en principio se tiene que aclarar el concepto de la motivación. Cuando una persona está motivada, en general significa que está movida a hacer algo. Alguien que está energizado o activado hacia un fin se considera motivado, mientras que una persona que no siente ímpetu o inspiración para actuar se caracteriza, por tanto, como desmotivada (Ryan y Deci, 2000). En la psicología se distinguen diferentes tipos y grados de motivación: La distinción más básica es la que se establece entre la "motivación intrínseca", que se refiere a hacer algo porque es interesante o agradable, y la "motivación extrínseca", que se refiere a hacer algo porque conduce a un resultado separable (Deci *et al.*, 2017, p. 21). Cuando una persona está intrínsecamente motivada, se siente movida a actuar por la diversión o el desafío que conlleva, más que por estímulos, presiones o recompensas externas (Deci *et al.* 2017). Se sabe que "la motivación intrínseca da lugar a un aprendizaje de alta calidad y a largo plazo" (Ryan y Deci, 2000, p. 55). El concepto de la motivación intrínseca es, por lo tanto, de gran interés en el contexto educativo. Sin embargo, la motivación intrínseca disminuye a lo largo de la vida, después de la infancia. La libertad de estar intrínsecamente motivado se ve cada vez más restringida a lo largo de la vida por las exigencias sociales y los roles que requieren que los individuos asuman la responsabilidad de tareas no intrínsecamente interesantes. Hablando francamente, muchas de las actividades educativas y temas tratados en las escuelas y universidades no están diseñados para ser intrínsecamente interesantes. Para los docentes, una cuestión central se refiere a cómo motivar a los alumnos para que perciban dichas actividades de manera que las realicen por sí mismos, y no por presiones externas como exámenes o deberes obligatorios (Ryan y Deci, 2000).

A continuación, se explica la teoría sobre los posibles aspectos motivadores de la autodeterminación. Los tres componentes clave mencionados por Deci, Olafsen y Ryan (2017) en su llamada teoría de la autodeterminación son "la vinculación, la competencia y la autonomía" (Deci *et al.*, 2017, p. 22). Dicha teoría es una macroteoría de la motivación que se ha aplicado con éxito en diferentes ámbitos, incluyendo la educación (Deci *et al.*, 2017). Si se satisfacen las tres necesidades humanas básicas mencionadas anteriormente, esto es suficiente para motivar a los estudiantes y llevarlos al éxito en el aprendizaje. En primer lugar, se explica el término vinculación. Para estimular a los alumnos, es importante tener en cuenta que las personas se comportan de forma que otras personas cercanas las valoren. Se puede tratar del contexto de la familia, de un grupo de iguales o de una sociedad (Ryan y Deci, 2000). Esto sugiere que la base para facilitar una motivación más interiorizada es proporcionar un sentido de pertenencia y conexión con las personas o un grupo que tiene el mismo objetivo. El siguiente concepto, competencia, también lleva a los estudiantes a interiorizar la motivación. Es necesario que los estudiantes se sientan eficaces con respecto a sus tareas. Por ejemplo, la retroalimentación hace que los estudiantes sientan que sus habilidades están mejorando eficazmente y esto tiene un efecto positivo en su motivación. Además, las recompensas y la ausencia de evaluaciones degradantes aumentan la sensación de los alumnos de ser competentes, lo cual es clave para despertar una motivación más intrínseca. Para alcanzar un nivel de motivación aún más profundo, se menciona el tercer componente: la autonomía. Los estudiantes también deben experimentar que su comportamiento es autodeterminado (Ryan y Deci, 2000). Deci *et al.* (2017) evaluaron varios estudios y encontraron que en el ámbito laboral se ha demostrado que la motivación autónoma llevó consigo menos agotamiento laboral, así como una mayor satisfacción y compromiso laborales, mientras que la motivación controlada ha tendido a mostrar resultados opuestos. Esto también es evidente en el contexto escolar. Varios estudios ya desde hace mucho tiempo demostraron que cuando los profesores son menos controladores y apoyan más la independencia de los alumnos, consiguen que estos estén más motivados intrínsecamente y que sean más creativos y curiosos (Deci *et al.*, 1981). Otra teoría interesante que puede explicar la motivación de los *escape rooms* proviene de Locke y Latham (2019, p. 93) que afirman que "la acción humana debe tener siempre un propósito", es decir, una finalidad. Afirman, que tener objetivos claros está en el centro de la motivación humana (Locke y Latham, 2019). Las metas también juegan un papel importante en la siguiente teoría de motivación. Se habla del estado de flujo, en inglés *flow*, el cual quiere decir que cuando las personas están en dicha situación, se encuentran en un estado especial y están extremadamente absortos en una actividad. Beard y Csikszentmihalyi (2015) asumen que la teoría de flujo es crucial para los profesores, ya que ellos trabajan para aumentar el compromiso de los alumnos, recuperar la creatividad y maximizar las oportunidades de aprendizaje. Csikszentmihalyi (1990) explica que todas las actividades de estado de flujo, ya sea que involucren la competencia, el azar o cualquier otra dimensión de la experiencia, tenían en común que proporcionaban una sensación de descubrimiento, un sentimiento creativo de transportar a la persona a una nueva realidad. A continuación, se nombran los componentes que se requieren para entrar a dicho estado: "Desafíos que estiran, pero no sobrepasan las habilidades, metas alcanzables y una retroalimentación inmediata sobre el progreso, que se logra" (Nakamura y Csikszentmihalyi, 2009, pp. 195–196). Cuando una persona está en el estado de flujo, tiene una sensación de fuerte concentración, vive una fusión de la acción y la conciencia, una pérdida de la conciencia, una sensación de que uno puede controlar sus acciones, una deserción de la experiencia temporal y experimenta la actividad como intrínsecamente gratificante. (Nakamura y Csikszentmihalyi, 2009).

4.3. La relación entre la motivación y el juego

Estas teorías de la motivación están muy en consonancia con las características de juego que Wolf *et al.* (2018) extraen. Su investigación observa qué tipo de experiencias tienen las personas mientras juegan. La primera característica de juego está fuertemente relacionada con el logro, el desafío y el progreso de las competencias. Dichas experiencias se refieren al sentimiento de desarrollo de habilidades. Otros elementos característicos de los juegos están vinculados a la cooperación y a la interacción social. Esto representa la experiencia de estar conectado con los demás, es decir, la vinculación. El tercer factor es la autonomía, como por ejemplo la percepción de elección y autoexpresión (Wolf *et al.*, 2018). Por lo tanto, lo denominan la libertad expresiva. Estos tres factores son, por lo tanto, muy similares a los requisitos para la motivación ya mencionados y elaborados por Deci *et al.* (2017). Wolf *et al.* (2018) encuentran otros componentes, que se observan en las personas que juegan: la competición y el estatus. Estas experiencias se caracterizan por compararse con los demás y el grupo investigador denomina a este proceso comparación social.

Como se acaba de indicar, cabe suponer que los juegos en el aula satisfacen las necesidades humanas de autonomía, competencia y relación y, por lo tanto, contribuyen a una motivación sostenible. En el siguiente experimento, averiguaremos como un *escape room* motiva a los estudiantes, qué necesidades psicológicas satisface y qué recomendaciones se derivan de ello.

5. EXPERIMENTO EMPÍRICO

5.1. Descripción del grupo y del entorno de aprendizaje

El grupo está formado por 14 estudiantes del contexto germano-francés. Tienen entre 17 y 21 años, cinco de ellos son hombres y nueve son mujeres. 12 estudiantes están matriculados en la Universidad de París Nanterre y cursan un programa de doble titulación con la Universidad de Maguncia. Están en el primer año del grado *Cursus International Intégré Franco-Allemand Economie et Gestion*. Los estudiantes que están en el primer trimestre de su grado pasan primero un año en París, luego un año en Maguncia y, finalmente, completan sus estudios en Francia. Cabe destacar que hay dos estudiantes alemanes más en el curso que están haciendo una estancia de Erasmus en París Nanterre. La clase en la que se realiza el experimento se llama *Terminologie* y su objetivo de aprendizaje es que los alumnos aprendan términos alemanes relacionados con la materia de economía. La meta es prepararlos para que aprueben las clases de economía del siguiente año en Alemania. Los estudiantes ya tienen un alto nivel de alemán, un B2, e incluso hay 7 estudiantes cuya lengua materna es el alemán. Así que se trata de un grupo bastante homogéneo. Además, es un grupo bastante motivado, en la mayoría, con notas entre buenas y muy buenas. A la pregunta "¿Te consideras generalmente motivado para tus estudios?", el 42,9 % del grupo en la citada encuesta contestó que sí, y otro 42,9 % contestó más bien que sí. Todos los alumnos tienen un ordenador y lo llevan siempre a clase. También hay que añadir que los alumnos tienen poco o ningún conocimiento previo del tema tratado en el *escape game*, que son los comités de empresa.

5.2. Descripción del juego

5.2.1. Objetivos de aprendizaje

Los objetivos de aprendizaje del juego son múltiples. Consisten en aumentar el conocimiento técnico, aplicar las destrezas sociales y utilizar técnicas de trabajo. Después del juego, los alumnos conocen términos sobre el tema del comité de empresa y pueden asignarlos a las definiciones, saben cuál es la principal tarea del comité de empresa, pueden traducir del francés temas importantes del comité de empresa y conocen cuáles son los requisitos para constituir un comité de empresa. En cuanto a las destrezas sociales, pueden cooperar entre sí y mantener una comunicación eficaz. Para terminar, tienen que desarrollar técnicas de trabajo, ya que tienen que investigar en internet sobre afirmaciones y clasificarlas como correctas o incorrectas. Además, los estudiantes demuestran si son capaces de lidiar con un límite de tiempo. Los estudiantes pueden tomar sus propias decisiones sobre cómo obtener la información que necesitan. Así prueban si son capaces o no de trabajar independientemente y sin instrucciones concretas del profesorado.

5.2.2. Creación del escape game

Para crear el material educativo, en el presente trabajo se utilizó el sitio *https://genial.ly/*. Se trata de una herramienta en línea con la cual, de manera gratuita, los profesores pueden crear contenidos interactivos, tales como presentaciones, infografías, imágenes interactivas, *quizzes* y gamificaciones, como *escape rooms*. Para eso existen plantillas que ayudan al profesorado a crear el juego de la manera más rápida. Se han creado diferentes diapositivas, cada una de ellas protegida por una contraseña, ya que *genial.ly* permite introducir una contraseña en cada página. Los estudiantes reciben dichas claves al resolver acertijos. A lo largo de la creación del *escape game* se utilizó la herramienta *learningapps.org* que, de manera intuitiva, permite crear material interactivo en línea. Como herramienta digital adicional, también se utilizó el portal de vídeos YouTube para enlazar un vídeo. Para terminar, también se pensó en una historia que acompañara a los alumnos a través del juego.

5.2.3. Estructura y procedimiento del escape game

La profesora dividió a los alumnos en grupos de tres personas. Para evitar que los alumnos trabajaran individualmente, solo tenían un portátil por grupo. Sin embargo, también se les permitió utilizar sus dispositivos móviles. En total, los estudiantes tenían una hora para lograr el objetivo. Después de que la profesora explicara a los alumnos que iban a jugar a un *escape room*, simplemente les dio el enlace y el juego comenzó.

A continuación, se explica qué etapas existen en el presente material educativo. Al principio del juego, en la primera diapositiva, se les comunica a los alumnos que son compañeros de trabajo y que trabajan en condiciones precarias y que están descontentos con su empresa. Ahora la dirección de empresa también quiere despedir a un gran número de empleados. Para evitarlo, se supone que deben encontrar el camino hacia el comité de empresa. La siguiente diapositiva del *escape game* muestra una foto a vista de pájaro de la empresa. En dicha foto se pueden reconocer cuatro habitaciones marcadas y todas están codificadas con una contraseña. Los estudiantes tienen que resolver los rompecabezas, luego obtienen un código y lo utilizan para acceder a la siguiente sala. Al principio del juego, los alumnos hacen clic en el símbolo de la llave que ven en la diapositiva de entrada. Allí encuentran el primer rompecabezas. Consiste en que emparejen palabras con *learningapps.com* con las definiciones adecuadas. Una vez hecho esto, reciben el siguiente código - 1997 - que se deberá introducir para llegar a la sala 1. Una vez allí, reciben una breve explicación del término "comité de empresa" y hacen clic en el símbolo de la llave que les presenta el siguiente puzle. Un gráfico muestra los principales problemas de los comités de empresa en Alemania. La tarea de los jugadores es sumar las cifras de las siguientes categorías: formación continua, horas extras, condiciones de trabajo de los empleados mayores y contratos de trabajo indefinidos. Sin embargo, solo se les proporcionan los términos en francés, por lo que los estudiantes deben buscar las traducciones adecuadas. Cuando suman el resultado, obtienen el código 244. En la siguiente sala, los alumnos vuelven a encontrar su tarea haciendo clic en un símbolo. Aquí, los alumnos responden ahora a preguntas cuyas respuestas son números. Pueden utilizar el vídeo enlazado o hacer su propia investigación en internet. El código de la sala 3 es entonces el 22. Una vez en la sala 3, los alumnos intentan conseguir un código de 6 dígitos. Ven una tabla con afirmaciones que los alumnos deben clasificar como verdaderas o falsas. Por ejemplo, si deciden que la frase 1 es correcta, reciben un 1 como el primer dígito. Si hubieran decidido que la sentencia era incorrecta, habrían recibido el dígito 2. Con las seis frases se obtiene un código de seis dígitos. El resultado correcto es 145723. En la última sala, la 4, los alumnos consiguen reunirse con su jefe. Al hacer clic en la persona de la foto, aparece una pregunta. Aparecen un total de tres preguntas cuyas soluciones son 1a, 2c, 3a. En cuanto los alumnos seleccionan las respuestas correctas, llegan a la última diapositiva.

En esta última diapositiva, los alumnos reciben la felicitación y la buena noticia de que han conseguido formar un comité de empresa y que por fin pueden discutir con su jefe.

6. RESULTADOS

El estudio realizado mostró que el 78,6 % de los estudiantes se consideraba más motivado durante el *escape room* que durante una clase cotidiana. El 21,4 %, sin embargo, consideró que no había cambiado nada en su motivación. A nadie le pareció desmotivador el *escape room*. El alto nivel de motivación se podía ver también en el siguiente hecho: el 85,8 % de los estudiantes aclara que estaría dispuesto a jugar ese juego en su tiempo libre fuera del contexto universitario. Los resultados de la encuesta también coinciden con las observaciones de la profesora. Se percibió a los estudiantes con mayor interés, ya que después del juego tuvieron muchas preguntas sobre el comité de empresa.

En el presente experimento se confirmó por lo tanto que el *escape room* fue motivador. Sin embargo, también fue posible explicar en partes por qué el juego tiene un efecto positivo en las actitudes de los estudiantes. Para eso queremos comparar los resultados del experimento con las teorías de la motivación. En principio se analiza cómo en el sondeo se muestran los tres factores de Deci, Olafsen y Ryan (2017) mencionados en el marco teórico: vinculación, competencia y autonomía. Cuando nos fijamos en el componente de vinculación, podemos ver que se cumple completamente en el juego. Los alumnos están en grupos que resuelven una tarea y superan un reto juntos. Esto se confirma en la encuesta: 100 % de los estudiantes se sentían conectados con los miembros de su grupo. A continuación, también se destacó el factor de la autonomía. En el sondeo, el 78,6 % de los estudiantes dijo que se sentía autónomo. Esta cifra se puede deber al hecho de que los alumnos pueden elegir de forma autónoma las estrategias de seguir avanzando en el juego. Por ejemplo, pueden decidir si quieren ver un vídeo o hacer su propia investigación por internet. Sin embargo, el *escape room* está bastante cerrado. Los estudiantes no pueden elegir el orden de los rompecabezas y están fuertemente guiados por las especificaciones. Como se describe en el marco teórico, la sensación de aumento de la competencia también da un impulso de energía y motiva. Los alumnos logran esta sensación cuando el código que han descifrado es correcto y se abre una nueva puerta. Por lo tanto, tienen una sensación de avanzar. El 71,2 % de los estudiantes confirmaba en la encuesta, que tenían la sensación de avanzar. Sin embargo, la falta de la sensación de haber avanzado se puede deber a que las tareas fueron consideradas demasiado fáciles: 57,1 % las consideraba más bien fáciles, y un 7,1 % demasiado fáciles.

La importancia de los objetivos claros, tal y como lo subrayan Locke y Latham (2019), también es evidente en el *escape room*. Los estudiantes tienen un objetivo ficticio: quieren superar las precarias condiciones de su empresa y enfrentarse a su jefe. En la encuesta, el 100 % de los estudiantes dijo que tenía un objetivo claro.

Además, se tiene que destacar la teoría del estado de flujo. Csikszentmihalyi (1990, p. 74) lo describe como una "sensación de descubrimiento que transporta a la persona a una nueva realidad". Este concepto se observó también en el juego: el 100 % de los estudiantes, de hecho, encontró motivador sumergirse en otro mundo.

La encuesta también preguntaba por la motivación de las distintas tareas. Las tareas 1, 2 y 3 fueron calificadas como especialmente positivas. Es posible que haya una relación con el hecho de que las tareas sean más cortas. Esto también está en consonancia con la tesis de que los alumnos necesitan una retroalimentación lo más rápida y frecuente posible. En estas tareas cortas, los alumnos pudieron percibir que el desarrollo de su competencia lingüística fue además más fácil de desarrollar que en los ejercicios más largos.

7. CONCLUSIONES Y RECOMENDACIONES

En resumen, podemos ver que el *escape room* aborda las necesidades psicológicas básicas. En el experimento el juego proporciona a todos los jugadores una sensación de vinculación al trabajar juntos para superar un reto. La mayoría de los estudiantes pudo percibir una mayor sensación de autonomía. Podían elegir entre diferentes técnicas de conseguir información. También se observó que, para la mayoría de los jugadores, el juego transmite competencia, porque los alumnos ven que avanzan en una historia y progresan. Como se descubrió, la indicación de un objetivo claro también tiene un efecto motivador. Por último, también se observa que los estudiantes entraron en un estado de flujo, es decir se sumergieron en otro mundo. El hecho de entrar a otra realidad lo clasifican como motivador y, por lo tanto, trabajan más centrados y concentrados.

Para el profesorado, la recomendación es asegurarse de que las necesidades básicas mencionadas estén cubiertas. El factor de la vinculación se cumple cuando los alumnos colaboran eficazmente en un grupo, por lo que el juego no debe hacerse de forma individual. Una sensación de aumento de competencia se logra a través de la retroalimentación y los códigos que abren nuevas puertas. Se debería evitar la retroalimentación negativa y fijarse en despertar sentimientos de felicidad. Se pudo comprobar que esto se consigue mejor a través de tareas cortas con una retroalimentación inmediata. La autonomía se consigue permitiendo a los alumnos la mayor libertad posible. Por ejemplo, los profesores pueden dejar abierto el orden de los rompecabezas u ofrecer dos rompecabezas diferentes para alcanzar un código. Los alumnos además deben tener objetivo claro para el *escape room*, aunque sea ficticio. También es aconsejable incluir una narrativa, ya que esto sumerge aún más a los estudiantes en la actividad lúdico-educativa y hará más probable que se metan en el estado de flujo. El presente trabajo puede, por lo tanto, aportar algunas ideas sobre el funcionamiento de un *escape room* y explicar su éxito. A la cuestión de partida de nuestra investigación "¿Por qué un *escape room* puede ser motivador?" se puede contestar lo siguiente: la motivación de las personas aumenta a través de los conceptos de autonomía, competencia, vinculación, el establecimiento de un objetivo claro y el estado de flujo.

Cuando los profesores tienen estos factores en cuenta, están mejor preparados para ayudar a sus estudiantes y facilitarles un material educativo que asegure un éxito de aprendizaje. Se quiere destacar que los conocimientos descritos en el presente trabajo también se deberían reflexionar juntos con los alumnos en clase. Se deberían transmitir a los estudiantes las teorías de la motivación y discutirlas con ellos. Esto puede ser decisivo y una ventaja cuando quieran automotivarse a lo largo de sus estudios.

Se quiere destacar también que se recomienda claramente incluir un *escape room* en las clases universitarias. Esto puede ser aún más fácil si utilizamos los materiales en línea que son recursos educativos abiertos, es decir, que están disponibles para cualquier profesor. Así, se recomienda crear *escape games* digitales y facilitar la difusión de dichos materiales de manera que los profesores puedan colaborar eficazmente entre ellos.

8. REFERENCIAS

Beard, K. S. y Csikszentmihalyi, M. (2015). Theoretically speaking: An interview with Mihaly Csikszentmihalyi on Flow Theory Development and its usefulness in addressing contemporary challenges in education. *Educational Psychology Review, 27*(2), 353–364. http://www.jstor.org/stable/43548480

Csikszentmihalyi, M. (1990). *Flow: The psychology of optimal experience.* Harper & Row.

Deci, E.L., Nezlek, J. y Sheinman, L. (1981). Characteristics of the rewarder and intrinsic motivation of the rewardee. *Journal of Personality and Social Psychology, 40*(1), 1–10. https://doi.org/10.1037/0022-3514.40.1.1

Deci, E., Olafsen, A. y Ryan, R. (2017). Self-Determination Theory in Work Organizations: The State of a Science. *Annual Review of Organizational Psychology and Organizational Behavior, 4,* 19–43. https://doi.org/10.1146/annurev-orgpsych-%20032516-113108

Deterding, S., Dixon, D., Khaled, R. y Nacke, L.E. (2011). From game design elements to gamefulness: defining "gamification". Proceedings of the 15th International Academic MindTrek Conference: Envisioning Future Media Environments. ACM. https://doi.org/10.1145/2181037.2181040

Locke, E.A. y Latham, G. P. (2019). The development of goal setting theory: A half century retrospective. *Motivation Science, 5*(2), 93–105. https://doi.org/10.1037/mot0000127

Nakamura, J. y Csikszentmihalyi, M. (2009). Flow theory and research. *Handbook of positive psychology*, 195–206. Oxford University Press.

Nicholson, S. (2015). *Peeking behind the locked door: A survey of escape room facilities.* Disponible en http://scottnicholson.com/pubs/erfacwhite.pdf

Ryan, R. y Deci, E. (2000). Intrinsic and Extrinsic Motivations: Classic Definition and New Directions. *Contemporary Educational Psychology. 25*, 54–67. https://doi.org/10.1006/ceps.1999.1020

Sánchez-Martín, J., Corrales-Serrano, M., Luque-Sendra, A. y Zamora-Polo, F. (2020). Exit for success. Gamifying science and technology for university students using escape-room. A preliminary approach. *Heliyon, 6.* https://doi.org/10.1016/j.heliyon.2020.e04340

Wolf, T., Weiger, W. H. y Hammerschmidt, M. (2018). Gamified digital services: How gameful experiences drive continued service usage. En *Proceedings of the Annual Hawaii International Conference on System Sciences* Vol. 2018-January, 1187–1196. IEEE Computer Society. https://doi.org/10.24251/hicss.2018.147

Zarco Claudio, N., Machancoses, M. y Fernández Piqueras, R. (2020). La eficacia de la *escape room* como estrategia de motivación, cohesión y aprendizaje de matemáticas en sexto de educación primaria. *Edetania. Estudios y propuestas socioeducativas, 56,* 23–42. https://doi.org/10.46583/edetania_2019.56.507

Tamara Aller Carrera
Instituto Politécnico de Bragança (Portugal)

Capítulo XXI: Las habilidades digitales de los profesores de ELE para el desarrollo de la competencia comunicativa digital

1. INTRODUCCIÓN

Con al advenimiento de las tecnologías de la información y la comunicación (TIC) el perfil profesional de los docentes de lenguas extranjeras ha experimentado en las últimas décadas importantes cambios, puesto que ha tenido que adaptar sus competencias generales del saber, del saber hacer, y del saber ser y estar, generalmente conocimientos y habilidades analógicas, a las nuevas demandas del nuevo paradigma educativo digital.

Asimismo, el insólito contexto pandémico ocasionado por la emergencia de la COVID-19 provocó el traslado repentino y obligatorio de las prácticas pedagógicas a la enseñanza a distancia y virtual, lo que cambió de forma insoslayable el contexto de comunicación dentro de las aulas. En este sentido, como señala Celis Sánchez (2017), "las redes telemáticas y la generalización de internet y el lenguaje hipertextual, han propiciado un nuevo tipo de comunicación no lineal y no secuencial" (p. 183). Se presenta, de este modo, un intercambio lingüístico mediado por el uso exclusivamente tecnológico y con especificidades propias como son la interoperabilidad, la comprensibilidad de los contenidos, la hipertextualidad y la multimodalidad; es decir, hablamos de materiales didácticos en formato digital, amalgamados en un único entorno, accesibles desde distintos dispositivos, comprimidos en diferentes tipos de recursos, ya sean textuales, gráficos o audiovisuales, y con posibilidades exploratorias a través de la inserción de hipervínculos a otros recursos o actividades interactivas.

Por consiguiente, este trabajo de investigación, integrado en la tesis doctoral de la autora de este artículo, "La competencia digital al servicio de la enseñanza-aprendizaje de lenguas extranjeras: formación docente hacia una nueva forma de saber hacer en digital" (2021), está destinado a describir los conocimientos y las competencias que deben formar parte de los diferentes pilares del conocimiento tecnológico, o, dicho de otro modo, de los saberes en digital.

Así pues, a lo largo de este artículo se abordará el concepto de poliglotismo digital, el cual hace referencia a los diferentes lenguajes que cohabitan en la web, los cuales son necesarios para que se produzca una comunicación tecnológica efectiva. Se resaltará la importancia de la adquisición y desarrollo de la competencia comunicativa digital en todos sus componentes —lingüística digital, sociolingüística digital, sociocultural digital, discursiva digital y estratégica digital— como requisito indispensable para poder transformar y adaptar las prácticas tradicionales a la enseñanza virtual y a distancia. Finalmente, y desde una dimensión cívica, se tratará el tema de las actitudes y los comportamientos tecnológicos más comunes que suelen manifestar los docentes sobre la utilización e implementación de herramientas y aplicaciones digitales en sus prácticas pedagógicas, así como los posibles efectos negativos que pueden provocar debido a un uso inadecuado y poco controlado.

2. LOS SABERES DIGITALES

La inclusión de las tecnologías digitales dentro del entorno profesional y ahora inherente a la función docente de los profesores de lenguas extranjeras ha inducido a una mutación sistemática de las metodologías y prácticas didácticas. De ahí, como refiere Aller (2021), "la gran importancia de operacionalizar los grandes pilares del conocimiento, el saber, el saber hacer y el saber ser y estar, derivados de la profesionalización y de la experiencia pedagógica, hacia una aplicación orientada al ámbito tecnológico-digital" (p. 129). En este sentido, se considera que los docentes han de ser capaces de adquirir y desarrollar capacidades y competencias digitales, las cuales les permitan la transformación permanente de los ambientes de aprendizaje a través de la introducción y aplicación de prácticas didácticas que integren el uso de las tecnologías digitales.

Como plantea Torres (2011), estas competencias digitales deben estar enfocadas a las tres dimensiones del saber, esto es, deben abarcar tanto cuestiones tecnológicas instrumentales como temas sociopragmáticos y cívicos:

1. Dimensión instrumental (saber). Esta competencia se centra en la adquisición de los diferentes lenguajes digitales, y el manejo de distintas herramientas digitales educativas para su operacionalización dentro de los entornos virtuales.
2. Dimensión sociopragmática (saber hacer). Se relaciona con la capacidad de desarrollar habilidades de búsqueda, gestión y consumo crítico de información; deben aprender a comunicarse en entornos digitales, y ser capaces de producir y editar contenidos educativos y materiales didácticos digitales.
3. Dimensión cívica (saber ser y estar). Esta dimensión se enfoca en el desarrollo tanto de competencias existenciales como comportamentales, entre las cuales se encuentran:

- Habilidades actitudinales (motivación, gestión de emociones y actitudes ante las tecnologías).
- Conocimiento de deberes y responsabilidades éticas (gestión de la identidad digital y responsabilidad con la información).
- Responsabilidades legales (gestión de la privacidad y derechos de autor).

2.1. El saber digital

El saber en digital, incluido dentro de la dimensión instrumental, hace referencia a los conocimientos declarativos o proposicionales que deben adquirir los docentes sobre las tecnologías digitales, es decir, la capacidad de comprender, conocer y descubrir diversos tipos de herramientas tecnológicas digitales destinadas al desarrollo profesional como pueden ser:

- Programas ofimáticos, hojas de cálculo, bases de datos, sistemas informáticos para el almacenamiento y la gestión de la información, entre otros.
- Plataformas educativas para la creación de entornos virtuales necesarios para la organización de los contenidos y las actividades tanto en cursos en modalidad a distancia, híbridos o como complemento a la docencia presencial.
- Aplicaciones digitales de acción pedagógica, destinadas al diseño y a la creación de actividades didácticas interactivas.
- Sistemas para la comunicación y socialización dentro de los entornos digitales para la creación de comunidades virtuales y redes de aprendizaje y colaboración.

Sin embargo, para alcanzar el dominio técnico e instrumental de estas herramientas es necesario que el docente esté familiarizado con los diferentes lenguajes digitales que transitan por el ciberespacio.

Según Manovich (2006), el lenguaje digital o el lenguaje de los nuevos medios es toda la información que es distribuida a través de las pantallas, lo que permite, de este modo, la comunicación digital. Como refiere Aladro Vico (2017):

> Los lenguajes verbal, gestual, mediático (asociado a retóricas, estilos y formas de medios, herramientas y tecnologías), kinestésico (asociado al cuerpo, a los lenguajes gestuales y a las experiencias orientacionales, sensoriomotoras, etc.), procedentes de distintas pragmáticas culturales, que constituyen la base alfabetizante universal del lenguaje de los nuevos medios, son traducidos y simulados, citados y encastrados, en el sistema de señales digital constituido por el conjunto de los textos digitales. (p. 82)

Así pues, las tecnologías digitales funcionan gracias a diferentes interfaces de *software*, que generan, así, una amplia variedad de códigos semióticos que permiten la comunicación a través de contenidos hipertextuales, audiovisuales, sonoros, sociales o de programación, como se muestra en la Figura 1.

Figura 1: Lenguajes digitales

2.2. El saber hacer en digital

El saber hacer en digital implica la movilización, la aplicación y la integración de los conocimientos y los saberes tecnológicos en situaciones de uso específicas. Por consiguiente, este saber sociopragmático se relaciona con la adquisición y la mejora de las destrezas y las competencias digitales de los docentes en todas las áreas de desarrollo propuestas en el *DigCompEdu: Marco Europeo para la*

Competencia Digital de los Educadores (Redecker, 2020). Este trabajo elaborado por el Centro Común de Investigación de la Comisión Europea en el 2017 tuvo como fin proporcionar y describir una serie de instrumentos de autoevaluación y programas de capacitación competencial para el desarrollo de las competencias digitales de los docentes.

Así pues, este marco actúa como un documento regulador, cuya finalidad se centra en divulgar el potencial que presentan las tecnologías digitales en la mejora y en la innovación de la educación. El DigCompEdu propone, de este modo, veintidós competencias principales, las cuales se encuentran organizadas en seis áreas de desarrollo, como se presenta en la Tabla 1.

Tabla 1. Áreas y subcompetencias del DigCompEdu (2020)

Área 1: Compromiso Profesional	1.1 Comunicación de la organización. 1.2 Colaboración profesional. 1.3 Práctica reflexiva. 1.4 Desarrollo profesional continuo digital.
Área 2: Recursos Digitales	2.1 Selección de recursos digitales. 2.2 Creación y modificación de recursos digitales. 2.3 Administrar, proteger y compartir recursos digitales.
Área 3: Pedagogía Digital	3.1 Enseñanza. 3.2 Guía. 3.3 Aprendizaje colaborativo. 3.4 Aprendizaje autodirigido.
Área 4: Evaluación y Retroalimentación	4.1 Estrategias de evaluación. 4.2 Analizar pruebas. 4.3 Retroalimentación y planificación.
Área 5: Empoderar a los Estudiantes	5.1 Accesibilidad e inclusión. 5.2 Diferenciación y personalización. 5.3 Participación de los estudiantes.
Área 6: Facilitar la Competencia Digital de los Estudiantes	6.1 Información y alfabetización mediática. 6.2 Comunicación y colaboración digital. 6.3 Creación de contenido digital. 6.4 Bienestar. 6.5 Solución digital de problemas.

Fuente: https://ec.europa.eu/jrc/en/digcompedu

A través de este marco se determinan los pilares fundamentales de la competencia pedagógica digital de los docentes, pero desde una perspectiva generalista de la educación. Sin embargo, si tenemos en cuenta las especificidades y las características idiosincrásicas que implica la enseñanza de una lengua extranjera, consideramos que el desarrollo de la competencia digital de los docentes de lenguas debe ser analizado desde una perspectiva más individualizada.

A este respecto, es importante referir que la enseñanza-aprendizaje de una lengua extranjera se centra en la transmisión de todos los componentes de descripción lingüística por antonomasia (gramática, léxico, fonética y semántica). No obstante, estas habilidades lingüísticas básicas se orientan exclusivamente hacia un fin, la comunicación. Por lo tanto, la enseñanza-aprendizaje de una lengua extranjera también se orienta a la capacitación del alumno en la producción y comprensión de textos orales y escritos adecuados a situaciones específicas de interacción comunicativa dentro una determinada comunidad de habla.

En el contexto que nos ocupa en particular, nos enfocamos en los actos e interacciones comunicativas a través de comunidades virtuales, o, dicho de otro modo, a la capacidad de utilizar la lengua en situaciones concretas de comunicación digital, lo cual implica, de este modo, el desarrollo implícito de la competencia comunicativa digital, la cual, según Torres (2011), se entiende como la capacidad de comunicarse de manera eficaz y adecuada dentro de los diferentes entornos digitales.

A este respecto, como menciona Aller (2021), "se relaciona con los procesos de escuchar y leer, así como la producción de textos orales y escritos, es decir, hablar y escribir a través de dispositivos digitales" (p. 146), por lo que se integran así todas las competencias comunicativas de la lengua: lingüística, sociolingüística, sociocultural, discursiva y estratégica, pero encuadradas en el ámbito digital.

2.2.1. Competencia lingüística digital

La competencia lingüística digital hace referencia a la capacidad de interpretar y producir enunciados correctos en entornos digitales. Por tanto, implica el uso adecuado tanto de las reglas gramaticales como el dominio del léxico, la fonética y la formación de palabras y oraciones.

Atendiendo a esta dimensión de la lengua, las tecnologías lingüísticas o tecnologías del lenguaje (TL) proporcionan una gran variedad de aplicaciones informáticas destinadas a analizar, interpretar, comprender, producir y describir el funcionamiento del lenguaje. Estas herramientas y programas informáticos, según Moure y Llisterri (1996), se pueden clasificar en tres grupos diferenciados: las tecnologías de texto, las tecnologías del habla y los recursos estilísticos.

1. Tecnologías de texto: son aquellas herramientas que están relacionadas con la lengua escrita por medio de la ejecución de algún tipo de análisis lingüístico. Son pues las herramientas que ofrecen ayuda en la redacción de textos, ya sea mediante la verificación lingüística automática o la rectificación de errores ortográficos o gramaticales. También se incluyen aquí aquellas herramientas que permiten emular actos comunicativos escritos. Algunas herramientas que integran este grupo son las siguientes:
   a. Herramientas de ayuda a la escritura.
      i. Ortógrafos o correctores ortográficos.
      ii. Correctores gramaticales.
      iii. Traductores.
      iv. Revisores de estilo: analizadores de textos destinados a la localización de problemas de tipo textual o estilístico como el uso incorrecto de marcadores discursivos, errores en la puntuación o repetición de palabras.
      v. Buscadores de sinónimos y antónimos.
   b. Herramientas de análisis lingüístico.
      i. Acentuadores.
      ii. Conjugadores de verbos.
      iii. Masculinizadores o feminizadores de palabras.
      iv. Flexionadores y lematizadores: aplicaciones informáticas que extraen la raíz de una palabra mediante la separación de los morfemas derivativos o flexivos.
      v. Silabeadores.
      vi. Singularizadores y pluralizadores.
      vii. Analizadores morfosintácticos y morfológicos.
      viii. Catalogadores de neologismos.
   c. Sistemas conversacionales de texto.
      i. *Chatbots*: programas capaces de mantener una conversación de texto a través de un chat de manera rápida e instantánea.

2. Tecnologías del habla: estas herramientas tienen como finalidad la comunicación oral entre las personas y los ordenadores o dispositivos móviles. Estas pueden ser las siguientes:
   a. Herramientas de síntesis del habla, las cuales permiten convertir el código escrito en señales sonoras del habla inteligibles a través de programas conversores de texto a voz.

   b. Herramientas de reconocimiento del habla. Programas capaces de transformar un enunciado oral en texto como los sistemas de dictado automático presentes en los dispositivos móviles.
   c. Sistemas conversacionales de habla. Aplicaciones que posibilitan la comunicación oral entre personas y máquinas a través de *chatbots* de voz como son los asistentes personales de inteligencia artificial.
3. Recursos estilísticos: son herramientas que proporcionan datos sobre la lengua, en donde se encuentran, principalmente, los corpus, glosarios, gramáticas en línea, diccionarios electrónicos, manuales digitales y bibliotecas virtuales, entre otros.

2.2.2. Competencia sociolingüística digital

Vinculada a la competencia comunicativa digital también se encuentra la competencia sociolingüística digital, es decir, la capacidad de usar la lengua teniendo en cuenta las normas sociales establecidas en las relaciones personales, así como, la atención a las convenciones sociales de interacción.

La web, como puente de conexión entre diferentes hablantes y culturas, facilita el contacto directo entre comunidades de hablantes de distintas lenguas. En estos contextos virtuales, como afirma Pérez Aguilar (2017), se producen factores variables como pueden ser la situación de los hablantes y la relación que mantienen, las intenciones del acto comunicativo, el evento comunicativo y las normas y convenciones de interacción que lo regulan. En este sentido, según Fernández, Yáñez y Kyamill (2015), el conocimiento de las reglas de cortesía, el lenguaje adecuado, las respuestas inmediatas, las reglas de intervención y el uso ético de la información permiten regular de forma efectiva las interacciones dentro de los espacios virtuales. A este respecto, Palazzo (2009) señala:

> Los participantes jóvenes de una conversación de chat están adecuados al género discursivo (conversación *online*), considerando un nivel sociolingüístico cuyo registro se caracteriza, por ser coloquial y preferentemente antinormativo. Por tanto, ponen en juego la competencia sociolingüística, que se caracteriza por la adecuación del discurso a los factores que intervienen en la situación de enunciación. Esto les permite interpretar y usar el significado social de la variedad coloquial. (p. 14)

Por consiguiente, las interacciones lingüísticas virtuales que se realizan a través de las diferentes herramientas de comunicación virtual, tales como el correo electrónico, las redes sociales, los mensajes de voz, los chats, las plataformas educativas, las wikis, los blogs, los programas de videoconferencia y las pizarras o muros virtuales implican el conocimiento y el uso de normas que rigen la utilización social de la lengua en contextos digitales.

2.2.3. *Competencia sociocultural digital*

Estrechamente relacionada con la competencia sociolingüística se encuentra la competencia sociocultural, es decir, las pautas culturales que regulan los usos sociolingüísticos adecuados en función del contexto en el que se producen.

La cibersociedad, entendiéndola como un espacio social que se comunica virtualmente, también se rige por unas normas de conducta. A estas reglas básicas de comportamiento y aceptadas por la comunidad de usuarios, se les denomina *netiqueta*, concepto que hace referencia al "conjunto de normas dictadas por la costumbre, la experiencia y el sentido común que define las reglas de urbanidad y buena conducta que deberían seguir los usuarios de internet en sus relaciones con otros usuarios" (Corbacho, 2005, p. 603). Estas normas de conducta, en palabras de Cordero (2011), recogen aspectos como el respeto, la utilización moderada de emoticonos, el cuidado con las reglas de ortografía, el uso excesivo de abreviaturas, el empleo inadecuado de mayúsculas, el cumplimiento de los derechos de autor y la aplicación de las licencias de reproducción intelectual.

Se trata de pautas comportamentales que se considera que los docentes deben establecer en cada uno de los espacios de interacción virtual que utilizan con los alumnos.

A continuación, se muestra el ejemplo de una *netiqueta* (Figura 2) referente a las normas de conducta que deben mantener los alumnos durante las sesiones de videoconferencia.

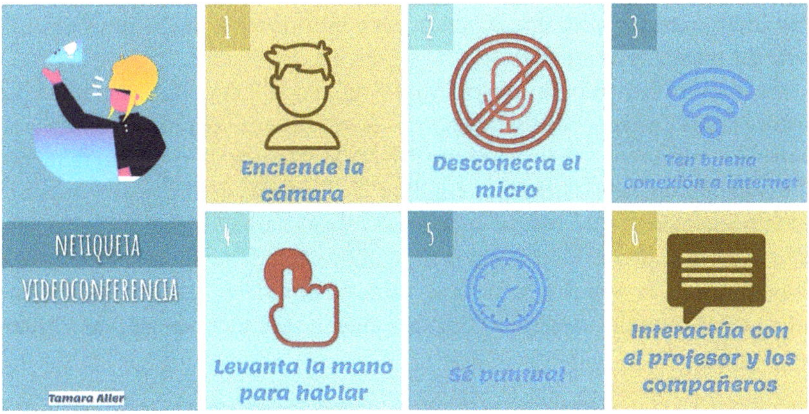

Figura 2: Netiqueta: sesiones de videoconferencia

2.2.4. Competencia discursiva digital

La competencia discursiva digital está relacionada con la capacidad de producir textos orales o escritos coherentes y cohesivos, respetando, para ello, las especificidades del género al que pertenezca. El escenario digital, donde el teclado es utilizado de manera activa para la escritura, posee especificaciones propias, lo que da lugar a géneros discursivos cibernéticos o ciberlectos (Farías, 2003), en donde se encuentran el correo electrónico, los discursos que circulan por la blogosfera, los textos que transitan por los foros de debate, los mensajes de los chats y los mundos virtuales.

Ante esta nueva escritura electrónica, la competencia discursiva digital se ocupa de identificar y describir los fenómenos y características lingüísticas que aparecen en los géneros digitales caracterizados, generalmente, por la coloquialización, la espontaneidad, la inmediatez, la economía lingüística, la intensificación de la lengua oral, la brevedad, la fragmentación de párrafos y la hipertextualidad (Rodríguez, 2009). Un ciberdiscurso que, como subraya Pérez Aguilar (2017), se construye a través de formas socialmente heterodoxas, antinormativas, pero adecuadas y reguladas por el género y la situación comunicativa.

2.2.5. Competencia estratégica digital

El último componente que integra la competencia comunicativa digital es la competencia estratégica digital, es decir, las acciones que son seleccionadas para poder mejorar el aprendizaje de una lengua extranjera. Para poder atender a las carencias, limitaciones y necesidades lingüísticas y comunicativas de los alumnos, es necesario que el docente sea capaz de identificar y seleccionar diferentes tipos de estrategias mediante la aplicación e introducción de distintos tipos de recursos y medios de aprendizaje.

En cuanto a la tipología de estrategias y siguiendo la propuesta realizada por Oxford (2003), estas pueden ser directas —memorísticas, cognitivas y compensatorias— e indirectas —metacognitivas, afectivas y las sociales—. Generalmente, el desarrollo de estas estrategias conlleva la ejecución de acciones y procedimiento analógicos, sin embargo, atendiendo al escenario estratégico digital también se pueden desenvolver a través de la utilización de múltiples herramientas disponibles en la web. En la Tabla 2, vamos a enumerar algunas sugerencias, orientaciones e indicaciones de cómo aprender a aprender con medios y recursos digitales.

Tabla 2: Estrategias con medios y recursos digitales

Estrategias Directas		**Estrategias Indirectas**	
Memorísticas	Mapas semánticos Mapas visuales Nubes de palabras *Flashcards* Tarjetas de vocabulario	**Metacognitivas**	*Quizzes* Actividades interactivas Vídeos interactivos
Cognitivas	Infografías Imágenes interactivas Murales gráficos Memes *Gifts* educativos	**Afectivas**	Insignias o medallas digitales
Compensatorias	Procesadores de texto Traductores Diccionarios en línea Correctores gramaticales Ortógrafos Buscadores de sinónimos y antónimos Conjugadores verbales	**Sociales**	Herramientas colaborativas en la nube Pizarras virtuales

2.3. El saber ser y estar en digital

El saber ser y estar en digital se encuentra relacionado con la competencia existencial y la competencia comportamental dentro del ecosistema digital. Por tanto, ambos saberes recogen aspectos como son los valores, las creencias, las actitudes, las pautas de comportamiento y las motivaciones que debe poseer el docente con respecto al uso de las tecnologías digitales.

Siguiendo la línea de pensamiento de Arnold (2006), las buenas prácticas pedagógicas no dependen solo de los medios, materiales y metodologías empleadas durante el proceso instructivo sino que también afectan al dominio afectivo y al aspecto conductual, ya que la predisposición y los estados emocionales que manifiesten los docentes hacia el uso y aplicación de las tecnologías dentro del contexto educativo influirán en su comportamiento profesional.

Por este motivo, los saberes digitales no dependen exclusivamente en la adquisición y el desarrollo de conocimientos cognitivos, de hecho, "el uso de herramientas de software no asegura que automáticamente adquieran la capacidad de integrar las tecnologías de la información en el proceso de enseñanza-aprendizaje" (Fuentes Esparrell y Ortiz Gómez, 2004, p. 39). La herramienta tecnológica no se puede considerar como el fin en sí mismo, sino como el medio para alcanzar ese fin.

Estudios sobre los estados afectivos y conductuales que suelen revelar los docentes hacia las tecnologías (Aparici, 2002; Tejedor, García-Valcárcel y Prada, 2009; Fuentes Esparrell y Ortiz Gómez, 2004) los sitúan en dos polos extremos. Por un lado, la actitud y el comportamiento *tecnofóbico*, manifestándose, en este estado, sentimientos de miedo y conductas de rechazo, al considerar los medios digitales como instrumentos antipedagógicos y por sus efectos destructivos en la educación.

En el polo opuesto se encuentra la actitud y el comportamiento de la *tecnolatría* o *tecnofilia*, en los cuales se revela, en este sentido, un sentimiento de idolatría tecnológica. Desde esta visión las tecnologías digitales se convierten en instrumentos capaces de promover una reforma educacional y, así, poder romper con el paradigma tradicional de la educación.

La controversia existente ante las tecnologías digitales exige de una visión crítica y ponderada. Por una parte, como plantea Aller (2021), las actitudes negativas manifestadas como la ansiedad, la amenaza al cambio, el rechazo a lo nuevo y la inseguridad pueden derivar de varios factores: falta de formación en el uso de las tecnologías dentro del campo educativo, falta de tiempo para integrarlas, ya que requieren de una formación específica y tiempo de dedicación, y reticencias sobre sus efectos en el aprendizaje. Por otra parte, desde la perspectiva *tecnofílica*, la deificación de las tecnologías, por ser consideradas la solución a todos los problemas pedagógicos, y el deseo incontrolable de utilizarlas en todas las prácticas didácticas, repercuten en que al final estas sean utilizadas no como el medio para alcanzar un objetivo de aprendizaje, sino como el fin y el eje central de la práctica pedagógica.

Esta antinomia, entre el rechazo irracional y la dependencia tecnológica, se debe contrarrestar mediante el sustento de una actitud neutral y equilibrada, es decir, de una actitud *tecnocrítica* (Román-Mendoza, 2018). Por lo que es, de este modo, necesario desterrar los fundamentalismos extremistas mediante ataques exacerbados y excesivas expectativas, con el fin de mantener una actitud reflexiva basada en el análisis racional y lógico que pueden aportar las tecnologías en la educación. Para ello, se deben examinar objetivamente tanto las limitaciones que engendran las tecnologías digitales como los beneficios que pueden aportar en las prácticas pedagógicas y en los procesos de enseñanza-aprendizaje.

Se defiende, de este modo, la complementariedad tecnológica para poder ser capaces de tomar decisiones conscientes sobre el uso adecuado y apropiado de una herramienta en cada área y componente de enseñanza. En este sentido, las tecnologías digitales deben entenderse y aplicarse de forma vinculada a las prácticas pedagógicas, excluyendo aquellas herramientas que no aportan mejoras significativas en el aprendizaje, y seleccionando aquellas que pueden encuadrarse mejor dentro de los objetivos de enseñanza. En definitiva, en la actualidad se considera imperativo que los docentes sean capaces de comprender las tecnologías para poder llegar a entender los proyectos pedagógicos con tecnologías.

3. CONCLUSIÓN

Este artículo se destina a reflexionar sobre el papel que ejercen las tecnologías digitales en la enseñanza de una lengua extranjera y de cómo estas han afectado de forma irrefutable a la profesionalización docente ya que, en la actualidad, a los docentes se les demanda la adquisición y el desarrollo de conocimientos y competencias tecnológicas que les permitan poder afrontar los cambios producidos por los nuevos contextos de virtualidad educativa.

En este contexto, para que el acogimiento de las tecnologías digitales se presente como un proceso plausible dentro de las experiencias y prácticas didácticas, el docente debe trasladar y redefinir sus competencias generales del saber (saber, saber hacer, saber ser y estar) al ámbito digital, es decir, adquirir conocimientos tecnológicos sobre los componentes que forman parte del escenario digital. Debe pues conocer herramientas específicas que se puedan utilizar para enseñar una lengua extranjera; ha de ser capaz de desarrollar habilidades prácticas de cómo utilizarlas en el desarrollo de la competencia comunicativa digital en todos sus componentes de enseñanza, y, por último, debe poder también desarrollar valores, creencias y actitudes que promuevan una utilización tecnológica reflexiva, crítica y pedagógicamente justificada.

En síntesis, se considera que los docentes de lenguas extranjeras, en su labor como profesores de idiomas y también de comunicación, deben conocer las características que subyacen en los medios de comunicación digital mediante el desarrollo de proyectos pedagógicos en donde las tecnologías estén planificadas y enmarcadas dentro de unas directrices didácticas claras y específicas. Asimismo, deben hacer un uso adecuado y justificado a través de postulados metodológicos bien definidos, y, por último, deben fomentar la elaboración de estrategias conducentes a la producción de nuevos contenidos que potencien los procesos de comunicación y el aprendizaje de una lengua extranjera.

4. REFERENCIAS

Aladro Vico, E. (2017). El lenguaje digital, una gramática generativa. *Cuadernos de Información y Comunicación, 22*, 79–94. https://doi.org/10.5209/CIYC.55968

Aller, T (2021). La competencia digital al servicio de la enseñanza-aprendizaje de lenguas extranjeras: formación docente hacia una nueva forma de saber hacer en digital [tesis doctoral, Facultad de Letras de la Universidad de Porto]. Repositorio Institucional UN. https://hdl.handle.net/10216/133048

Aparici, R. (2002). Mitos de la educación a distancia y de las nuevas tecnologías. *Revista iberoamericana de educación a distancia, 5* (1), 9–27. https://doi.org/10.5944/ried.5.1.1128

Arnold, J. (2006). Los factores afectivos en el aprendizaje del español como lengua extranjera. *Études de linguistique appliquée, 139*, 407–426.

Celis Sánchez, Á. (2017). El hipertexto o el nuevo espacio comunicativo multimodal. *Revista de Humanidades Digitales, 1*, 181–192. https://doi.org/10.5944/rhd.vol.1.2017.16675

Corbacho, J. M. (2005, noviembre 16–18). La netetiqueta [Presentación de comunicación]. *Congreso Internacional de Investigadores en Relaciones Públicas*, Universidad de Sevilla.

Cordero, Dyalá de la O (2011). Las normas de etiqueta en los medios electrónicos. *Investiga.TEC*, 12, 19–21. https://hdl.handle.net/2238/5146

Farías, M. (2003). El ciberlecto de las salas de chateo: ¿conversación escrita o escritura conversada? *Forma y Función, 21*, 347–360.

Fernández J. M., Yáñez, J. A. y Kyamill, E. (2015). Prácticas morales y normas de netiqueta en las interacciones virtuales de los estudiantes de educación secundaria. *Innovación educativa, 15* (69), 57–72.

Fuentes Esparrell, J. A. y Ortiz Gómez, M. del M. (2004). Una aproximación a la antinomia tecnofobia versus tecnofilia docente. *Publicaciones, 34*, 37–42. Recuperado de: https://revistaseug.ugr.es/index.php/publicaciones/article/view/2298

Manovich, L. (2006). *El lenguaje de los nuevos medios de comunicación: La imagen en la era digital.* Paidós Comunicación.

Moure, T. y Llisterri, J. (1996). Lenguaje y nuevas tecnologías: El campo de la lingüística computacional. En Fernández Pérez (Ed.), *Avanves en lingüística aplicada* 147–228. Servicio de Publicaciones e Intercambio Científico.

Oxford, R. (2003). Language learning styles and strategies: an overview. Learning Styles & Strategies, *GALA*, 1–25.

Palazzo, M. G. (2009). El ciberdiscurso juvenil: representaciones sociales del desconcierto, la censura y la aceptación. *Espéculo. Revista de Estudios Literarios, 41*. Recuperado de: http://www.ucm.es/info/especulo/numero41/ciber dis.html

Pérez Aguilar, M. I. (2017). Aproximación a la descripción de las prácticas de escritura vernácula en internet de estudiantes chilenos de enseñanza superior. *REXE: Revista de Estudios y Experiencias en Educación, 16* (30), 99–114. https://doi.org/10.21703/rexe.201730991145

Redecker, C. (2020) *Marco Europeo para la Competencia Digital de los Educadores: DigCompEdu.* (Trad. Fundación Universia y Ministerio de Educación y Formación Profesional de España). Secretaría General Técnica del Ministerio de Educación y Formación Profesional de España.

Rodríguez, J. R. (2009, septiembre 23–26). Ya tengo un blog. Géneros discursivos digitales en E/LE: entradas y comentarios. [Presentación de comunicación]. *FIAPE, III Congreso internacional: La enseñanza del español en tiempos de crisis*. Cádiz, España.

Román-Mendoza, E. (2018). *Aprender a Aprender en la era digital: Tecnopedagogía crítica para la enseñanza del español LE/L2*. Routledge.

Tejedor, F. J., García-Valcárcel, A. y Prada, S. (2009). Medida de actitudes del profesorado universitario hacia la integración de las TIC. *Comunicar: Revista científica iberoamericana de comunicación y educación, 17* (33), 115–124. DOI:10.3916/c33-2009-03-00

Torres, L. (2011, julio 1). Aprender a aprender. Competencia digital y entornos personales de aprendizaje [Presentación de comunicación]. *Congreso E-DUCA*, Universidad Autónoma de Barcelona.

Foreign Language Teaching in Europe

Edited by:
Manuel Jiménez Raya, Terry Lamb and Flávia Vieira

Vol. 1 Pamela Faber / Wolf Gewehr / Manuel Jiménez Raya / Antony Peck (Eds.): English Teacher Education in Europe. New Trends and Developments. 1999.

Vol. 2 Stephan H. Gabel: Über- und Unterrepräsentation im Lernerenglisch. Untersuchungen zum Sprachgebrauch deutscher Schülerinnen und Schüler in interkulturellen Telekommunikationsprojekten. 2000.

Vol. 3 Winfried Bredenbröker: Förderung der fremdsprachlichen Kompetenz durch bilingualen Unterricht. Empirische Untersuchungen. 2000.

Vol. 4 Manuel Jiménez Raya / Pamela Faber / Wolf Gewehr / Antony J. Peck (eds.): Effective Foreign Language Teaching at the Primary Level. 2001.

Vol. 5 Yvette Coyle / Mercedes Verdú / Marisol Valcárcel: Teaching English to Children - Interactivity and Teaching Strategies in the Primary FL Classroom. 2002.

Vol. 6 Markus Kötter: Tandem learning on the Internet. Learner interactions in virtual online environments (MOOs). 2002.

Vol. 7 Manuel Jiménez Raya / Terry Lamb (eds.): Differentiation in the Modern Languages Classroom. 2003.

Vol. 8 Kees van Esch / Oliver St. John (eds.): A Framework for Freedom. Learner Autonomy in Foreign Language Teacher Education. 2003.

Vol. 9 Kees van Esch / Oliver St. John (eds.): New Insights into Foreign Language Learning and Teaching. 2004.

Vol. 10 Manuel Jiménez Raya / Lies Sercu (eds.): Challenges in Teacher Development: Learner Autonomy and Intercultural Competence. 2007.

Vol. 11 Flávia Vieira (ed.): Struggling for Autonomy in Language Education. Reflecting, Acting, and Being. 2009.

Vol. 12 María Luisa Pérez Cañado / Juan Ráez Padilla (eds.): Digital Competence Development in Higher Education. An International Perspective. 2014.

Vol. 13 Michał B. Paradowski (ed.): Productive Foreign Language Skills for an Intercultural World. A Guide (not only) for Teachers. 2015.

Vol. 14 Manuel Jiménez Raya / José Javier Martos Ramos / Maria Giovanna Tassinari (eds.): Learner and Teacher Autonomy in Higher Education: Perspectives from Modern Language Teaching. 2017.

Vol. 15 Hermann Funk / Manja Gerlach / Dorothea Spaniel-Weise (eds.): Handbook for Foreign Language Learning in Online Tandems and Educational Settings. 2017.

Vol. 16 Manuel Jiménez Raya / Terry Lamb / Flávia Vieira: Mapping Autonomy in Language Education. A Framework for Learner and Teacher Development. 2017.

Vol. 17 José Mª Tejedor Cabrera / José Javier Martos Ramos / Leanarda Trapassi (eds.): Aplicaciones de la metodología Tándem en la formación universitaria. 2018.

Vol. 18 Manuel Jiménez Raya / Terry Lamb / Borja Manzano Vázquez (eds.): Insights into Language Education Policies. 2020.

Vol. 19 Emilee Moore / Claudia Vallejo (eds.): Learning English Out of School: An Inclusive Approach to Research and Action. 2021.

Vol. 20 Adrián José Acosta Jiménez / Avelino Corral Esteban / Yolanda García Hernández (eds.): Enseñar lenguas extranjeras después de la COVID-19. Análisis y propuestas metodológicas. 2022.

www.peterlang.com

www.ingramcontent.com/pod-product-compliance
Ingram Content Group UK Ltd.
Pitfield, Milton Keynes, MK11 3LW, UK
UKHW021822290926
8980IPUK00004B/214

9 783631 815229